KB008931

민간인 사찰과 그의 주인

—공직윤리지원관실 불법 사찰 전모 추적기

이 도서의 국립중앙도서관 출판시도서목록(CIP)은 서지정보유통지원시스템 홈페이지(http://seoji.nl.go.kr)와
국가자료공동목록시스템(http://www.nl.go.kr/kolisnet)에서 이용하실 수 있습니다.(CIP제어번호: CIP2013024663)

민간인 사찰과 그의 주인

—공직윤리지원관실 불법 사찰 전모 추적기

한국일보 법조팀·김영화·강철원·남상욱·김청환·김혜영·정재호·이성택 지음

북콤마

제가 김인회 교수와 함께 ≪검찰을 생각한다≫라는 책을 펴낸 후 검찰 개혁을 주제로 북콘서트를 할 때, 민간인 불법 사찰의 피해자 김종익 씨가 토크 손님으로 출연한 일이 있었습니다. 언론 보도를 통해 대강의 사연이 이미 알려진 터인데도, 그의 피해 경험담은 청중을 울렸습니다. 그는 공직윤리지원관실의 불법 사찰로 평생 일군 기업을 잃었고, 되레 부당한 검찰 수사를 받았습니다. "나를 포기하고 싶었다. 수면제 100알을 모아 검찰에 출석하기 전에 자살하려 했다"라고 그때의 절망감을 부끄러워하는 목소리로 털어놓았습니다. 그의 이야기는 충격이었고 고통이었습니다.

국가권력이 사적인 목적에 유용되면 국민을 해치는 흉기나 다를 바 없습니다. 그런 일들이 이명박 정부에서 장기간 조직적으로 자행됐습니다. 촛불 집회의 배후를 캐기 위해, 정부에 비판적인 사람들을 탄압하기 위해, 참여 정부 출신 인사들의 뒷조사를 위해…… 그것도 최고 권부인 청와대의 지휘에 의해 행해졌습니다. 유신 독재와 군부독재 정권 시절에나 있었던 일입니다. 우리 국민들이 헤쳐온 지난 세월이 다시 눈앞에 펼쳐지는, 역사의 퇴행이었습니다.

민주주의 파괴 범죄였습니다. 이 책은 이명박 정부의 공직윤리지원관실에서 자행된 민간인 불법 사찰을 "일반 범죄와는 달리 국가기관에 의해 장기간에 걸쳐 조직적으로 자행된 국기 문란 사건"으로 규정합니다. 하지만 사건의 몸통은 끝내 규명되지 않았습니다. 여야 간에 합의했던 국정조사도 여당의 방해로 열리지 못했습니다. 검찰 수사는 꼬리 자르기로 끝났습니다. 대선 기간 중에 벌어진 국가기관들의 조직적인 선거 개입도 거슬러 올라가면, 그 시작은 민간인 불법 사찰과 맞닿아 있다는 생각이 듭니다. 정권의 보위를 위해 국가권력을 사사롭게 사용할 수 있다는 발상이 오늘날 우리의 민주주의를 처참하게 무너뜨렸습니다.

역시 사람이 희망입니다. 캄캄한 어둠 속에서 진실을 비추는 불빛들이 있습니다. 경찰의 권은희, 검찰의 윤석열 같은 분들입니다. 그리고 권력과 언론의 담합 구조 속에서 외롭게 사명을 지키려는, 저자들과 같은 소수의 언론인들입니다. 그런 분들이 있어, 우리는 세상이 암울하지만은 않다는 위로를 받습니다. 도무지 앞뒤를 분간할 수 없는 혼탁한 상황에서도 한 발자국 전진하기 위한 걸음을 뗄 용기를 얻습니다. 이 책에서 어둠 속에 묻힌 진실을 밝히려는 저자들의 노력을 볼 수 있습니다. 방대한 양의 수사 기록과 재판 기록에 대한 분석, 발로 뛰는 취재의 흔적들을 이 책 곳곳에서 찾을 수 있습니다. 장기간에 걸쳐 진행된 사건을 '범죄의 재구성'을 통해 생생하게 보여줍니다. 덕분에 우리는 사건의 실체를 볼 수 있습니다. 가려진 몸통의 그림자까지 볼 수 있습니다. 언젠가 사건의 전모를 밝혀내는 밑거름이 될 것입니다.

지난 정부에서 행한 국가기관의 불법행위 문제는 이제 박근혜 정부로 공이 넘어왔습니다. 민간인 불법 사찰, 언론인 탄압, 국가기관의 대선 개입 등 국가권력을 사사롭게 유용한 불법행위들을 철저히 조사해 반드시 그 대가를 치르도록 해야 합니다.

그리고 다시는 그런 일이 재발하지 않도록 구조적·제도적 개혁 방안을 마련하고 실천해야 합니다. 단언컨대 박근혜 정부의 성공과 실패는 여기에 달려 있을 것입니다. 법과 정의가 바로 선 나라, 반칙과 특권이 없는 공정 사회로 나아가는 길이기도 합니다. 저자들의 노고가 그렇게 보상되기를 바라마지 않습니다.

—문재인(국회의원)

역사학자 아놀드 토인비가 세워놓은 등식에 기댄다면, 역사란 인간다운 삶을 파괴하려는 '도전'과 이것으로부터 인간성을 지켜내려는 '응전'의 연속이라고 말할 수도 있지 않을까? 이 책은 무척 흥미롭기는 하지만 소름끼치도록 두려운 소재를 다루고 있다. 음험한 권력이 누구라도 가리지 않고 누군가의 인간다운 삶을 얼마나 철저히 망가뜨릴 수 있는지를 보여주기 때문이다. 나쁜 권력에 의하여 엄청난 폭력이 자행되었다. 그러나 아직까지 그 누구도 이에 대해 진정으로 사죄한

바 없다. 이 모두 기가 막히지만 부정할 수 없는 사실이다. 이제 우리 사회가 나서야 한다. 무릎 꿇고, 고개 숙여, 빌어야 한다. 하지만 그것에 그치는 것은 완전한 '치유'가 아니다. 가장 먼저 해야 할 일은, 진실을 철저히 드러내는 일이다. 이 책을 쓴 7인의 저널리스트들이 앞장서 한 일이 바로 그것이다. '정의는 진실 위에서만 아름답게 꽃 피울 수 있다'는 믿음이 있었기에 해낼 수 있었으리라 짐작해본다. 그러기에 우리가 이 책에서 정말 의미 있는 뭔가를 찾으려 한다면, 그것은 이 책의 저자들이 참으로 이루어내려고 한 가치, 그것을 읽어내야만 한다고 생각한다. 이 책은 인간성 파괴의 도전자를 대신하여 스스로 우리 사회의 진정한 참회자 역을 자임한 저널리스트들이 내놓은 하나의 값진 응전이다. 인간성 회복을 위해 우리가 다 함께 걸어 나가야 할 길이 있다면, 이 책은 그 길을 환하게 밝히는 등롱(燈籠)이 아닐까 싶다.

—김지형(한국신문윤리위원회 위원장, 전 대법관)

과거의 일에 대해서는 가급적 '만일'이라는 단어를 쓰지 않는 편입니다.

지나간 일을 두고 다시 돌이키고 싶다는 생각을 하지 않기 때문입니다.

개인의 삶이든, 국가의 역사든 과거의 있는 그대로의 경험을 통해 성찰하며 미래로 나아갈 수 있다는 믿음을 갖고 있습니다.

그런데 한국일보 법조팀 기자들이 쓴 ≪민간인 사찰과 그의 주인≫을 읽으며 참으로 안타까운 마음이 들었습니다.

정치권과 사법부 그리고 우리 사회 전체가 이 사건의 진실을 밝히는 데 적극적으로 나서, 관련자들을 엄벌에 처하고 피해자들을 위로했더라면 어떻게 달라졌을까 하는 생각이 들었기 때문입니다.

만일 그랬더라면 국정원장이 직원들에게 댓글을 달라는 지시를 내리지 못했을 것이고, 공무원들은 상급자의 위법한 지시를 거부했을 것입니다. 사이버사령부 요원들이 입에 담기도 민망한 트윗을 작성하지도 못했을 것입니다. 참으로 안타까운 일입니다.

어떻게 민주주의의 근간이 흔들린 우리의 대한민국을 앞으로 나아가게 할 수 있겠습니까?

소를 잃어도 외양간은 고쳐야 합니다.

지난 대선에 개입한 국정원과 정부기관들의 잘못을 밝혀내야 합니다.

국무총리실 공직윤리지원관실 사건의 진실은 기록되어야 합니다. 법의 심판을 피해도 역사와 기록의 심판을 피할 수 없다는 것을 경고해야 합니다.

그래서 한국일보 사회부 법조팀의 이 기록은 참으로 소중합니다. 이 책은 불의를 보면 분노하고 화내는 것을 망각한 모두에게 떨어지는 죽비입니다. 우리가 잘못을 바로잡고 미래로 나아갈 수 있게 하는 회초리입니다.

지난여름, 58일 만에 돌아온 한국일보의 정상 발간이 반갑고 감사했던 기억이 납니다. 겨울을 맞이하며 한국일보 기자들이 펼쳐놓은 진실의 기록도 기대가 됩니다.

이 책이 공정하고 투명한 사회, 거짓에 분노하는 사회를 위한 곧고

묵직한 균형추가 되길 바랍니다.

—안철수(국회의원)

코미디언인 내 얼굴이 신문과 뉴스에 자꾸 나온다.

가뜩이나 몇 년 전부터 코미디보다 뉴스에 얼굴이 더 자주 나와 스스로 민망해하던 터다.

자라 보고 놀란 가슴 솥뚜껑 보고 놀란다고 이번엔 또 뭔가 했더니, 국무총리실 산하 공직윤리지원관실에서 민간인들을 사찰했는데 거기에 영광스럽게도(?) 내 이름이 들어가 있다는 거다.

'328. MBC 라디오 MC 김미화 교체 관련 동향.'

국무총리실에서 왜 나를 사찰했는지는 며느리도 모르고 시어머니도 모른다.

코미디언인 내가 시사 프로그램 진행을 엄청 잘했다는 이유로 사찰 대상이 됐지 않았을까 하는 추리 정도는 해볼 수가 있겠는데, 설마, 국무총리실 산하에 할 일이 얼마나 많을 텐데 그랬을까. 이러한 하찮은 이유로 사찰했다면 지나가던 변견도 웃고 지나갈 만큼 웃기는 사건인 거다.

아마도 세월이 가면 그 파일 제목 아래 나에 대해 어떤 사찰이 이루어졌었는지 상세 기록도 나오리라 기대하고 있다. 그때는 국가를 상대로 생활비도 한몫 단단히 챙길 수 있지 않겠는가.

당시 민간인 불법 사찰을 폭로한 주무관 장진수 씨의 증언을 들어

보자.

그는 청와대 행정관, 총리실 과장으로부터 지시를 받아, 컴퓨터 하드디스크를 파손하고 증거를 인멸했다고 했다(직장 상사가 까라면 까야 되는 게 아랫사람이니까).

민정수석실하고 검찰에서 문제 안 삼기로 다 얘기가 되어 있으니까 하라고 했으며(직장 상사들은 꼭 그런다. "얌마~ 내가 다 책임질게, 걱정마." 이래 놓고 나중에 문제를 엄청 삼았겠지?) 한강에 갖다 버리든지 하드디스크를 부수어서 버리든지 그렇게 하라고 했고(와~ 이건 너~무 구식으로 지시했다. 하긴 하드디스크를 어떻게 없애? 씹어서 먹나, 쪄서 먹나) 도저히 말이 안 되는 것 같아서 업체에 가서 디가우징이라는 것을 해서 삭제했다(거봐~ 요렇게 쉽게 지워버리는 방법을 두고 에휴~ 꼰대들. 한강에 갖다 버리든지,가 뭐여!). 그걸 지시할 때 민정수석실하고 검찰에서 문제 안 삼기로 했다고 말했지만 결국 문제 삼았다(내가 뭐래, 문제 삼았지. 반드시 문제 삼는다니까. 내가 다 책임진다는 직장 상사들의 말을 순진하게 다 믿으면 당신만 바~보!). 공무원직을 현재 아직은 유지하고 있지만 보직을 받지 못했으며, 대법원 확정판결이 나는 순간 공무원직을 아마도 거의 잃을지도 모르는 처지에 놓여 있다.

그 많던 싱아가 사라졌듯이 그 많던 공익제보자들은 어디로 사라졌을까?

정의롭고 불의를 보면 결국은 부서지더라도 절벽을 향해 무섭게 돌진하는 폭포수 줄기처럼 달려가던 사람들은 지금 모두 어디에 있을까?

지금 화려한 무대 위에서 스포트라이트를 받고 있는 저 사람은?

불의에 순응하고 권력과 타협하며 우리 모두가 속으로 손가락질하던 인물인 경우가 다반사다.

우리 사회의 공익제보자, 장진수!

증거인멸, 청와대 개입, 이런 걸 폭로한 공을 인정받아 장진수 전 주무관은 '올해의 공익제보자'로 선정되기도 했다.

그렇게 선정된 결과 그에게 좋아진 건?

아무것도 없다.

그저 내가 옳은 일을 했구나 하면서 스스로 위안을 삼는 것이 전부다.

그야말로 마음속으로는 위안이 될지 몰라도 결국 불이익만 계속 당하고 있는 것 아니겠는가.

그럴 바에야 나는 손가락질하는 군중 속에서 한 사람을 향해 손가락질을 보태는 사람이고 싶다. 그래야 고독하지 않을 테니까…….

절필을 선언한 안도현 시인은 오늘도 우리에게 이렇게 묻는다.

너에게 묻는다.

연탄재 함부로 발로 차지 마라. 너는 누구에게 한 번이라도 뜨거운 사람이었느냐.

—김미화(코미디언·방송인)

들어가는 글

사건의 막전 막후

"장진수가 입막음 조로 받은 5000만 원이 관봉(官封)이었다고 합니다."

2012년 4월 2일 오후, 한국일보 법조팀 이성택 기자가 다급한 목소리로 회사에 취재 사실을 알려왔다. 공직윤리지원관실 주무관이었던 장진수가 불법 사찰과 증거인멸에 청와대가 개입했다고 폭로함에 따라, 각 언론사마다 사건의 진상을 취재하는 데 총력을 기울이던 때였다.

"뭐라고, 관봉? 처음 들어보는데?"

"한국조폐공사가 돈을 발행한 뒤 비닐로 포장한 상태 그대로인 것을 관봉이라고 한답니다. 장진수랑 통화를 했는데, 당시 5만 원권 신권이 100장씩 묶인 돈 10다발이 비닐로 압축 포장돼 있고 지폐의 일련번호가 순서대로 돼 있어서 특이하다고 생각했는데, 화폐 수집가들이 이걸 관봉이라고 부른다고 하네요."

국어사전을 찾아보니, 관봉에는 '나라에서 돈을 주조한 뒤 도장을 찍어 봉한 것'이라는 설명이 나와 있었다. 생각해보면, 모든 물건이 깔끔

한 포장 상태로 처음 세상에 나오듯이, 한국조폐공사에서 막 찍어낸 돈도 시중에 유통되는 헌 돈다발과는 상태가 다를 것이다.

실제로 인터넷에서 찾은 관봉의 샘플 사진을 보니 어렴풋이 머릿속에 떠올렸던 관봉의 개념이 확연해졌다. '관봉이라면 현금이라도 자금 추적이 가능하겠다'는 예감이 들었다. 그리고 다음 날 아침 한국일보의 1면 머리기사 자리에 〈장진수에게 건넨 5000만 원은 관봉 '묶음 다발'〉이라는 제목의 기사가 실렸다. 특종이었다. 공직윤리지원관실 직원의 입을 막고 회유하기 위해 쓰인 관봉의 존재는 이렇게 세상에 처음 알려졌다.

사실 불법 사찰 사건의 진상이 세상에 드러난 데에는 이런저런 특종을 많이 한 여러 언론사 기자들의 힘이 더 컸다. 한국일보는 이러한 흐름에 조그마한 힘을 보탰을 뿐이다. 관봉의 존재는 관련자들이 치밀하게 증거를 인멸하고 물 샐 틈 없이 말맞추기를 하는 가운데 불법 사찰의 배후를 역(逆)추적할 수 있는 유일하고 결정적 단서가 될 것이었다. 관봉을 처음 취재했을 때의 짜릿한 느낌에는 지금 돌이켜봐도 변하지 않은 어떤 힘이 있다.

불법 사찰 사건과의 인연은 또 있다. 이 책을 함께 쓴 7명의 필자 대부분은 이 사건에 관한 2010년 검찰의 1차 수사와 2012년 재수사 과정을 모두 취재한 경험이 있다. 전국언론노조 KBS본부가 꾸린 '리셋 KBS팀'이 공직윤리지원관실에서 파견 근무했던 김기현의 USB를 처음 입수했을 때였다. 검찰 재수사의 도화선이 되었던 이 USB 안에는

2619개의 방대한 사찰 자료가 들어 있었다. 이 자료를 공유한 신문사 네 곳 중 한 곳이 바로 한국일보였다. 당시 법조팀 7명이 모두 달라붙어 방대한 사찰 자료를 읽고 분류해가는 한편 마감 시간에 쫓기며 기사를 썼던 기억이 지금도 새록새록 난다. 그만큼 불법 사찰 사건은 필자들에게 남다른 애착이 갔던 사건이다.

그러나 2012년 6월 13일 검찰의 재수사 결과 발표를 끝으로 이 사건은 세인의 관심 속에서 잊혀가고 있다. 관봉의 출처는 물론이고, 불법 사찰의 최종 책임자와 증거인멸의 배후가 아직 명확히 확인되지 않았는데도 말이다. 수사의 현실상 100퍼센트 완벽하게 진상이 규명되기는 애당초 어렵겠지만, 검찰의 재수사 결과는 자신이 '몸통'이라는 전 청와대 고용노사비서관 이영호의 고백 기자회견 내용에서 더 나아간 부분이 없다는 게 우리의 판단이다. 불법 사찰의 진실을 폭로하려고 저울질하던 내부 직원들의 입을 막고 회유하기 위해 여러 차례 건네졌던 돈, 이것의 출처가 확인되지 않고서는 사건의 실체가 제대로 규명될 수 없다고 우리는 생각한다. 재수사의 결과가 발표된 후 여야 정치권이 합의해 2012년 7월 구성된 민간인 불법 사찰 진상 규명을 위한 국정조사 특별위원회에서 이러한 의문이 풀릴 것이라는 한 가닥 기대를 품었다. 하지만 이마저도 2012년 연말 대통령선거가 치러진 이후 흐지부지되면서 제대로 된 회의 한 번 열리지 않다가 2013년 12월 활동이 종료됐다.

진실에 대한 갈증에 돌파구가 된 것은 공직윤리지원관실 불법 사찰 및 증거인멸 사건의 수사 기록이었다. 우리는 55책에 달하는 사건 수사 기록과 재판 기록을 샅샅이 뒤져보면서, 공개되지 않았던 수많은 새로운 사실을 알게 됐다. 수사 기록에는 피의 사실 공표 문제 또는 범죄 구성 요건과 무관하다는 이유로 공개되지 않았던, 사실감 넘치는 진술과 정황, 증거들이 넘쳐 났다.

불법 사찰 사건은 일반 범죄와 달리 국가기관에 의해 장기간에 걸쳐 조직적으로 자행된 국기문란 사건이다. 또 증거인멸, 말맞추기, 회유 및 입막음 시도 같은 수사 방해, 검찰의 부실 수사 논란, 양심 고백 및 폭로, 그리고 재수사 등 매우 복잡하게 사건이 전개되어 왔다. 불법 사찰의 내용도 광범위하며, 권력의 최고위층에서 벌어진 일들이어서 아직 규명되지 못한 내용도 많다. 그렇다 보니 재수사 과정에서 이뤄진 체계적인 조사는 이번 사건을 재구성하는 데 필요한 기초적인 '설계도'가 되었다.

수사 기록에서 새롭게 확인된 팩트들은 자연스럽게 이번 사건을 바라보는 시야를 넓혔고, 동시에 문제의 심각성이 제대로 국민에게 전달되지 않았다는 자성을 가져왔다. 우리가 알고 있는 내용은 빙산의 일각에 불과했으며, 애당초 이렇게 방대한 사건을 뜬구름 잡는 선문답이나 언론 보도의 팩트에 대한 확인만으로 채워지기 일쑤인 일일 수사 브리핑에 의지해 전달하는 것 자체가 불가능한 일이었다는 생각도 들었다.

물론 신문이라는 매체의 특성에서 비롯한 구조적 한계도 한몫했다. 대형 사건을 취재하는 기자들은 기존의 보도 내용을 생략한 채, 매일 새롭게 발견된 팩트 위주로 후속 보도를 하는 경향이 있다. 이 경우 전체를 조망하지 못해 내용이 파편적으로 흐르기 쉽다. 또 기사의 한정된 분량과 딱딱한 틀 속에 사건의 복잡한 흐름과 미묘한 디테일을 살려 넣기도 쉽지 않다.

이러한 반성 끝에 우리는 가능한 많은 자료를 확보한 뒤 불법 사찰 사건이라는 거대한 '테마파크'의 안내도를 그려보기로 했다. 수만 페이지에 달하는 수사 기록과 재판 기록은 물론, 1차 수사 당시의 1·2심 판결문, 검찰의 수사 발표문, 국가인권위원회의 조사 보고서, 언론 보도 기사를 모두 끌어 모았다. 문헌 기록으로 해결되지 않은 부분은 수사팀 관계자, 공직윤리지원관실 관계자와의 인터뷰를 진행해서 채워 넣었다.

이미 당사자들에 대한 사법 처리까지 마무리되어 가고 있는 마당이니 불법 사찰 사건은 세상에 알려질 만큼 알려졌다. 국무총리실 산하의 공직윤리지원관실이라는 조직이 전 정부의 인사는 물론이고 민간인까지 포함해 전 방위로 불법 사찰을 저질렀다는 사실을 모르는 사람은 드물다. 따라서 우리는 그동안 소개되지 않았던, 불법 사찰 사건의 이면의 이야기를 중심으로 책을 써나가는 것을 집필의 제1 원칙으로 삼았다. 그러면서도 불법 사찰의 전모를 누가 봐도 알기 쉽게 정리하고자 했다.

책에는 그동안 알려지지 않았던 증거인멸 사건의 막전 막후가 좀 더 자세히 담겨 있다. 법적 권한도 없는 상태에서 무소불위에 가까운 자의적 조사를 펼쳐온 기록을 어떻게든 없애기 위해 몸부림치는 모습을 시간대별로 묘사했다. 때로는 등장인물의 대화를 그대로 인용해 완벽하게 재구성하려고 노력했다. 증거인멸의 책임을 상사와 부하가 서로 미루고, 어떻게든 사건에서 한발 빼려고 안간힘을 쓰는 모습에선 연민마저 느껴졌다. 증거인멸을 숨기기 위해 동원한 차명폰이 결국 부메랑이 되어 청와대 비선 라인의 목을 조르는 핵심 단서가 되는 과정도 흥미로웠다.

책에서 소개한 불법 사찰의 사례들은 그동안 사건명 정도로 미미하게 소개됐던 사건이다. 우리는 여기에 관련자의 진술과 당시 정황, 별도의 인터뷰를 보태서 뼈대를 세우고 살을 붙이려고 노력했다. 대부분 원칙도 철학도 없는 뒷조사가 자행됐고, 거슬리면 누구든 사찰의 대상이 됐다는 결론이 도출됐다. 이명박 정권의 인사와 정부에 비판적인 공직자를 쫓아낸 방식도 리얼하게 담았다. 치졸하기 그지없는 방식이었다. 공직윤리지원관실이 호남과 친노 죽이기, 그리고 권력 내부의 파워 게임에 동원된 사례도 자세히 살폈다. 민간 기업의 약점이나 고위 공직자의 여자 문제를 캐는 대목에선 흡사 흥신소 직원을 연상케 했다.

공직윤리지원관실의 신설에 관여한 사람들이 어떤 생각을 가지고 있었는지도 궁금했다. 다행히 검찰의 압수수색 과정에서 발견된 진경락의 메모장에는 오도된 시대정신과 탐욕스러운 권력욕으로 점철된 청와대 비선 라인의 심리 상태가 날것 그대로 드러났다. "이영호는 공직윤리지원관실이 정보기관이 아님에도 자기가 지시하는 모든 일을 할 수 있고, 대한민국에서 돌아가는 모든 일을 알고 있어야 한다고 생각하는 것 같았다"라는 진경락의 진술은, 공직윤리지원관실이 왜 법과 원칙에서 탈선했는지 압축해서 보여준다.

공직윤리지원관실의 신설은 직제 개정에 참여해야 할 총리실의 핵심 담당자조차 모른 채 벌어진 일이었다. "조직 명칭을 지으면서 '윤리'와 '지원'이라는 이름을 넣어 느낌을 부드럽게 했다"라고 자화자찬하는 한 인사의 얘기에선 쓴웃음이 나오지 않을 수 없다.

이영호의 '막말 소동'은 민정수석실과 공직윤리지원관실 간의 파워게임의 서막을 알리는 전주곡이 되었다. 이영호가 대통령을 독대한 다음 날 공직윤리지원관 이인규에 대한 민정수석실의 전출 명령이 백지화되면서 공직윤리지원관실의 판정승으로 끝나는 과정도 상세하게 기록했다.

검찰의 1차 수사와 재수사 과정도 찬찬히 되짚어봤다. 지금까지 공개되지 않은, 공직윤리지원관실 직원들의 조직적인 진술 맞추기 등 수사 방해 행위가 검찰의 1차 수사를 전후해서 은밀히 이뤄진 사실을 알 수 있었다. 특히 검찰의 조사 과정에서 끝까지 모르쇠로 일관한 이영호의 진술서는 압권이다. 재수사에서 입을 다물던 진경락이 3차 조사에서부터 본격적으로 진실을 털어놓기 시작하는 대목에서는, 마치 드라마처럼 모든 갈등이 일거에 풀리는 듯한 시원함도 느낄 수 있다.

진경락의 옥중 폭로 과정도 그동안 제대로 알려진 게 없었다. "대통령의 하야 이야기가 나올까 마음에 걸린다"라는 진경락의 말 속에 이 사건의 진실이 담겨 있을 가능성이 높다고 우리는 생각한다. 진경락이 왜 증거인멸과 관련해 책임지지 않는 민정수석실의 핵심 인사를 노골적으로 비판했는지, 그럼에도 불구하고 검찰 수사는 왜 청와대 민정 라인에 쉽게 면죄부를 줬는지 의문이 생길 수밖에 없다.

역시 가장 고민이 됐던 부분은 관봉 출처의 진실에 대한 것이다. 우리는 섣불리 결론을 내리지 않고 지금까지 취재한 내용을 정리해서 모든 가능성을 짚어보는 쪽을 택했다. 남은 것은 이제 강제 조사권이 있는 국회나 수사기관의 몫이다.

책을 쓰는 내내 머릿속을 떠나지 않은 것은, 국가의 공권력을 동원해 민주주의의 시계를 거꾸로 돌린 이 사건이 책임자를 철저히 처벌하지 못하고 진실한 반성 없이 유야무야된다면 똑같은 역사가 되풀이될 수도 있다는 우려였다. 혼외 아들 의혹을 산 채동욱 전 검찰총장에 대한 정권 차원의 뒷조사 여부가 논란이 되는 것을 보면 이런 걱정이 기우만은 아닐 것이다. 이 책이 민간인 불법 사찰 사건을 둘러싼 의혹을 명명백백히 규명하고 책임자를 가려내는 일에 조금이라도 도움이 되기를 기원한다.

마지막으로 이 자리를 빌려 수사 기록을 확보하는 데 도움을 주신 최강욱 변호사 그리고 자료 해석과 법률적 조언을 아끼지 않은 법무법인 일현의 김범수·주형훈 변호사, 여러 번에 걸친 장시간의 인터뷰를 마다않고 깊은 얘기를 털어놔준 장진수 전 주무관에게 진심으로 감사드린다. 또 ≪전관예우 비밀해제≫에 이어 한국일보 법조팀에게 출판의 기회를 선뜻 내준 북콤마 출판사에게도 다시 한 번 고마움을 전한다.

2013년 11월

김영화·강철원·남상욱·김청환·김혜영·정재호·이성택

차례

민간인 불법 사찰 및 증거인멸 사건

주요 등장인물

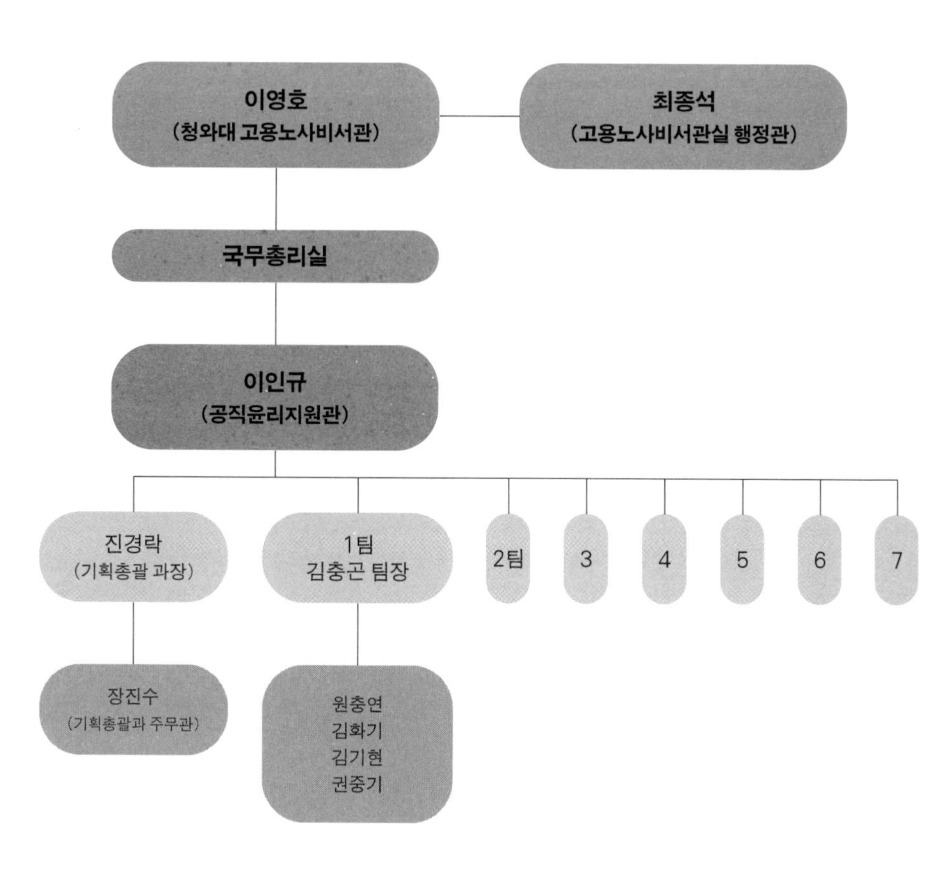

박영준

1960년생. 경북 칠곡 출신. 2010~2011년 지식경제부 2차관. 2009~2010년 국무총리실 국무차장. 2008년 대통령실 기획조정비서관. 2007~2008년 이명박 대통령 당선인 비서실 총괄팀장.

이영호

1964년생. 경북 포항 구룡포 출신. 2008~2010년 대통령실 사회정책수석실 고용노사비서관. 2007년 대통령 인수위 사회문화교육분과 실무위원. 2002~2005년 전국금융산업노조 조직본부장. 1994~2006년 평화은행 노조 조직부장 및 위원장 등.

이인규

1956년생. 경북 영덕 출신. 2008~2010년 국무총리실 공직윤리지원관. 행정고시 29회. 노동부 근무.

진경락

1967년생. 경북 청송 출신. 2008~2010년 공직윤리지원관실 기획총괄과장. 2008년 청와대 고용노사비서관실 행정관. 행정고시 39회. 노동부 근무.

최종석

1970년생. 경북 포항 출신. 2008~2011년 청와대 고용노사비서관실 행정관. 행정고시 39회. 노동부 근무.

장진수

1973년생. 경북 문경 출신. 국무총리실 7급 공채. 2008~2010년 공직윤리지원관실 기획총괄과 주무관.

김경동

1962년생. 2008~2009년 공직윤리지원관실 기획총괄과 주무관. 장진수의 전임자.

전용진

1973년생. 경남 거창 출신. 장진수와 함께 공직윤리지원관실 기획총괄과에서 주무관 근무.

김충곤

1956년생. 경북 포항 출신. 공직윤리지원관실 점검1팀장. 2008년까지 경찰 근무.

원충연

1962년생. 경북 포항 출신. 점검1팀 팀원. 주로 언론계 동향 파악. 노동부 사무관.

김기현

1969년생. 공직윤리지원관실 점검1팀 팀원. 경찰.

권중기

1971년생. 공직윤리지원관실 점검1팀 팀원. 경찰.

김화기

1968년생. 경북 포항 출신. 공직윤리지원관실 점검1팀 팀원. 경찰.

장석명

1964년생. 2010~2013년 2월 청와대 민정수석실 공직기강비서관. 행정고시 30회. 서울시 근무.

권재진

1953년생. 2009~2011년 청와대 민정수석비서관. 2011~2013년 3월 법무부 장관. 사법연수원 10기.

김진모

1966년생. 2009~2012년 청와대 민정수석실 민정2비서관. 2012년~현재 부산지방검찰청 1차장검사. 사법연수원 19기.

류충렬

1956년생. 경남 창원 출신. 2011~2012년 국무총리실 공직복무관리관. 현 국무조정실 경제조정실장.

이상휘

1963년생. 경북 포항 출신. 2011년 청와대 홍보기획비서관. 2009년 청와대 춘추관장.

이우헌

1964년생. 경북 포항 출신. 코레일유통 유통사업본부장. 근로복지공단 기획이사. 이영호와 중학교 동창.

이동걸

1961년생. 경북 안동 출신. 2008~2012년 노동부장관 정책보좌관. 2000년 KT 노조위원장. 현재 경남지방노동위원장.

1부
공직윤리지원관실

증거인멸 사건 재구성

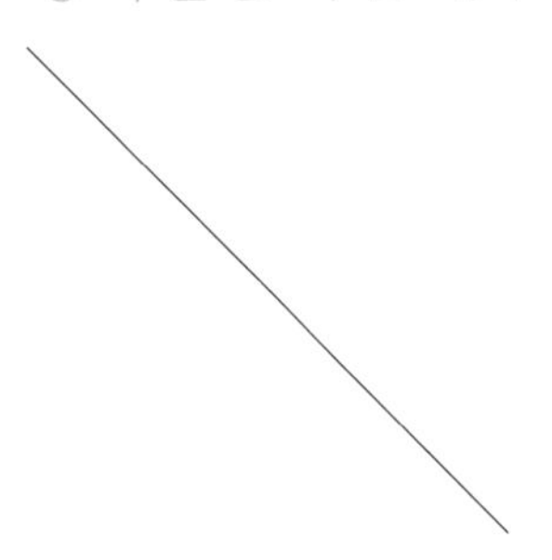

이레이징 증거인멸

2010년 7월 5일. 서울 종로구 창성동 117-8 정부중앙청사 창성동 별관 4층에 자리 잡은 공직윤리지원관실의 기획총괄과 사무실에 장진수가 들어섰다. 평소의 출근 시간보다 이른 오전 6시 30분쯤이었다. 초여름의 월요일이긴 해도 아직 다른 사람들이 출근하기에는 한참 이른 시각이었다.

기획총괄과 주무관인 장진수는 자리에 앉자마자 컴퓨터를 켜고 포털 사이트 네이버의 자료실에서 검색을 시작했다. 키워드는 '지운 파일 완전 삭제'였다. 컴퓨터 화면에 'Portable East-Tec Eraser 2010'(컴퓨터의 파일뿐만 아니라 온라인상의 인터넷 사용 로그 기록, 이메일 자료까지 삭제하는) 프로그램이 떴다. 무료로 다운로드할 수 있는 셰어웨어다. 생소한 프로그램이었지만 공대를 나온 장진수는 금세 사용법을 숙지했다.

장진수는 미리 준비한 USB 4개에 삭제 프로그램을 저장해서 점검1

팀의 사무실로 향했다. 사무실 잠금장치의 비밀번호는 미리 알고 있었다. 점검1팀은 이기영, 김충곤, 원충연, 권중기, 김기현이 소속돼 있었다. MBC 〈PD수첩〉의 보도로 파문을 일으킨 김종익 불법 사찰 사건을 담당했던 팀이었다. 점검1팀의 책상에는 내부망과 외부망 전용 컴퓨터가 1대씩 놓여 있었다.

사무실에 들어간 장진수는 팀원들의 책상을 돌아다니며 컴퓨터마다 삭제 프로그램을 구동하기 시작했다. 오전 7시 52분경 가장 먼저 팀장인 김충곤의 내부망 컴퓨터에 USB를 연결해 삭제 프로그램을 실행했다. 그다음은 8시 16분에 권중기의 외부망 컴퓨터에서, 9시 19분 김기현의 외부망 컴퓨터에서 작업을 해나갔다.

그 무렵 권중기가 출근을 해 점검1팀 사무실에 있던 장진수를 발견했다. 당초 알려진 것과 달리 증거인멸의 현장에 또 다른 목격자가 있었던 것이다. 권중기는 증거를 인멸하는 장진수를 제지하기는커녕 자신의 노트북에도 '이레이징(erasing)'을 해달라고 부탁했다. 장진수는 이기영과 원충연의 컴퓨터에 삭제 프로그램을 가동한 것을 마지막으로 비밀 작업을 끝냈다. 컴퓨터마다 삭제 프로그램을 설치하고 실행하는 데는 1분 정도면 충분했지만, 9대의 컴퓨터에 있는 파일을 모두 삭제하기까지는 몇 시간이 소요됐다.

이날의 이레이징은 장진수의 우발적 범행이 아니었다. 나중에 밝혀지지만 증거인멸은 공직윤리지원관실의 조직적 모의에 따른 것이다. 이레이징을 하라는 지시는 하루 전날 내려왔다.

일요일인 7월 4일 밤 11시 16분, 집에서 잠자고 있던 장진수에게 전화가 걸려왔다. 공직윤리지원관실 기획총괄과장인 진경락이었다.

"지금 당장 사무실로 가서 점검1팀의 컴퓨터에 있는 파일과 온라인 상의 기록을 복구되지 않도록 전부 지워라."

이 밤중에? 상사의 다급한 부탁이었지만, 장진수는 "시간이 너무 늦었다"면서 "내일 아침 일찍 가서 하면 안 되느냐"라고 완곡히 거절했다. 결국 월요일 날이 밝는 대로 사무실로 출근해 이레이징을 하기로 결정됐다. 그만큼 공직윤리지원관실은 다가오는 검찰 수사를 대비해 증거인멸에 사활을 걸고 있었다.

"다른 사람의 컴퓨터 비밀번호를 모르는데 어떡하죠?"

"그냥 출근해서 알려달라고 하면 알려줄 거다. 이유는 설명하지 말고."

이때까지만 해도 장진수는 자신이 이 일로 형사처분을 받게 될 줄은 꿈에도 알지 못했다고 회고한다. 하지만 증거인멸은 그처럼 단순한 사건이 아니었다. 장막 뒤에서는 공직윤리지원관실과 청와대 비선 라인이 사건의 확대를 필사적으로 막기 위해 긴박하게 움직이고 있었다.

청와대 행정관이 개입된 증거인멸

그동안은 장진수가 7월 5일 실행한 이레이징이 최초의 증거인멸로 알려져 있었지만, 사실 그 이틀 전인 7월 3일부터 이미 증거인멸은 시작됐다.

7월 3일은 공교롭게도 민간인 사찰 논란으로 여론의 압박이 커지자 국무총리실이 토요일임에도 불구하고 자체적으로 진상 조사를 시작한 날이다. 책임자 격인 이인규는 이날 오후 7시 국무총리실에 불려가 사태의 경위를 추궁받았다. 공직윤리지원관실은 벌집을 쑤셔놓은 것 같이 어수선한 분위기였다.

이날 국무총리실의 조사를 받는 이인규를 기다리며 밖에서 대기 중이던 장진수는 전화를 한 통 받았다. 기획총괄과의 서무 전임자인 김경동이었다.

"진수 씨, 내가 최종석 과장(청와대 고용노사비서관실 행정관)에게 부탁받은 것이 있거든. 직원들이 모두 퇴근하면 알려줘."

장진수는 영문을 몰랐지만 전임자의 부탁이기에 별다른 의심 없이 알겠다고 대답했다.

밤 9시쯤, 장진수가 직원들이 퇴근했는지 확인하기 위해 공직윤리지원관실 사무실에 들어서자, 국무총리실의 조사를 받고 나온 이인규와 진경락, 점검1팀 팀원들이 모여 있었다. 분위기는 무겁게 가라앉아 있었다.

"김충곤, 이 XX야! 팩트 정리도 안 되고 이게 뭐야. 나는 손 떼겠다."

갑자기 진경락이 소리를 지르면서 사무실 문을 박차고 나갔다. 김충곤이 국무총리실의 조사에서 사전에 맞춘 대로 진술을 하지 못하자 분통을 터트린 것이다. 침통한 분위기 속에서 공직윤리지원관실 사람들은 하나둘씩 사무실을 떠났다.

마지막까지 사무실에 남아 있던 직원이 밤 11시 무렵 퇴근하자, 장진수는 약속대로 김경동에게 전화를 걸었다. 장진수에게서 기별을 받고 사무실에 들어온 김경동은 진경락의 컴퓨터에 USB를 꽂고 2시간 동안 하드디스크를 이레이징했다. 장진수는 이때 처음 파일 삭제 프로그램에 대해 알았다고 한다.

파일 삭제 프로그램이 담긴 USB는 김경동이 이날 오전 청와대 고용노사비서관실 행정관인 최종석의 집 앞에서 받아온 것이다. 최종석은 김경동에게 USB를 건네주면서 진경락의 컴퓨터에 저장된 사찰 자료를 완전히 삭제하라고 지시했다.

그런데 왜 청와대 행정관이 진경락의 컴퓨터를 지우라고 시켰을까?

최종석은 검찰의 재수사 과정에서 "진경락이 저에게 '내 컴퓨터는 나도 모르게 정리가 되어야 하는 것 아니냐'는 식으로 말하면서 걱정을 하기에, 제가 김경동에게 부탁한 것"이라고 진술했다. 진경락이 증거인멸의 책임을 피하기 위해 미적거리니, 최종석이 직접 나선 것이었다.

하지만 최종석이 김경동에게 이레이징을 시켰다면, 이는 청와대가 공직윤리지원관실의 증거인멸에 개입했다는 엄청난 사건으로 비화될 수밖에 없다. 그러나 당시만 해도 이 사실은 최종석, 진경락, 김경동, 장진수 외에는 아는 사람이 없었다. 증거인멸 사건에 대한 검찰의 1차 수사에서도 마찬가지였다. 그러나 나중에 밝혀지지만 최종석 역시 지시를 받은 중간고리에 불과했다.

한편 진경락도 검찰 수사에 별도로 대비하며 주변 정리를 시작했다. 그중 하나가 기획총괄과 직원인 전용진이 사용하던 업무용 노트북을 사무실 밖의 다른 곳에 숨기도록 지시한 것이다. 전용진은 평소 진경락이 불러주는 내용을 워드 작업으로 문서화하는 역할을 했기 때문에, 전용진의 업무용 노트북에는 각 점검팀에서 받은 사건 결과 보고서, 장차관 스크린 자료와 〈공직윤리지원관실 업무 처리 현황〉 900여 건 등 민감한 자료들이 가득 저장돼 있었다.

진경락은 전용진에게 지시해놓고도 믿지 못했던지, 아예 전용진의 과천시 집을 직접 찾아가 노트북을 받아왔다. 그리고 전용진의 노트북과 자신의 노트북을 포함해 총 3대의 노트북을 집에 보관하고 있다가, 7월 말 자신이 사는 아파트 단지 내에 있는 전자 제품 분리수거장에서 망치로 부숴 없앴다. 진경락은 검찰의 재수사 도중이던 2012년 5월 28일에서야 이 사실을 처음 밝혔다. 1차 수사 당시에는 전용진마저 입을 다물었기 때문에 검찰은 노트북의 존재조차 알지 못했다.

대량 문서 파쇄

7월 3일 최종석의 지시로 심야에 실행된 진경락의 컴퓨터에 대한 이레이징 작업은 자정이 넘어서야 끝났다. 다음 날인 7월 4일은 일요일이었다. 하지만 기획총괄과 직원 대부분이 사무실로 출근했다. 그런데 직원들의 움직임이 뭔가 수상쩍었다.

이날 공직윤리지원관실 복도의 CCTV에는 직원들이 오전부터 뭔가를 가득 담은 검정 비닐봉지를 부지런히 여자화장실 쪽으로 실어 나르는 모습이 찍혔다. 어림잡아 30개가 넘는 비닐봉지가 옮겨졌다.

비닐봉지 안에 든 것은 다름 아니라, 공직윤리지원관실의 문서를 파쇄한 뒤 남은 종이 찌꺼기였다. 직원들이 윗선의 지시에 따라 문서를 전부 갈아 없앤 것이다. 이날의 파쇄 작업은 문서의 양이 방대해 꼬박 하루가 걸렸다. 이날 CCTV에 찍힌 장면은 나중에 검찰의 수사 도중 입수돼 공직윤리지원관실 관계자에게서 증거인멸 혐의를 자백받는 데 결정적인 도움이 됐다.

그런데 공무원들이 컴퓨터 이레이징도 모자라서 어떻게 공문서를 대규모로 파쇄하는 엄청난 범죄를 저지를 수 있었을까. 이 무렵의 전후 상황에 대해 전용진은 검찰의 참고인 조사에서 다음과 같이 증언했다.

"2010년 6월 말 국회 정무위원회에서 민간인 불법 사찰 사건에 대한 문제 제기가 나오고, MBC 〈PD수첩〉 방송까지 나간 뒤 사무실의 분위기가 좋지 않았다. 공직윤리지원관실이 국무총리실의 자체 조사를 받기 일주일 전부터, 진경락은 기획총괄과 직원들에게 '불필요하고 오해를 살 수 있는 것을 치워라. 주변 정리를 하고 종이 문서들을 없애라'라고 지시했다. 직원들은 사무실 캐비닛에 있던 장차관 및 공공 기관장 등에 대한 스크린 문건 같은 민감한 자료들을 전부 꺼내 파쇄했다."

성내천 일요일 비밀 회동

7월 4일 하루 내내 진행됐던 공직윤리지원관실의 문서 파쇄 작업이 끝나고 밤이 되자, 성내천으로 청와대 고용노사비서관실의 최종석과 공직윤리지원관실의 진경락, 김충곤이 모여 들었다. 검찰 수사가 눈앞에 닥치자 고용노사비서관 이영호(공직윤리지원관실의 신설을 주도하고 비선 보고를 받은 핵심 인물)가 자신의 측근들을 급히 호출한 것이다. 성내천은 이영호가 살고 있는 방이동 인근의 하천이다.

"자료가 있으면 꼬투리 잡힌다."

무슨 의미인지는 분명했다. 검찰이 압수수색하기 전에 김종익 사찰 관련 자료는 물론이고 공직윤리지원관실이 생산한 자료 중에 문제가 될 만한 것은 모두 없애라는 지시였다. 특히 문서 파쇄 작업은 이미 끝난 상황인 만큼, 좀 더 강력한 증거인멸 방법을 동원하라는 의미가 담겨 있었다.

이영호는 그전에도 김종익 사찰 사건이 확대될 조짐을 보이자 진경락에게 "컴퓨터 자료를 다 갈아 없애라" "배터리로 지지거나 하드디스크를 바닷물에 30분 정도 넣었다가 빼면 복구가 안 된다고 하더라" 등 구체적인 자료 삭제 방법까지 알려줬다. 최종석에게도 "확실하게 해야 한다. 어설프게 하면 다 나온다더라"라고 당부했다.

진경락은 전에도 한 번 "그렇게 하면 오히려 불필요한 오해를 산다"라고 거부했다가 이영호로부터 "야, 이 XX야, 없애라고 하면 없애는 거지. 아무것도 모르는 XX가 대든다"라며 험한 욕설과 함께 질책을 받았었다. 하지만 완곡하게 증거인멸에 반대했던 진경락도 이날 성내천 회동에서는 마음을 돌려먹었다.

진경락이 부하 직원인 장진수에게 전화로 이레이징을 지시한 것이 이날 밤 11시 16분 통화에서다. 시간상 성내천 회동을 마치고 일원동에 있는 김충곤의 집으로 이동하던 중에 전화한 것으로 추정된다. 이후로도 진경락은 밤 11시 21분까지 장진수와 여섯 차례 통화를 한 것으로 나온다. 긴밀하게 자료 삭제 방법 등을 지시한 것이다. 그리고 이레이징을 실행할 시각은 월요일인 7월 5일 아침으로 결정됐다. 장진수의 이레이징 증거인멸은 이처럼 청와대 비선 라인과 공직윤리지원관실의 조직적 모의 끝에 이뤄진 범행이었다.

길었던 디가우징의 날

이레이징이 실행된 이틀 뒤인 2010년 7월 7일 오전 10시 12분. 진경락이 장진수를 전화로 급히 찾았다. "지금 빨리 최종석에게 전화를 해봐라."

전화 통화가 된 최종석은 '긴히 할 얘기가 있다'며 장진수를 청와대의 방문객 출입문인 연풍문 앞으로 불러냈다. 장진수는 자전거를 타고 청와대로 갔다. 공직윤리지원관실이 있는 정부중앙청사 창성동 별관에서 청와대까지는 따로 차를 타고 갈 필요가 없을 정도로 가까웠다. 장진수는 가끔씩 자전거를 이용하곤 했다. 연풍문 앞에서 만난 두 사람은 국무총리 공관으로 가는 도로 쪽으로 자리를 옮겨 대화를 나눴다.

"점검1팀의 컴퓨터 전체, 진경락 과장의 컴퓨터 2대의 하드디스크를 물리적으로 조치해라."

"이틀 전에 이미 다 지워서 괜찮지 않나요?"

"검찰에 가면 다 복원이 되니 반드시 물리적으로 조치해야 한다. 망치로 부숴도 되고 강물에 던져도 좋다. 이렇게 해도 문제가 안 되게 조율이 되어 있다. 민정수석하고 검찰하고 다 얘기가 돼 있고, 컴퓨터가 없어도 문제 삼지 않기로 돼 있다. 너는 가서 무조건 하기만 하면 된다."

청와대 행정관이 장진수에게 2차 증거인멸인 디가우징(디가우저degausser의 강력한 자력으로 하드디스크의 데이터를 원천적으로 파괴하는 것)을 지시한 것이다. 장진수는 이 무렵 진경락으로부터도 "인터넷에서 돌아다니는 무료 프로그램으로 파일을 지운 것이 확실한지 의문이 든다. 돈이 들더라도 확실하게 조치를 하라"는 물리적 처리 지시를 받았으나,

완곡하게 저항을 하고 있었다. 진경락은 장진수가 말을 듣지 않자 이번에는 최종석을 동원한 것이다. 장진수는 "진경락 과장이 얘기를 하면 뭔가 조금 이상해 지시를 따르기가 싫었는데, 최종석 행정관이 얘기를 하면 뭔가 맞는 얘기인 것 같아 지시를 따를 수밖에 없었다"라고 회고했다.

사무실로 돌아온 장진수는 데이터 삭제 및 복구 전문 업체를 사이트에서 알아본 뒤, 수원에 있는 세이프하이텍을 소개받았다. 그리고 점검1팀의 모든 컴퓨터에서 하드디스크를 빼내는 작업을 시작했다.

장진수는 같은 기획총괄과 직원인 전용진에게 "내가 좀 바쁘니 대신 하드디스크 분리를 좀 해달라"라고 부탁했다. 전용진이 내키지 않아 하자, 장진수는 "너는 아무 상관없다. 만약 문제가 되더라도 내가 다 한 걸로 할 테니까 도와달라"라고 달랬다. 실제로 장진수는 이 약속을 지켰다. 1차 수사 때만 해도 디가우징은 장진수 혼자서 저지른 범행으로 파악됐다.

장진수는 컴퓨터 조작에 익숙하지 않은 전용진 앞에서 직접 진경락의 컴퓨터에서 하드디스크를 분리하는 시범을 보였다. 장진수를 돕기로 마음을 고쳐먹은 전용진은 점검1팀 사무실로 갔다. 사무실에는 이기영, 권중기, 김기현이 있었다. 전용진이 "진경락 과장의 지시로 컴퓨터 하드디스크를 분리하러 왔다"라고 하자, 직원들이 "김충곤 팀장과 김기현의 컴퓨터에는 별 내용이 없으니 가져갈 필요가 없다"라고 했다. 그래서 전용진은 이기영과 원충연의 내부망 컴퓨터의 하드디스크를 분리해놓고, 기획총괄과 사무실로 돌아와 자신의 내부망 컴퓨터의 하드디스크도 분리했다. 그렇게 해서 진경락, 전용진, 이기영, 원충연의 컴퓨터에서 나온 하드디스크 4개가 모아졌다.

오후 2시 40분. 장진수는 최종석한테 걸려온 전화를 받고 다시 청와대 연풍문 앞으로 나갔다. 이 자리에서 최종석은 장진수에게 휴대폰 한 대를 건넸다. 에버-F110 모델로 은색 폴더형 휴대폰이었는데 번호는 010-XXXX-9111(이하 9111폰)이었다.

최종석은 장진수에게 9111폰을 건네면서 "지금 이 순간부터는 이 전화기를 사용해서 다녀와라"라고 지시했다.

최종석은 지나가는 말로 "이영호 비서관이 사용한 것 같은데 이걸로 그냥 써"라고 했다. 그러면서 "안에 전화번호가 하나 있는데 그 번호로 보고하면 된다"라고 했다. 휴대폰에 저장된 010-XXXX-5008(5008폰)은 처음 보는 낯선 번호였다. 나중에 장진수가 저장된 번호로 전화를 걸어보니 최종석이 직접 받았다.

휴대폰을 건네받은 장진수는 창성동 별관의 사무실로 돌아왔다. 청와대에 다녀오기 전 전용진에게 부탁해놓은 하드디스크 분리 작업은 이미 끝나 있었다.

오후 3시 35분. 드디어 장진수는 4개의 하드디스크를 가방에 담아 직접 차를 몰고 수원의 디가우징 업체로 출발했다. 그 사이 최종석은 수시로 상황 보고를 하라며 차명폰을 통해 세 차례 전화를 걸어왔다. 이 무렵 진경락도 장진수에게 여러 차례 전화를 걸어 '어떻게 되어 가냐'며 상황을 체크했다. 청와대 비선 라인과 공직윤리지원관실이 절박

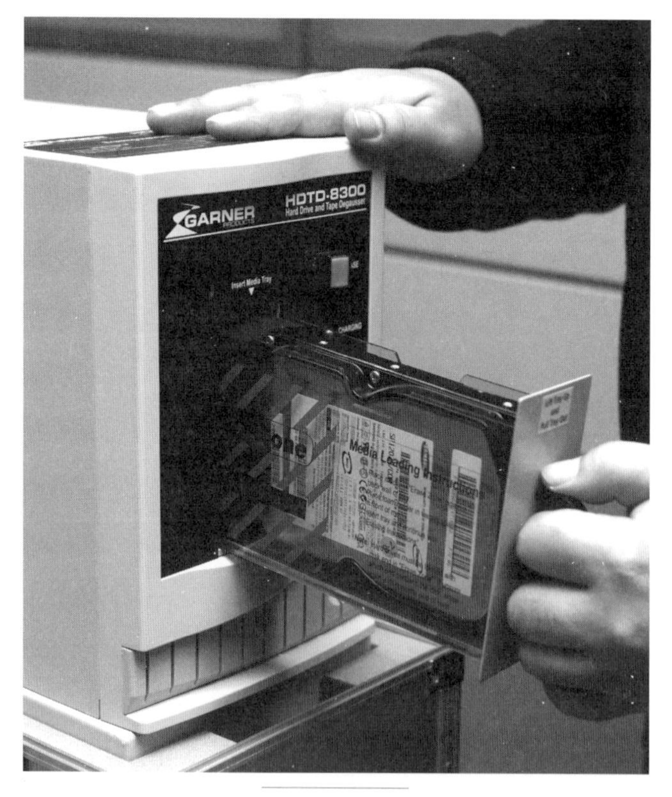

컴퓨터 하드디스크에 강한 자기장을 쏘이는 방법으로 데이터를 완전히 삭제하는 장치인 디가우저. 데이터를 지우긴 하지만 나중에 복원이 가능한 유틸리티 프로그램인 '이레이저'와 달리 디가우저는 물리적으로 데이터를 파괴하기 때문에 복원이 불가능하다. 증거인멸을 직접 실행한 것은 장진수 주무관이었지만 증거인멸을 지시한 루트는 최종석 행정관이었다. 검찰의 1차 수사에서는 이 부분이 드러나지 않았다. 이후 진경락 과장은 검찰 수사에서 청와대 민정수석실이 이영호 비서관에게 증거인멸을 강력히 요구했다는 진술을 했다.

하게 움직였음을 알 수 있다.

하지만 진경락은 최종석과 태도가 조금 달랐다. 진경락은 장진수에게 구체적으로 디가우징하라는 지시를 내리지 않았다. 대신 '최종석이 시킨 것 있지? 빨리 하라'라는 식으로 수차례 독촉을 했다. 진경락도 디가우징을 하라는 지시가 있었다는 사실은 알고 있는 눈치였다. 진경락이 증거인멸의 책임을 피하기 위해 한발 빼는 것 같다는 인상을 장진수는 받았다.

수원시 이의동에 있는 세이프하이텍에 도착한 장진수는 자신의 신분을 밝히지 않은 채 하드디스크의 디가우징을 요구했다. 디가우징을 끝내는 데에는 오랜 시간이 걸리지 않았다. 디가우징 장비(기종 SD-400)에 하드디스크를 하나씩 넣고 스위치를 누르면 약 10초간 작동하는 방식이었다. 디가우징을 마친 하드디스크에는 'SAFE'라는 붉은색 스탬프가 찍혀 나오는데, 장진수의 요구에 따라 세이프하이텍의 직원은 알코올로 스탬프 자국을 지워줬다. 검찰이 컴퓨터를 압수하더라도 디가우징한 사실을 숨길 요량이었다. 디가우징하는 데 든 비용은 6만 원이었다.

저녁 7시. 디가우징을 마친 장진수는 사무실로 복귀했다. 디가우징을 마친 하드디스크를 점검1팀 사무실의 이기영, 원충연의 컴퓨터와 기획총괄과의 진경락, 전용진의 컴퓨터에 다시 장착했다. 그리고 청와대로 가서 고용노사비서관실의 여직원을 통해 차명폰을 반환했다. 반환된 9111폰은 8월 11일 해지될 때까지 최종석이 사용한다.

증거인멸은 실제로 성공했다. 당시 검찰은 디가우징한 바로 다음 날

불법 사찰 증거인멸 차명전화 개설·전달 과정

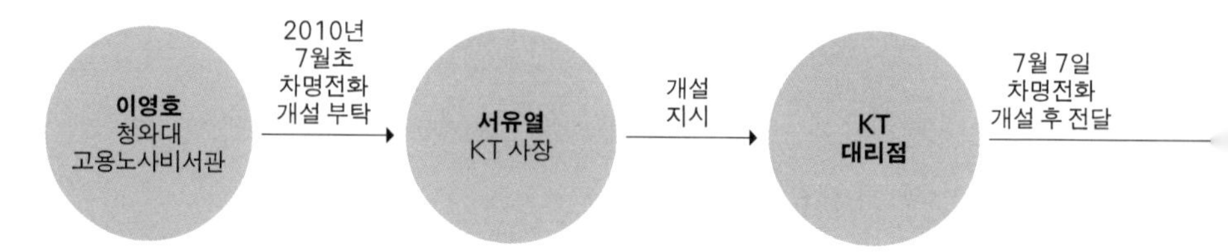

인 7월 8일 압수수색 영장을 청구한 뒤, 7월 9일 법원에서 영장을 발부받아 공직윤리지원관실 사무실을 전격적으로 압수수색했다. 하지만 압수한 하드디스크는 이미 이레이징과 디가우징을 거쳐 무용지물이 된 상태였다. 대검찰청의 디지털포렌식센터는 한 달간 하드디스크를 복구하려 했으나, 일부를 제외하고는 복구에 실패했다고 수사팀에 보고했다.

무엇인가에 쫓기듯이 재빠르게 디가우징에 나선 공직윤리지원관실 그리고 하루 뒤에서야 청구되는 압수수색 영장. 김종익 사찰 사건의 배후에는 더 큰 보이지 않는 손이 있을 것이라는 말이 나오기 시작했다.

차명폰들

앞서 언급한 것처럼 디가우징한 당일에 차명폰이 사용됐다. 이 차명폰을 누가 개설했는지 확인하면 증거인멸의 배후도 밝혀질 수 있었다. 그날 장진수가 사용한 9111폰은 KT 대리점 사장의 아들 명의로 같은 날 개설된 것으로 조사됐다. 검찰 수사는 KT 대리점 사장에서 시작해 차명폰의 개설을 부탁한 윗선을 찾아 올라가는 식으로 진행됐다.

수사한 결과 KT 대리점 사장은 KT 본사의 이 모 부장한테, 이 부장은

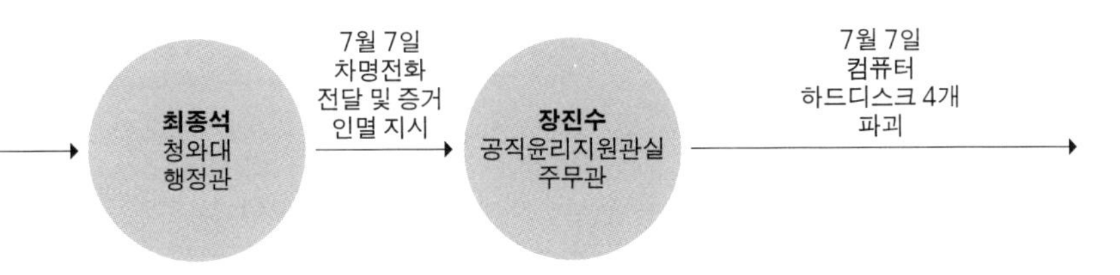

KT 권 모 경영지원실장한테, 권 실장은 KT 서유열 사장한테 부탁이나 지시를 순차적으로 받아 차명폰을 개설한 것으로 드러났다. 서 사장은 진경락이 졸업한 경주고의 동문이었다. 나중에 확인되지만 서 사장은 박영준이 지식경제부 차관으로 재직하던 시절에 친분이 있었던 것으로 드러났다.

권 실장은 검찰의 1차 수사 때는 "최종석의 부탁을 받고 차명폰을 개설해줬다"라고 진술했다가, 재수사 때에는 "KT 서유열 사장의 부탁을 받고 9111폰을 개설해줬다"라고 실토했다. 그럼 KT 서 사장은 누구의 부탁을 받고 차명폰을 개설해준 것일까. 검찰의 재수사에서 서 사장이 경위서를 제출하면서 전말이 드러났다.

"2009년 4월 노사 업무를 총괄하던 청와대 이영호로부터 연락이 와서 처음 만났다. 2010년 6월 이영호가 전화로 잠시 사용할 휴대폰 한 대를 개설해줄 수 있느냐고 연락이 와서, 별다른 생각 없이 권 실장에게 지시한 것뿐이다. 그리고 2010년 8월 최종석 행정관이 전화를 해지해달라고 요청하기에 이 부장을 통해 해지 조치했다."

차명폰의 개설을 부탁한 사람은 다름 아닌 이영호였던 것이다.

디가우징한 당일 최종석이 장진수가 가진 9111폰에 통화하는 데 사용한 5008폰은 한 공인노무사가 개설한 것으로 조사됐다. 개통한 시기는 9111폰과 마찬가지로 7월 7일이었다.

검찰이 비슷한 방식으로 역추적을 해보니, 근로복지공단 기획이사인 이우헌이 열린노무법인 대표 전 모 씨에게 급하게 차명폰의 개설을 부탁한 것으로 드러났다. 노동계 출신인 이우헌은 이영호와는 중학교 동창으로 친한 사이다. 또 전씨는 한나라당 중앙위원으로 이우헌이 평소 누나라고 부르는 관계다. 결국 5008폰의 개설도 이영호의 작품이었던 셈이다.

이영호는 비슷한 시기에 자신이 사용할 차명폰도 별도로 개설했다. 이영호가 직접 사용했던 010-XXXX-6442폰(6442폰)은 디가우징하기 하루 전인 7월 6일에 개통됐다. 이영호는 사당동에서 약국을 운영하는 성 모 씨에게 전화로 차명폰의 개설을 부탁한 것으로 조사됐다. 같은 동네의 주민으로 친분이 있던 성씨는 7월 6일 저녁 교대역 부근의 곱창집에서 이영호를 만나 6442폰을 전달했다. 성씨는 검찰 조사에서 처음에는 "술을 먹고 휴대폰을 잃어버렸다"라고 주장하다가 뒤늦게 차명폰을 개설해준 사실을 털어놓았다.

차명폰이 대거 등장하는 이유는 분명하다. 범죄 사실을 숨기기 위해서다. 통화 내역을 분석한 결과, 이날 장진수는 9111폰으로 최종석이 사용한 5008폰에 여섯 차례 전화를 걸었으며, 최종석은 5008폰으로 장진수의 9111폰에 세 차례 전화를 걸어서 통화했다. 또 이영호는 디가우징한 당일 6442폰으로 5008폰에 아홉 차례 전화를 걸었고, 5008

폰한테 두 차례 걸려온 전화를 받았다. 이영호과 최종석의 순차적인 지시를 받고 증거인멸이 이뤄졌다는 핵심 증거다.

이 차명폰 3대는 2010년 8월 11일 모두 해지되는 공통점이 있다. 이날은 검찰이 진경락이 입원해 있던 병실에서 그의 휴대폰을 압수한 시점이다. 진경락은 이영호, 최종석과 수시로 사건을 축소·은폐하기 위해 모의했으니, 휴대폰의 통화 내역에서 자신들이 사용한 차명폰 번호가 발각될까 봐 우려했던 것으로 보인다.

이 3대 이외에 이번 사건에 등장하는 차명폰은 한 대가 더 있다. 박영준의 비서인 이성도가 들고 다니던 010-XXXX-3847폰(3847폰)이다. 최종석은 이성도를 시켜 이성도의 처남 명의로 7월 6일 급히 차명폰을 만들도록 한 것으로 조사됐다. 최종석은 2010년 8월 6일 이영호가 검찰에 나가 참고인 조사를 받은 직후, 5008폰을 통해 3847폰과 수차례 통화를 주고받은 것으로 밝혀졌다. 검찰은 이들 사이의 통화 내역을 박영준이 증거인멸에 연루된 강력한 정황으로 지목했다. '대통령의 남자' 박영준의 그림자가 불법 사찰 사건에서 처음 어른거리기 시작한 것이다.

조직 신설의 비화

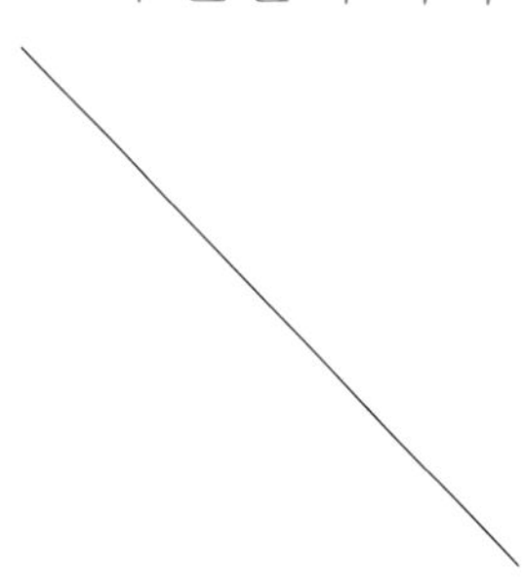

조직 신설의 배경, '촛불은 누구 돈으로 샀는지 파악하라'

2008년 5월, 미국산 쇠고기의 수입을 재개하겠다는 정부의 조치에 반발해 촛불 시위가 서울 도심을 점령했다. 이명박 정부가 출범한 지 몇 개월 지나지 않은 시점이었다. 5월 2일 첫 집회 이후 100일 이상 시위가 계속됐고, 참가자의 수는 기하급수적으로 늘어났다. 이명박 정부는 직전의 참여정부와는 지향점이 전혀 다른 보수 성향의 정권이었다. 광우병 논란으로 촉발된 시위의 쟁점은 시간이 지날수록 교육 문제, 대운하와 공기업 민영화 반대, 정권 퇴진 등 점차 정치 이슈로 확대돼나갔다. 시위가 최고조에 이른 6월 10일에는 경찰 추산 8만 명, 주최 측 추산 70만 명(전국 합산 100만여 명)이 참가하는 촛불 대행진이 개최됐다.

고조된 시위대가 청와대로 향하자 경찰은 주요 길목에 바리케이드를 치고 청와대 인근을 봉쇄했다. 이명박 대통령은 "늦은 밤 청와대 뒷산에 올라 시위대 쪽에서 들려오는 '아침이슬' 노래를 들으며 뼈저리게 반성했다"라고 국민 앞에 머리를 숙였다.

이 대통령이 일방통행식 국정 운영에 대해 대국민 사과를 했지만, 그걸로 촛불 정국이 끝난 것은 아니었다. 여권은 여전히 대규모 촛불 시위는 보수 정권에 적대적인 반체제 인사들이 조직적으로 선전·선동을 해서 촉발한 것이라는 의심을 품고 있었다. 이 대통령이 촛불 시위의 초기에 열린 청와대의 내부 회의에서 "1만 명의 촛불은 누구 돈으로 샀고, 누가 주도했는지 파악해 보고하라"라고 지시한 것과 궤를 같이한다.

이 대통령이 '피플 혁명' 직전까지 가는 벼랑 끝 위기로 몰린 것은 불과 반년 전 530만 표의 압도적 차이로 당선됐을 때에는 상상조차 못 한 일이었다. 특히 촛불 시위에 적지 않은 공무원이 동조했다는 사실은 충격이었다.

당시 청와대 내부에서는 민정수석실을 비롯한 사정·정보기관이 제대로 대응하지 못하고 있다는 비판적 분위기가 팽배했다. 공직 사회는 이종찬 민정수석이 2008년 6월 물러나고, 김성호 국가정보원장이 이듬해 1월 사퇴한 것도 이러한 여권의 분위기와 관련 있다고 이해했다. 이 무렵 청와대 기획조정비서관이던 박영준의 주도로 청와대 차원에서 문제점과 대책이 논의되기 시작했다.

그러자 사정 기관들은 촛불 시위의 배후 세력을 캐내는 데 경쟁적으로 나섰다. 한상률 국세청장은 부산에 있는 태광실업에 대해 이례적으로 서울국세청 조사국을 동원해 세무조사를 벌였다. 결국은 전 정권을 후원한 이의 돈줄을 틀어막자는 의도로 이해됐다. 잘 알려진 것처럼 국세청이 2008년 11월 박연차 태광실업 회장을 검찰에 고발하면서 시작된 '박연차 게이트 수사'는 이듬해 5월 노무현 전 대통령의 자살로 막을 내렸다. 2008년 7월 21일 국무총리실 산하에 공직윤리지원관실이 신설된 것은 이러한 일련의 흐름과 깊은 연관이 있다.

실제로 공직윤리지원관실이 신설된 배경에는 이명박 정부의 불순한 동기가 깔려 있었다. 진경락이 작성한 이른바 'VIP 충성 문건'이 이를 적나라하게 드러낸다. 조직을 신설한 목적을 '인터넷, 불법 폭력 집회로 확산된 조직적 반(反)MB · 반정부 흐름 차단 / 정부 출범에도 불구, 노(盧) 정권 코드 인사들의 음성적 저항과 일부 공직자들의 복지부동으로 인해 VIP의 국정 수행에 차질 / 통상적인 공직 기강 업무는 국무총리가 지휘하되, 특명 사항은 VIP께 절대 충성하는 주군의 친위 조직이 비선에서 총괄 지휘'라고 기록한다. 촛불 정국을 겪은 이명박 정부의 반격이 시작된 것이다.

고용노사비서관실 3인방

촛불 시위가 한창이던 2008년 6월 청와대의 분위기는 침통 그 자체였다. 이 무렵 청와대 안에서 유독 바삐 움직이는 사람이 한 명 있었다. 고용노사비서관 이영호다.

청와대 관계자들에 따르면, 이영호는 이 무렵 고용노사비서관실의 선임행정관 조재정, 행정관 최종석과 함께 사무실에서 며칠씩 머리를 맞대며 뭔가를 상의하는 모습이 자주 목격됐다. 다음은 당시 고용노사비서관실 행정관이었던 진경락(공직윤리지원관실이 신설되면서 기획총괄과장으로 자리를 옮긴다)의 증언이다.

"이영호가 뭔가 시간에 쫓기며 비밀리에 새로운 조직을 만드는 작업을 하는 것 같았다. 다른 사람들의 눈을 많이 의식했고, 많이 고민하고 힘들어했던 것 같았다. 이영호, 조재정, 최종석 셋이서 사무실에서 자주 회의를 했고, 이영호는 분주히 사무실을 들락거렸다. 누군가와 협의를 하기 위해 다니는 것 같았다."

그 무렵 진경락이 최종석에게 무슨 일이냐고 직접 물었다. 최종석은 "예전에 없어졌던 국무총리실 산하의 조사심의관실 같은 조직을 만들고 있다"라고 했다. 진경락의 궁금증이 그제야 풀렸다.

조사심의관실은 참여정부 때까지만 해도 '관가의 저승사자'라는 별칭이 붙었던 막강한 공직 감찰 기관이었다. 이명박 정부에 들어서 정부조직을 개편하면서 '작은 정부' 기조에 맞춰 폐지된 조직이다. 그런데 촛불 시위에 크게 덴 이명박 정부가 다시 비슷한 성격의 기관을 고용노사비서관실의 주도로 부활시키는 작업을 하고 있었던 것이다.

당시 청와대 인사들은 이영호가 워낙 실세로 통했던 시절이라 대통령의 밀지를 받았거나, 아니면 이영호가 대통령에게 충성심을 보이기 위해 스스로 알아서 움직인 것이라고 생각했다. 당시 청와대 인사비서관실 선임행정관을 지냈던 이상휘도 검찰에서 비슷한 진술을 했다.

"2008년 5월 무렵 이영호가 무슨 조직을 만든다고 대통령실장실 등을 바삐 왔다 갔다 했던 기억이 있다. '왜 왔다 갔다 하노'라고 묻자, 이영호는 '내가 열심히 해야지'라고 말했다."

포항 구룡포 출신이라 영포 라인으로 분류되는 이영호는 2006년 이명박 대통령이 대선을 앞두고 안국포럼을 운영할 때부터 노동정책과 관련하여 보좌를 해왔다. 대선 캠프에서는 노동정책총괄단장을 맡았다. 이영호는 대선 캠프 출신의 인사 중에서도 유난히 정치적 야망이 크고 충성심이 높았던 인물로 통했다. 그는 평상시에도 대통령과 독대했을 때 나누었던 이야기나 보고하는 자리에서 대통령이 자기를 각별히 언급하며 나눈 말을 내비치곤 했다. 은연중 자신이 실세라는 것을 강조했다고 한다.

그러면 공직윤리지원관실의 신설은 오로지 이영호 한 사람의 작품이었을까?

"이영호가 무슨 보고서 같은 것을 들고 분주히 비서관실을 들락거렸는데, 아마도 누군가와 조율하는 것 같았다"라는 진경락의 증언에 비춰보면, 윗선의 지시가 있었을 가능성에 더 무게가 실린다.

사건 초기부터 가장 의심을 받은 사람은 박영준이었다. 이영호가 평소 '형님'으로 불렀으며, 두 사람 모두 이른바 청와대 영포 라인의 핵심으로 분류되고 있었다.

하지만 박영준은 한나라당의 정두언 의원으로부터 류우익 대통령실장과 함께 국정 난맥상의 주역으로 지목돼 6월 9일 기획조정비서관에서 물러나야 했다. 이듬해 1월 20일 국무총리실 국무차장으로 컴백할 때까지 야인으로 지냈다. 공직윤리지원관실이 신설된 7월 21일에는 권좌에서 물러나 있던 상태였던 셈이다.

실제로 박영준은 공직윤리지원관실이 주도한 불법 사찰의 핵심으로 의심을 받을 때마다 그 기간에 자신이 대부분 '야인' 상태이었음을 강조했다. 하지만 그가 국무차장으로 재직할 때뿐만 아니라 심지어 야인으로 지낼 때에도 공직윤리지원관실의 비선 보고 라인의 핵심이었다는 사실이 밝혀지기까지는 그리 오랜 시간이 걸리지 않는다.

앞에서 언급한 것처럼 공직윤리지원관실의 신설에는 고용노사비서관실 3인방인 이영호, 조재정, 최종석이 깊숙이 개입했다. 세 사람의 인적 사항을 보면, 이영호는 포항 구룡포 출신이고, 조재정은 포항고, 최종석은 포항대동고 출신이다. 특히 조재정과 최종석은 행정고시에 합격한 뒤 노동부에서 근무하다가 이명박 정부에 들어 청와대에 입성했다는 공통점이 있다. 진경락이 지켜본 바로는, 이영호가 조직을 구상해 조재정과 최종석에게 지시하면, 조재정은 아이디어를 내거나 검토하는 역할을, 최종석은 보고서 등의 초안을 만드는 역할을 하는 것 같았다. 청와대 고용노사비서관실의 영포 라인 3인방이 공직윤리지원관실의 신설을 주도했다는 얘기다.

공직윤리지원관실이라는 조직의 이름은 누가 지었을까?

수사 과정에서 이 이름은 조재정이 지은 것이라는 증언이 여러 사람한테서 나왔다. 진경락은 "조재정이 여러 번 자기가 그 이름을 지었다고 이야기했고, '공직 기강' 업무가 무지 딱딱하고 사람들에게 거부감을 주는 일인데 '윤리', '지원'이라는 말을 넣어서 부드럽게 잘 지었다는 취지로 이야기했다. 자신이 지은 거지만 정말 잘 지었다고 말하기도 했다"라고 진술했다. 하지만 조재정은 검찰 조사에서 자신이 조직의 명칭을 지었다는 주장에 대해 '모르는 일'라고 부인했다.

이영호, 조재정, 최종석 세 사람은 공직윤리지원관실의 주요 보직을 인선하는 데도 협의했다. 이영호와 조재정은 검찰 조사에서 이에 개입한 사실을 잡아뗐지만, 최종석은 검사의 추궁을 받고서 "이영호의 지시로 공직윤리지원관실 같은 조직의 설치 필요성에 대한 보고서를 작성했다"라고 시인했다. 또 이영호가 자신과 이야기가 잘 되는 사람을 공직윤리지원관실로 보내야겠다고 말했으며, 조재정이 이영호에게 공직윤리지원관실에 보낼 사람을 추천하는 것을 들었다고도 진술했다.

막후의 보이지 않는 손

국무총리실 산하에 공직윤리지원관실을 신설하는 작업은 국무총리실의 총무비서관실 담당자도 모르게 철저히 비밀에 부쳐진 채 진행됐다. 총무비서관실의 인사·조직 주무자에게 직제 개정안을 마련하라는 실무 작업 지시가 내려온 것은 조직이 출범하기 불과 2주일 전인 7월 7일이었다. 조직 구성과 인선 작업은 사실상 끝난 상태였으니, 총무비서관실은 뒤처리만 맡은 셈이다. 인사·조직 주무관이었던 황일용은 검찰에 출석해 "공직윤리지원관실 외에 그렇게 조직이 신설되는 예는 없다"라며 "이름이 지어진 상태에서 개정안 작업을 지시받았다"라고 진술했다.

심지어 직제를 개정하려면 예산 및 인사 담당으로 당연히 주도적으로 참여했어야 할 하도봉 총무비서관도 사실상 논의에서 배제됐다. 김영철 국무총리실 사무차장으로부터 '조사심의관실을 다시 만들어야겠다'는 얘기와 함께 구체적 명단을 건네받은 게 전부였다. 어찌 보면 당연한 노릇이었다. 공직윤리지원관실의 신설은 청와대 비선 라인이 주

정부중앙청사 창성동 별관의 4층에 위치한 공직윤리지원관실. 지금은 공직복무관리관실로 이름이 바뀌었다. 청와대 고용노사비서관실의 영포 라인 3인방이 조직의 신설에 깊숙이 개입했다. 업무의 상당 부분이 비선에 의해 처리되어야 했기에 '일심으로 충성하는' 인사 위주로 인선이 되었다. '관가의 저승사자'로 불리던 강력한 감찰 기관이 탈법을 일삼으며 정적을 사찰하는 '정권 홍신소'로 전락하는 것은 예고되어 있었다.

도했기 때문이다.

명단을 받아 본 하도봉 비서관은 "이인규를 비롯해 노동부 출신이 공직윤리지원관실의 핵심 보직을 모두 차지하는 것은 문제가 있다"라며 김영철 사무차장에게 항의했다. 하지만 돌아온 것은 '청와대 고용노사비서관에게 가서 이야기해보라'는 답변뿐이었다. 이미 인사권이 국무총리실의 손을 떠나 있다는 얘기였다. 하 비서관은 실제로 청와대로 찾아가 이영호를 만났지만 허사였다. 이영호는 '이미 결정된 것'이라고 쏘아붙이며 하 비서관을 돌려보냈다. 이명박 대통령과 박영준의 권력을 등에 업은 이영호의 파워는 그만큼 막강했다.

공직윤리지원관실의 직제 개정은 일사천리로 이뤄졌다. 통상적으로 국무총리실 산하에 조직을 신설하고 대통령령을 제정하려면 여러 절차를 거쳐야 하고 시간도 오래 걸린다. 보통 소관 부처 발의→관련 부처 협의→법제처의 법령 심사 및 규제 심사→차관 회의 통과→국무회의 통과의 순서를 밟는다. 그러나 긴급한 사안인 경우에는 법제처의 법령 심사를 제외한 나머지 중간 절차를 생략하고 바로 국무회의에 긴급안건으로 상정하는 것이 가능하다.

공직윤리지원관실의 직제 신설과 관련한 대통령령 제정은 사실상 긴급 안건과 비슷한 속도로 처리됐다. 국무총리실은 직제 개정 지시를 받은 지 하루 만인 7월 8일 행정안전부에 협의를 요청하고 7월 10일 법제처에 법령 심사를 의뢰했는데, 당일에 개정안이 차관 회의를 통과했다. 그리고 국무회의도 7월 15일 원안대로 개정안을 의결했다. 인사·조직 주무관 황일용은 "이렇게까지 빨리 직제 개정안이 통과된 것을 본 일이 없다"라고 진술했다. 정부 내의 '보이지 않는 손'이 막후에서 움직였기 때문이다.

하지만 이영호는 검찰 조사를 받는 내내 자신이 개입한 사실을 전면 부정했다. 그러면서 공직윤리지원관실이 신설된 책임을 2008년 10월 지병으로 이미 고인이 된 김영철 사무차장에게 떠넘겼다.

이인규와 진경락의 발탁

공직윤리지원관실의 출범을 며칠 앞두고 있을 무렵이다. 노동부의 감사관이었던 이인규는 아침에 과천 정부중앙청사 사무실로 출근하던 도중 전화 한 통을 받았다. 노동부에서 같이 일했던 후배로 청와대 고용노사비서관실에서 파견 근무하던 진경락이었다.

"이영호 비서관이 30분 내로 빨리 들어오라고 합니다."

이날 이인규는 이영호로부터 자신이 공직윤리지원관으로 내정된 사실을 처음 들었다. 이영호가 '국무총리실 출신이 공직윤리지원관에 임명되어야 한다'는 하도봉 총무비서관의 반발을 제압하고 자기가 믿을 만한 사람으로 앉힌 것이다.

이인규는 행정고시 29회에 합격한 뒤 주로 노동부에서 근무했다. 영덕 출신인 그는 포항고를 나와 영포 라인으로 분류된다. 조재정의 고등학교 5년 선배였지만, 행정고시 기수로는 1년 후배였다. 그는 영포목우회(영일·포항 출신 공무원 모임)에도 참여했다. 하지만 기수에 비해 나이가 많은 편이고 승진도 힘든 상황이라, 노동부 조직 내부의 관례상 1, 2년 내에 옷을 벗어야 할 처지였다. 이인규도 대선 이후 여러 자리에서 "내가 어차피 집에 갈 사람이었는데 이명박 정부가 들어섰기 때문에 사실상 5년 더 공무원 생활을 할 수 있게 됐다"라고 말해왔다고 주변 사람들은 증언하고 있다.

절박한 심정이었던 이인규는 대선에서 누가 차기 정권을 잡을지 민감했던 것 같다. 이인규와 노동부 시절부터 같이 일했던 진경락은 "한나라당의 대선 경선 과정에서 이인규가 '이명박을 지지해야 한다'라는 취지로 말한 적이 있으며, '남산 밑에 있는 모처에서 유명한 역술가들이 참석하는 모임이 있는데 그 자리에서 차기 대통령을 예언한다고 하니 함께 가보자'라는 취지로 제안한 적이 있다"라고 진술했다.

검찰의 1차 수사 때 이인규의 집무실을 압수수색하는 와중에 나온 2008년도 업무수첩에도 이러한 대목이 나온다. "고대하던 정권 교체를 위해, 그리고 그 중심에 고향 사람인 MB가 있어야 나의 남은 공직 3라운드가 평탄하겠다는 생각이 들었다."

2007년 12월 대선에서 이명박 후보가 승리하자, 이인규의 공직 인생은 그의 바람대로 중대한 전환점을 맞는다. 감사원을 제외하면 공직 감찰의 최고봉인 공직윤리지원관실의 수장 자리를 꿰찼기 때문이다. 더군다나 감사원 출신이 아닌 일반 부처의 감사관이 국무총리실 산하의 공직 감찰 조직의 수장에 임명된 것도 거의 전례가 없다.

그렇다면 이인규는 어떻게 공직윤리지원관에 발탁된 것일까.

이인규는 자신을 추천한 이영호와 원래 친분이 없었다. 2008년 3~4월 노동부의 업무 보고 자리에서 대통령을 수행한 이영호 고용노사비서관을 처음 보고 안면을 익힌 것이 전부다. 이인규는 "원래 고용노사비서관 자리는 노동부의 국장급 인사가 가서 청와대 근무를 마치면 직급이 상향돼 복귀하는 자리다. 이러한 관례를 깨고 이영호라는 노동계 인사가 갔다고 해서 다들 관심 있게 지켜봤다"라고 진술했다.

이영호에게 이인규를 소개한 사람은 따로 있었다. 열린노무법인 대표 전 모 씨다. 앞에서 밝힌 대로, 전씨는 이영호의 부탁을 받은 이우헌의 요청에 따라 2010년 7월 7일 디가우징한 당일에 자신의 딸 명의로 차명폰을 만들어준 사람이다.

한나라당 중앙위원을 지낸 전씨는 2007년 대선 때 정책 본부에서 3개월간 같이 노동정책 업무를 하면서 이영호와 친해졌다. 전씨의 남편도 영덕 출신의 공무원이라 이인규와는 각별한 사이였다.

전씨는 2008년 4월 무렵 이영호에게 "노동부에 잘 아는 분이 계신데 경상도 출신이라 지난 정부 때 불이익을 많이 받으신 것 같더라. 본인 말씀으로는 추풍령을 5번이나 넘어갔다(지방 근무를 많이 했다)고 하더라"라고 말했다. 그러자 이영호가 "한번 만나보고 싶다"라고 했다. 이렇게 해서 이영호와 이인규는 송파구 올림픽공원 앞의 '오발탄' 식당에서 만나 처음 제대로 된 인연을 맺었다.

원래 이인규가 가고 싶어 한 곳은 이명박 정부가 출범한 뒤 폐지된 조사심의관실이었다. 그는 김대중 정부 시절에 조사심의관실에서 서기관(팀장)으로 30개월 정도 근무한 경력이 있다. 이때의 경험 때문인지, 2008년 초 대통령직인수위원회가 조사심의관실의 폐지를 발표했을 때 이인규가 울분을 토한 적이 있다는 증언도 있다. 관가의 암행어사로 통하며 공직 사회를 누볐던 조사심의관실이라는 조직에 대한 강한 향수가 있었다는 얘기다.

진경락의 증언에 따르면, 이인규는 사석에서 "대통령이 통치행위를 제대로 하려면 조사심의관실의 기능이 반드시 필요하다"라며 "이러한 조직을 청와대에 두면 야당 등의 정치적 공세에 대통령이 직접 노출되기 때문에 국무총리실 산하에 두어 '순망치한(脣亡齒寒)의 묘'를 살려야 한다"라고 자주 강조했다고 한다.

이처럼 공직윤리지원관실의 모델이 된 옛 조사심의관실의 기능이 부활되어야 한다는 강한 확신을 갖고 있었다. 조직의 성격이 대통령의 통치행위를 돕는 '히든카드' 같은 역할이어야 한다는 이인규의 평소 신념은, 청와대 비선 라인이 그리고 있던 초대 공직윤리지원관의 성격과 맞아떨어졌다. 실제로 '순망치한의 묘'라는 표현은 진경락이 작성한 〈공직윤리지원관실의 업무 추진 지휘 체계〉 문건에도 등장한다. 이는 이인규가 초기부터 공직윤리지원관실의 초법적, 탈법적 운영이 불가피함을 어느 정도 알고 있었다는 방증이다. 어쨌든 옛 조사심의관의 자리를 잇는 공직윤리지원관에 발탁됐으니, 이인규의 소원이 이뤄진 셈이다.

공직윤리지원관실의 초대 기획총괄과장인 진경락은 이영호가 발탁했다. 진경락은 그때 고용노사비서관실에서 행정관(서기관)으로 재직하고 있었다. 이영호가 고용노사비서관실에서 자신의 수족으로 부리던 인물을 보낸 것이다. 업무의 상당 부분이 비선에 의해, 그리고 대통령한테 부담을 주지 않기 위해서는 철저히 비밀리에 처리되어야 했기에 진경락만큼 기획총괄과장에 적합한 자원은 드물었다.

당시 이영호가 "이번에 새로 만들어지는 조직이 있는데 거기에 갈래?"라고 묻자, 진경락은 "공무원은 가라고 하면 종이 한 장 들고 가는 것이고 어디로 가는지 묻는 게 아닙니다. 저는 지금까지 살아오면서 가라고 하면 갈 곳을 알지 못하고 갔습니다"라며 제안을 수락했다.

이로써 공직윤리지원관실이 공식 출범하는 데 필요한 주요 인선은 마무리됐다. 이 무렵 공직윤리지원관실의 내부 분위기를 잘 보여주는 일화가 있다.

진경락이 공직윤리지원관실 사무실에 출근한 첫날의 일이다. 이영호는 이날 간부들을 모아 청와대 옆의 무궁화동산 안에 있는 '블루모스(Blue Moth)'라는 커피숍에서 간담회를 가졌다. 기획총괄과장 진경락, 1팀장 김충곤, 2팀장 이영호(검찰 파견, 고용노사비서관 이영호와 동명이인), 3팀장 신준영(국세청 파견), 4팀장 김화영(국무총리실 소속)이 참석했다. 이 자리에서 이영호는 평상시에 자주 말하던 '일심으로 충성하자', 'MB를 성공한 대통령으로 만들자'라는 표현을 여러 차례 썼다. 민정수석실 소속도 아니고, 공직 감찰과는 전혀 무관한 고용노사비서관이 공직윤리지원관실의 간부들과 간담회를 가진다는 것 자체가 이상한 자리였다. 앞으로 공직윤리지원관실이 법과 원칙이라는 궤도에서 탈선해 정적의 사생활이나 사찰하는 조직으로 전락할 것임을 예고하는 장면이었다.

어떻게 운영됐나

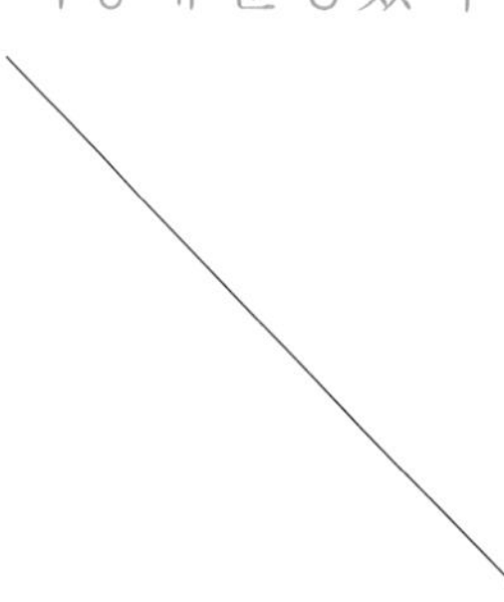

'피신시켜 놓은 주군의 비선 조직'

2009년 2월 무렵 경기도 양평의 한화콘도. 신설된 지 7개월째를 맞이한 공직윤리지원관실의 직원들이 워크숍을 위해 한자리에 모였다. 조직이 신설된 뒤 처음으로 직원 전체가 모이는 자리였다.

기획총괄과장 진경락이 발표를 위해 회의장의 단상에 섰다. 전체 업무를 총괄하고 지원하는 책임자의 발표였던 만큼 진경락은 전체 조직이 나가야 할 목표 등을 주제로 삼았다(진 과장이 발표한 것으로 보이는 발제문이 훗날 검찰의 수사 과정에 발견됐다).

하지만 발표는 첫머리부터 지난 대선의 결과와 이명박 정부의 출범이 갖는 의의에 대한 노골적인 찬양으로 채워졌다.

'MB는 역사적 선택인가'라는 화두로 발표를 시작한 진경락은 '예스'라고 단언했다. 그러면서 "경제만 시장주의가 아니라 정치, 사회, 문화에도 시장주의 원리가 작동한다. 그 시대의 환경이 그 정치, 그 사회를 선택하게 된다"라고 했다.

진경락은 또 'MB는 어떤 사람이기에'라고 물으면서 '가보지 않은 길을 개척해나간 사람'이라고 스스로 답했다. 그는 이어 "경제 위기의 순간에 선택받았고, 그래서 경제를 살리기만 하면 MB는 성공한다"라고 단언했다. 마치 대선 캠프에서나 들을 수 있을 법한 농도 짙은 정치적 발언이었다. 시작부터 진경락은 정권에 상관없이 국가와 국민을 위해 봉사해야 하는 직업 공무원의 선을 넘어버린 것이다.

진경락은 곧이어 공직윤리지원관실이 나가야 할 길을 제시했다.

"감찰과 정책은 균형 있게 가야 하며, 감찰은 자신 있게, 합법만 고집할 수 없고 요령껏, 어떤 행위도 내공과 위엄으로 제압해야 한다."

경제 살리기라는 역사적 사명을 받은 MB의 성공을 위해, 위법까지 불사하면서라도 감찰 업무를 해나가라는 조언이자, 명령이었다. 발표가 끝나자 전 직원의 박수가 이어졌다.

공직윤리지원관실의 '비선 지휘부'인 고용노사비서관 이영호와 행정관 최종석도 먼발치에서 조용히 이 장면을 지켜봤다. 최성준 당시 공직윤리지원관실 점검5팀장은 "국장 옆에 내가 알지 못하는, 얼굴이 큰 사람이 와 있었다"라며 이인규의 옆자리에 있던 이영호를 떠올렸다.

이처럼 공직윤리지원관실은 이명박 대통령을 향한 충성심 하나로 똘똘 뭉친 별동대 같은 조직이었다. 나중에 검찰이 압수한 김경동의 USB에서 발견된 〈공직윤리지원관실의 업무 추진 지휘 체계〉라는 제목의 문건(이른바 'VIP 충성 문건')을 보면, 이들에게 '대통령에 대한 충성심'은 제1의 행동 기준이었음이 여실히 드러난다.

가령 문건 여기저기에서 '공직윤리지원관실이 이명박 대통령에게 충성을 하기 위해 존재한다'라는 문구가 심심찮게 등장한다. 심지어 공직윤리지원관실을 '피신시켜 놓은 주군의 비선 조직'으로 규정할 정도였다. 문제가 발생할 때 청와대에 직접적인 책임이 돌아가지 않도록 국무총리실로 피신하고 있을 뿐 청와대에서 주군(대통령)을 모시는 비선 조직의 역할을 해야 한다는 것이다.

또 내부 문건인 〈공직윤리지원관실 운영 쇄신 방안〉에는 "충성심과 실력을 겸비한 조직으로 거듭나 4대강 정비 사업 등 MB 정부의 '트레이드마크' 정책이 제대로 추진될 수 있도록 지원하겠다"라는 내용도 나온다. '이 정부와 운명을 함께할 코어 그룹(Core Group. 핵심 조직)', '오직 충성심 하나로 사심 없이 일할 수 있는 (조직)' 등도 표현만 다를 뿐 같은 맥락의 충성 맹세나 다름없었다.

진경락은 공직윤리지원관실의 성격에 대해 '대통령이 직접 보고를 받겠다고 만든 조직'이라고 정의했다. 형식상 국무총리실 산하에 있고, 국무총리실의 지휘를 받도록 돼 있지만 실상은 대통령을 위한 조직이라는 점을 분명히 했던 것이다. 실제로 공직윤리지원관실의 직원들은 "이명박 정부의 성공을 위해 '열'과 '성'을 다하겠다"라는 내용이 담긴 충성 서약을 작성해 제출했다.

조직의 성격이 이렇게 규정되다 보니, 공직윤리지원관실 직원의 첫 번째 선발 요건은 바로 충성심일 수밖에 없었다. 실제로 진경락은 "공직윤리지원관실의 업무를 맡기 위해서는 충성심과 정무 감각이 있고, 탈(脫)공무원 마인드를 가진 사람이 적절하다"라며 충성심을 첫 번째 요건으로 꼽았다. 이러한 기준은 초기 공직윤리지원관실의 구성에 그대로 적용됐다. 영포 라인을 위주로 한 영남 일색으로 직원들이 선발된 것이다.

공직윤리지원관실은 2008년 7월 21일 20여 명의 직원으로 처음 출발했는데, 이듬해 1월 직원의 수가 42명으로 늘어났다. 출신별로 보면, 원래 국무총리실 소속은 진경락 휘하의 기획총괄과 직원 5명에 불과했고, 나머지는 노동부, 경찰, 검찰, 국세청 등에서 온 파견 인력(37명)으로 채웠다. 특히 경찰 출신이 많았다. 전체 42명 직원 중에 12명이나 될 정도로 경찰 인력을 확충하는 데 공을 들였다. 경찰이라면 긴급한 상황에서 체포 등 수사권을 행사하는 장점이 있다는 게 이영호를 비롯한 초기에 조직을 구상한 자들의 논리였다.

2009년 작성된 공직윤리지원관실의 업무 보고서에 따르면 지원관 아래 김충곤 점검1팀장, 이영호 점검2팀장, 신준영 점검3팀장, 김화영 점검4팀장, 최성준 점검5팀장, 정종문 점검6팀장, 이진용 점검7팀장이 소속돼 있다.

이들은 대부분 청와대가 추천한 인사이거나 이 인사가 다시 추천한 사람이었다. 알음알음으로 서로의 추천에 의해 팀이 구성됐던 것이다. 이 중 청와대가 추천한 인사는 김충곤 1팀장, 이영호 2팀장, 신준영 3팀장 등이다. 청와대의 추천 인사는 사실상 이영호가 대부분의 후보자를 낙점한 것으로 알려졌다.

이 중 경찰 간부 출신인 김충곤은 2008년 6월 총경으로 명예퇴직을 한 민간인 신분이었으나, 이례적으로 별정직 감사 담당(4급) 자리인 점검1팀장에 재임용됐다. 포항 출신인 김충곤은 9월 11일에야 정식 임용 절차가 끝나 두 달간 민간인 신분으로 사찰 활동을 했다는 구설수에 오르기도 했다.

이인규가 추천한 인사는 최성준 5팀장, 정종문 6팀장, 이진용 7팀장이다. 이인규는 "일반 팀원들은 팀장이 직접 추천을 해오면 진경락 과장이 서류를 본 후에 인사를 냈고, 어떤 경우에는 파견 요청을 하라고 지시를 하는 식이었다"라고 당시 상황을 진술했다.

팀원들은 역시 영남 출신이 많았다. 한 검찰 출신 파견자의 경우에는 공직 감찰이나 범죄 정보 수집 업무를 해본 경험이 전혀 없었다. 지방의 지청에서 근무하다 공직윤리지원관실에 파견됐는데 알고 보니 박영준과 같은 경북 칠곡 출신이었다.

당시 공직윤리지원관실 직원의 출신 지역을 분류하면, 영남이 27명이었던 반면, 호남은 4명에 불과했다. 전형적으로 영남에 편중된 인사였다. 더구나 이영호, 이인규가 영덕과 포항을 중심으로 하는 영포 라인이었고, 또 다른 실세인 진경락은 경주 출신이었다. 인적 구성을 보면 영포 라인 인사들의 지휘에 따라 영남 출신 직원이 핵심이 돼 활동을 했다고 봐도 무방했다.

운영 형태

공직윤리지원관실은 지원관 이인규를 중심으로 기획총괄과와 공직윤리점검반 7개 팀으로 운영됐다. 통상적으로 BH(청와대) 하명과 각 기관에서 이첩되는 정보를 이인규가 배당을 하면 각 팀이 일을 맡는 구조였다. 또 전체적인 기획 총괄 업무를 하는 진경락이 중간에서 메신저 역할을 하며 업무를 조율했다.

각 팀은 지역과 담당 부처 등 나름의 기준에 따라 담당 업무를 분장하고 있었다. 가령 1팀은 행정안전부, 보건복지부, 국방부 등과 그 밑의 청(廳)들을 맡는 식이었다. 7팀은 특수 임무와 기획재정부를 전담하는 기동팀으로 구분됐다.

지역별로도 안배를 했다. 1팀은 경기, 2팀은 서울, 대전, 충청, 3팀은 인천, 강원, 4팀은 부산, 울산, 경남, 5팀은 대구, 경북, 6팀은 광주, 전라, 제주 등으로 구분을 하고 하명이 내려오는 사건을 적절하게 배분했다.

회의는 매주 월요일 오전 10시에 시작해 20~30분가량 열렸다. 진경락이 각 팀에 전할 말이나 공통으로 알아야 할 내용이 있으면 간단히 보고를 하는 식이었다. 1팀에서 7팀까지 특이 사항이 있으면 보고했지만, 사건에 대한 얘기는 보안 사항이기 때문에 모여 있는 자리에서가 아니라 회의가 끝난 후 팀장이 이인규에게 직접 보고를 했다.

공직윤리지원관실은 공무원과 공공 기관 임직원에 대한 감찰, 장차관 인사의 스크린 등 일반적인 공직 기강 업무를 맡았다. 하지만 이들의 주 업무는 특별 감찰 활동으로, 쉽게 말해 하명 사건이나 제보를 받아 은밀하게 문제 인사를 걸러내는 일이었다.

7개 팀이 모두 불법 사찰에 동원된 것은 아니다. 팀장의 성향과 충성도에 따라 배당되는 사건이 달랐기 때문이다. 비선 라인에서 내려오는 은밀한 하명 사건은 상당 부분 1팀이 맡았다. 1팀은 '좌파나 노조와 관련된 동향 보고'를 주로 담당했고, 그 안에서도 원충연은 언론계의 동향을 파악하는 데 주력했다. 공직윤리지원관실 관계자들은 "1팀이 가장 충성도가 높았고, 그러다 보니 정치적으로 민감한 사건이 자주 배당됐다"라고 증언하고 있다. 김종익 사찰 사건을 맡았던 곳도 1팀이다.

공직윤리지원관실 직원들은 외부에서 서로를 감사관이라고 불렀다. 또 가명으로 만든 명함을 가지고 다녔다. 직원의 인적 사항이 외부에 알려지면, 청탁이 들어올 수 있다는 이유에서다. 각 팀에는 카메라, 보이스리코더, 차량은 물론 망원경까지 지급됐다. 또 대상자의 차적 조회를 위해 기획총괄과에는 경찰청과 연계된 별도의 단말기도 설치됐다.

공직윤리지원관실은 관가에서 두려움의 대상이었다. 외교통상부 사무실을 급습해 양주 101병을 적발한 것은 당시 공직윤리지원관실의 무소불위한 권력을 보여주는 상징적 사건이었다.

공직윤리지원관실의 활동이 합법과 불법의 경계선을 오가고 있다는 사실을 스스로도 의식했는지, 이인규와 진경락은 평소에 보안을 무척 강조했다고 한다. 보안 전문 업체에 의뢰해 사무실에 도청 장치가 설치됐는지 확인하는 일도 종종 있었다.

이중 조직

공직윤리지원관실은 외형적으로는 엄연히 국무총리실 소속이었다. 또 국무총리실장과 청와대 민정수석실이 공식적인 보고 라인이었다. 하지만 실제로는 비선 라인을 통해 이 대통령에게 보고하는 이중 조직이었다. 고용노사비서관 이영호가 직제상 직속상관인 사회정책수석을 배제한 채 공직윤리지원관실을 지휘·감독한 사실이 검찰 조사와 공직윤리지원관실 직원들의 증언을 통해 드러났다.

공직윤리지원관실이 보고하는 방식은 크게 세 가지였다. 첫 번째는 진경락이 보고서를 밀봉한 채 청와대 민정수석실의 공직기강팀에 직접 보고하는 것이다. 두 번째는 이인규가 직접 청와대 민정2비서관실에 보고하는 것이다. 세 번째는 진경락이 별도로 청와대에 보고하는 것이다. 검찰은 이 중에서 세 번째 보고 유형을 이영호를 거쳐 박영준 당시 국무차관에게 올라가는 비선 라인 보고로 봤다.

이러한 비선 라인의 존재도 김경동의 USB 파일이 검찰에 압수되면서 처음 공개됐다. 파일 속 문건에는 '총리 보고'와 'VIP 보고'로 보고 라인을 구분한 후, 후자를 '지원관→BH 비선→VIP'로 설명하고 있다. 진경락은 검찰 수사에서 'BH 비선'이 이영호를 말하는 것이라고 시인했다. 즉 비선 보고 체계는 '진경락→이영호→박영준'으로 요약된다. 정식 보고 계통인 민정수석실에는 공무원, 공공 기관의 임직원에 대한 감찰 내용 등 일반적인 공직 기강 관련 사항만을 보고했다. 주로 거물급 공직자의 비위나 정치인 관련 동향 자료 등 특별 감찰 활동은 비선을 통해 별도 보고를 했다. 그리고 진경락은 이인규와 이영호 사이에서 메신저 역할을 했다는 것이 검찰이 밝힌 비선 보고 체계의 골자다.

이에 따라 정선 보고인 민정수석실 보고는 이인규 지원관이, 비선 보고인 고용노사비서관실 보고는 진경락이 주로 맡았다. 실제로 진경락은 2008년 7월 31일부터 2010년 6월 22일까지 청와대에서 단독으로

☞ **검토의견 : 국무총리(다만, VIP께 一心으로 충성하는 별도 비선을 통해 총괄지휘)**

○ 현 정국은 야당이 정권교체로 인한 상실감, 재집권에 대한 절망감으로 인해 정치공세의 빌미만 생기기를 바라는 상황

○ 이런 **정치공세의 빌미를 주지 않으면서 VIP의 원활한 국정수행을 뒷받침**하기 위해서는

- 운영의 묘를 살려, 통상적인 공직기강 업무는 **국무총리가 지휘하되, 특명사항은 VIP께 절대충성하는 친위조직이 비선에서 총괄지휘**

※ 정부의 **모든 권한은 대통령이 위임하기 때문에 정당성**을 가지게 되고, **형식적인 업무분장에 구애될 필요가 없으며, 비선활용은 추후 레임덕 방지**를 위해서도 긴요

○ 보고라인은 최대한 줄이되 사안의 경중을 고려하여

- **VIP 보고는 「공직윤리지원관 →→BH 비선 →→VIP(또는 대통령실장)」**으로 하고

- **총리보고는 「공직윤리지원관 →→총리」**로 함

※ 우수공무원 발굴, 감찰결과 조치는 BH 공직기강팀장(이강덕)과 사전 조율

☐ 운영상 유의사항

○ 공직윤리지원관실 업무는 **고도의 보안성**을 요하므로

- 이를 **기획·총괄하는 국·과장 인사는 BH에서 직접 챙겨야** 하고, 예산 편성은 총리실에서 하되, **운영은 독립적으로 하도록** 조치

○ 위 **지휘·보고체계 이외의 라인**에서 관여하게 되면 업무추진력이 떨어지고 보안유지가 안되므로 **불필요하게 개입하지 않도록 별도지시**

7962

- 7 -

일명 'VIP 충성 문건'. VIP 보고와 총리 보고. 'VIP께 일심으로 충성하는 비선을 통해 총괄 지휘'.

최종석을 58회나 만난 것으로 조사됐다.

하지만 공직윤리지원관실의 두 실세인 이인규와 진경락은 그리 사이가 좋지 않았다. 이인규는 진경락이 자신보다 직제상 아래였지만 이영호에게 직접 보고하는 위치였기 때문에 함부로 대하기 어려웠다. 공직윤리지원관실의 힘은 이영호한테서 나온다는 것을 잘 알기 때문이다. 실제로 이인규는 평소 진경락을 보고 "니는 내 와치독(watch dog) 아이가"라는 말을 종종 했다고 한다.

두 사람을 잘 아는 공직윤리지원관실의 한 직원은 "서기관에 불과했던 진경락이 실세인 양 행동했다면, 이인규는 가급적 공직윤리지원관의 업무에 자신의 역할을 한정하려 했다"라고 설명한다. 기획총괄과 직원인 왕충식도 검찰에서 "진경락은 실질적으로 이인규의 통제를 받지 않고, 업무용 차량 1대를 독단적으로 사용하면서 보고 없이 움직였으며 출퇴근 시간도 불규칙했다"라고 증언했다. 30여 년 가까이 공무원으로 재직하면서 권력의 생리를 체득하게 된 이인규는 마음속에 권불오년(權不五年)의 진리를 되새기고 있었는지도 모른다.

두 사람 가운데 누가 공직윤리지원관실의 불법 사찰에 대한 책임이 더 큰가, 이것은 검찰 수사와 재판에서도 계속 쟁점이 됐다.

이인규는 검찰 수사에서 진경락이 자신을 배제한 채 비선 라인에 직접 보고를 했다고 주장했다. 자신은 허수아비에 불과했다는 것이다. 반면 진경락은 이인규가 사실상 조직의 책임자이고 모든 보고를 받았으면서도, 결정적으로 문제가 될 사안에서는 비겁하게 한발 뺀 채 부하에게 모든 책임을 떠넘기고 있다고 반박했다.

다음은 이인규의 진술 내용이다.

"나는 분명히 진경락에게 '정선 보고만 있는 것'이라고 얘기를 했다. 그런데 진경락이 이영호와의 비선 라인의 필요성을 인식하고, 별도의 보고서를 만들어 청와대에 보고를 했던 것 같다."

이인규는 진경락에 대한 섭섭함 마음도 털어놨다.

"나는 비선 보고 라인에서 사실상 배제돼 있었다. 내 역할은 정선 보고 수준에 머물렀다. 비선 보고는 진경락이 담당했던 것이 사실이다. 진경락이 나조차도 배제하고 직접 이영호의 지시를 받아 주로 김충곤이 팀장으로 있는 1팀에 하명을 했던 것이 현실이었다."

하지만 진경락은 다른 얘기를 했다.

"이영호의 지시 사항을 이인규에게 보고하는 것을 한 번도 빠뜨리지 않았다. 원래 나는 지시를 받으면 뭐든 그 자리에서 다 해결하는 스타일이기 때문에, 아무리 화장실을 가고 싶어도 그 자리에서 곧바로 보고를 했다. 지원관이 없으면 한두 시간 후에 따로 보고를 하더라고 반드시 보고는 했다."

이인규는 이에 대해 "진경락이 가공한 얘기다. 원래 진경락은 임기응변에 강한 사람이다. 다 지어낸 얘기다"라며 "나는 진경락이 이영호의 지시 사항을 메모했다는 것도 몰랐고, 보지도 못했을뿐더러 이영호의 지시를 나에게 보고한 이후에 했다는 건 진경락의 얘기일 뿐이다"라고 일축했다. 반면 진경락도 "공직윤리지원관실의 창설 초기부터 이인규가 'VIP에게 절대 충성을 다해야 한다'라는 말을 했다"라고 물러서

지 않았다.

나중에 법원은 두 사람의 상반된 진술 속에서 "이인규-이영호로 이어지는 비선 보고 라인이 가동됐으며, 진경락은 두 사람의 메신저 역할을 했다"라고 결론 내렸다. 이인규와 진경락을 공범 관계로 본 것으로, 두 사람 모두 공직윤리지원관실의 탈법 운영에 대한 책임을 벗어날 수 없다는 판단이다.

특수활동비 상납

공직윤리지원관실이 비선 보고 체계에 의해 기형적으로 운영됐다는 사실은 고용노사비서관실에 특수활동비를 상납한 것이 드러나면서 더욱 명확해졌다. 검찰이 조사한 결과, 2008년 10월에서 2009년 6월 사이 이인규와 진경락이 공모해 공직윤리지원관실의 특수활동비 중 280만 원을 마련해, 200만 원, 50만 원, 30만 원으로 나누어 3개의 봉투에 담은 뒤 이영호, 조재정, 최종석에게 각각 상납한 것으로 드러났다. 이 일로 이인규와 진경락은 업무상 횡령 혐의가 추가됐다.

장진수는 "매달 봉투 3개에 이영호에게 200만 원, 조재정 선임행정관에게 50만 원, 최종석 행정관에게 30만 원을 담아 진경락 과장이 전달했다. 직원들이 이상하게 느꼈지만 상급 기관이라 그런가 보다 했다"라고 털어놨다.

특수활동비를 상납한 배경에 대해선, 이영호가 먼저 노골적으로 상납을 요구했다는 주장이 있다. 진경락에 따르면, 이영호는 진경락이 있는 자리에서 큰 목소리로 "내가 새빠지게 이 조직을 만들어놓았는데, 애들이 가져다 바칠 줄은 아나? 새빠지게 정보도 물어다주고 하면 이것도 정보활동의 일환 아니냐"라고 불평을 했고, 옆에 있던 조재정 역시 "알아서 하겠죠"라고 맞장구를 쳤다고 한다. 이를 상납 요구로 받아들인 진경락은 이인규에게 "이영호가 자신이 조직을 만들었고 정보활동도 자신이 하니까, 경비를 보전해달라는 것 같다"라며 상의한 후에 특수활동비를 상납하기로 결정했다고 주장했다.

이에 대해서 이인규는 '모르는 일'이라고 극구 부인했지만, 진경락의 진술은 매우 구체적이다.

"공직윤리지원관실의 특수활동비 집행 계획이 확정된 2008년 9월 2일 즈음 특수활동비를 상납하자고 하자, 이인규가 휘파람을 불듯이 청와대 쪽을 턱으로 가리키며 '재정이는 안 줘도 되나'라고 거들었다. 그러면서 '그런 거 잘못하다가는 돈 쓰고 인심 잃는다. 나는 알아도 모른데이'라고 말하기도 했다."

난 모른 척하겠으니, 상납이 필요하다면 하라는 의미다. 실제로 이인규는 나중에 혹시나 문제가 될 것에 대비해 직원들에게 '특수활동비 집행 계획안에 청와대를 직접 드러나게 하거나 특정인이 드러나도록 하면 안 된다'라는 지침을 내린 것으로 확인됐다. 일부 직원들이 의문을 표시하자, 진경락이 나서서 "내가 모든 것을 책임지겠다"라며 집행을 강행했다고 한다.

상납은 돈 봉투로만 한 것은 아니었다. 진경락은 2008년 9월 이영호 등에게 추석 선물로 '죽방멸치'를 사기 위해 특수활동비를 사용했다. 물론 이인규와 사전에 협의한 후였다. 진경락은 "선물을 해야 하는데 어떻게 해야 하는지 몰라 이인규에게 곶감, 멸치, 표고버섯을 말씀드렸더니, '니, 멸치를 고추장에 찍어 먹으면 맛있는 거 알지'라고 해서 김경동으로부터 400만 원을 받아 멸치 사는 데 사용했다"라고 진술했다.

실제로 진경락은 죽방멸치를 200만 원어치 구입해 이영호 등에게 전달했고, 나머지 돈은 공직윤리지원관실 직원을 위해 일반 멸치를 사는 데 쓴 것으로 조사됐다. 공직윤리지원관실의 업무를 위해 사용해야 할 국가 예산이 엉뚱하게도 청와대 고용노사비서관실에 상납할 선물을 사는 데 사용된 것이다.

물론 이영호는 검찰 조사에서 관련된 내용을 극구 부인했다. 이영호는 "돈 봉투를 받은 것은 사실이지만, 노동계 인사들에게 개인 돈으로 기념품을 사서 돌렸는데, 진경락이 보태 쓰라고 돈을 준 것이고, 할머니가 돌아가셨을 때 상가에 못 왔다면서 돈 봉투를 준 적이 있을 뿐"이라고 했다.

2부
사찰

사찰 대상

노(盧) 정권 대못들을 뽑아내라

조직이 제법 안정되자 공직윤리지원관실은 활개를 펴기 시작했다. 이들이 최우선 과제로 삼은 업무는 노무현 정부에서 임명된 공기업 임원들에게 사표를 받아내는 일이었다. 공직윤리지원관실의 표현을 빌리자면 '공기업 선진화 사전 정지 작업'이 실시됐던 것이다.

기획총괄과의 전 직원인 김경동의 USB에서 발견된 문서와 진경락의 진술 등에 따르면, 공직윤리지원관실이 출범한 직후 이인규는 민정수석실과 이영호로부터 '공기업 선진화 방안 추진'이라는 명목하에 전 정부 시절에 임명된 공기업 임원들에게 사표를 받아 정리하라는 방침과 지시를 받았다.

2008년 8월 26일 공직윤리지원관실은 "현재 사표를 거부한 60명 중 2명만이 제출된 상태로 대상자들에 대하여 사표 제출을 독려하는 것을 당면 과제로 삼아 업무를 추진하고 있다"라는 보고를 올려 지시에 화

답했다. 이후 본격적으로 참여정부 인사들에 대해 광범위하게 동향 정보를 수집하고 복무 점검을 시작했다. 9월 27일쯤 이영호('이영호 비서관'을 줄여서 EB라고 표현했다)에게는 "남은 사표 미제출자는 35명이며 필요할 경우 각 부처의 감사관실을 동원하겠다"라는 보고가 전달되기에 이른다. 진경락이 작성한 문건을 보면 당시 이 업무를 추진하던 공직윤리지원관실의 태도를 미뤄 짐작하게 된다.

> 노무현 정부 말기에 이루어진 부적절한 공기업 임원에 대한 사표 제출 독려. 사표 거부·미제출자 60명 중 21명 사표 제출.
>
> —〈080825 청와대 보고 자료〉

> 특히 '공기업 선진화' 원만히 추진되도록 다각도 지원(선진화 완료시까지), 전 정권 말기에 대못질한 코드 인사 중 MB 정책 기조에 부응하지 못하거나 저항하는 공기업 임원에게 사표 제출 유도 (계속)
> ※ 9.27. 현재 사표 미제출자는 35명으로, 필요시 각 부처 감사관실 동원.
>
> —2008년 9월 26일 〈현황 및 운영 방향(EB 보고용)〉

물갈이의 대상이 된 이들 대부분이 임기를 채 마치지 못하고 자리를 내놨다. 모두 전 정부 때 임명된 인사라는 이유로 사찰의 대상이 됐다. 이 공기업 임원들이 이후 국가인권위원회가 진행한 대면 및 서면 조사, 전화 조사에서 털어놓은 당시의 기억은 이 '축출 작전'이 얼마나 집요하고 끈덕지게 이뤄졌는지 잘 보여준다.

국가인권위원회의 조사에 따르면, 노무현 정부에서 청와대 행정관 출신으로 2007년 7월 공공 기관의 상임감사로 임명됐던 한 인사는 2008년 7월 이후 소방방재청 과장, 국장 등의 연이은 방문 세례를 받았다. 이들이 찾아와 공통되게 요구한 바는 '자리에서 물러나달라'는 것이었다. 그는 "당시 모 국장은 이 요구가 상부(청와대)의 지시 사항이라고 밝히며 '자리를 내놓지 않으면 감사실 직원 3, 4명을 상주시키겠다'고 으름장을 놓았다"라고 회고한다.

이때부터 자주 다니던 술집, 식당 등이 모두 뒷조사의 대상이 되는 것 같은 기분에 시달렸다. 소방방재청 관계자들은 '감사가 들어가니 조심하라'라는 협박인지 조언인지 모를 귀띔까지 했다는 것이다. 수개월이 되도록 사퇴를 거부하자, 급기야 12월에는 청와대 인사수석실의 모 인사가 직접 전화해서 '사퇴를 하면 본인이 원하는 다른 것을 보장할 수 있다'라고 회유했다. 결국 2009년 1월 2일 상급 기관에서 메일로 보내온 사직서 샘플에 사인을 하면서 자리를 내놓게 됐다는 것이 그의 증언이다.

정권의 눈엣가시로 여겨진 건 다른 '노무현의 사람들'도 마찬가지였다. 참여정부 시절에 청와대 인사수석실, 사회정책수석실에 몸담았던 한 대학 병원의 감사는 사퇴 권고를 받는 데서 그치지 않고 아예 직권면직을 당했다. 국가인권위원회의 조사에서 그는 "당시 교육과학기술부 차관이 직접 불러 사표를 내야 하는 것이 아니냐고 설득했다. 그러나 법으로 임기가 보장되는데 정부가 강제로 사표를 종용하는 것은 맞지 않다고 항변하고 돌아오기도 했다"라고 기억을 더듬었다.

그의 진술에 따르면, 이러한 상황이 계속되자 2008년 9월에는 공직윤리지원관실의 직원 2명이 직접 병원을 찾아와 병원 전체에 대한 감사를 벌였다. 이삼 일에 걸친 감사의 초점은 개인의 비리 조사에 맞춰졌고, 이들은 결국 1년 2개월간 특정업무비의 신용카드 사용 내역을 검토한 끝에 토요일, 일요일 자택 근처에서 결제된 140만여 원을 찾아냈다.

공직윤리지원관실은 이를 빌미로 경위서를 제출하라고 요구했다. 다시 이 경위서를 바탕으로 11월 이사회에서 감사 해임 결의안이 통과됐다. 그 무렵 공직윤리지원관실 기획총괄과의 〈공직윤리지원관실 업무 처리 현황〉 문건에는 '순번 37. 사건명 ○○○ 병원 ○○○ 감사 사퇴. * 직권면직'이라는 성과가 기재됐다. 이후 그는 2009년 1월 해임 취소 소송을 제기해 결국 승소함으로써 이 해임의 부당성을 규명해냈다. 대법원의 확정판결을 받기까지는 1년 2개월이라는 긴 시간이 필요했다.

이처럼 공직윤리지원관실이 임기가 아직 남은 전 정권 출신의 인사들에게 노골적으로 사퇴를 권하는 것도 모자라 각 부처의 공무원들이 이 작업에 동원된 정황이 곳곳에서 드러난다.

비슷한 외압을 받고 2009년 6월 사임한 한 기관장은 국가인권위원회의 조사에서 "당시 청와대 민정수석실의 관계자가 불러서 갔더니 '사상적 문제가 있으니 사표를 내라'고 했다"라며 "노조 관계자한테도 '사정 당국이 내사를 하면서 사상적 문제를 캐묻고 있으니 조심하라'는 조언을 들었다"라고 털어놨다.

그에 따르면, 이 무렵 보건복지부의 집중적인 감사가 한 달 동안 계속됐다. 담당 공무원이 "상부(공직윤리지원관실)의 지시라 감사를 끝내고 돌아가고 싶어도 가지 못하니, (전 정권에서 임명한) 사무차장 등에 대한 사표를 받으라"라고 권했다는 것이다. 결국 이들의 사표를 받았고 본인 역시 공직 유관 기관의 경영 평가에서 B급 판정을 받는 데 그쳤다. 이후 보건복지부 모 국장으로부터 '국무총리실의 지시 사항이니 사표를 내라'라는 요구를 받아 결국 사임까지 하게 됐다는 설명이다. 당시 그는 언론에 '무능한 탓에 퇴출된 기관장'으로 소개되는 수모까지 겪었다.

거슬리면 누구든, 전 방위로

공직윤리지원관실은 오래지 않아 국회의원, 민선 자치단체장, 종교계 인사, 언론인, 민간인 등 각계각층으로 사찰의 타깃을 늘려나갔다. 규정상 '중앙 행정기관 소속의 공무원 혹은 중앙 행정기관에 속한 공공기관 임직원'이 아니면 공직윤리지원관실이 조사 대상으로 삼을 수 없었다. 조사를 하더라도 비위 사실 확인 등 필요한 범위에 제한되어 있었다. 하지만 사찰 과정에서 이러한 틀은 고려되지 않기 일쑤였다.

오히려 반정부, 반대통령 여론을 차단하는 일을 주된 업무로 추진했다. 정적을 제거하고 위기 정국을 돌파하는 데 유용한 정보라면 공직사회의 평판부터 사사로운 일상생활에 이르기까지 저인망식으로 죄다 긁어모았다. 이렇게 뒷조사가 잦아지면서 대통령의 패러디물을 게시했다는 이유로 민간인의 뒤를 캐는 일까지 벌어졌다. 공직윤리지원관실의 여러 관계자들은 "당초 김종익 씨를 공기업의 임원으로 착각해 조사했다"라고 둘러댔지만, 여러 사건의 기록만 봐도 이 같은 주장이 얼마나 공허한지 쉽게 알 수 있다.

—노동계

정권에 비판적인 목소리를 내온 노동조합은 당시 미국산 쇠고기 수입 반대라는 이슈에 대해 발언했다는 이유로 줄줄이 사찰의 대상이 됐다. 대표적인 것이 '서울대병원 노조 VIP 패러디 훼손' 사건이다. 당시 노동조합의 한 관계자에 따르면, 미국산 쇠고기 수입 반대에 대한 여론이 고조되던 2008년, 노조는 병원 측에 '환자의 식사에 우리 농축산물을 사용해야 한다'라고 요구하며 이명박 대통령을 패러디한 포스터와 사진을 지하 복도 등에 게시했다. 며칠 후 병원의 총무부장 등은 '환자 보호자의 항의가 있으니 사진을 떼어달라'고 요구했고, 누군가에 의해 부지불식간에 포스터가 떼어졌다는 것이다.

이후 이 사건은 여지없이 공직윤리지원관실의 사찰 대상이 됐다. 공직윤리지원관실은 '완료일(보고일) 08.9/처리 결과 내사 종결'로 당시 내사한 상황을 기록했다. 당시에는 사찰받은 사실을 까맣게 몰랐다는 한 노조 관계자는 국가인권위원회의 조사에서 "사후에 사찰에 대해 알고 난 뒤 누군가 감시하고 미행을 하는 것은 아닌지, 노조 사무실이 불법 도청되고 있는 것은 아닌지 불안감이 커지고 어디까지 감시를 했는가 하는 생각이 들었다"라고 털어놨다.

또 2008년 8월 5일 진경락이 작성한 〈0801 해야 할 일〉 문건에는 '민주노총 돈줄 등 확인'이라는 대목이 나온다. 진경락은 검찰에서 이영호가 "민주노총이 우리나라의 노사 관계를 개판으로 만들고 있는데, 그것도 다 돈이 있으니까 그러는 거 아니냐"라고 하면서 그 돈줄을 확인해보라고 지시했었다고 증언했다.

—법조계

정권에 비판적인 법조인도 문어발식 사찰의 대상이 된 것은 마찬가지였다. 동향을 파악할 인사의 명단에는 이용훈 전 대법원장도 포함됐으며, 진보 성향을 가진 판사들의 모임인 '우리법연구회'에 가입한 일선 판사들도 대상이 됐다. 진경락의 외장 하드디스크에서 발견된 문건 중 〈공직윤리지원관실 업무 처리 현황(수정1)〉에는 '좌파 판사(우리법연구회) 명단 확보 및 동향 보고'가 주요 업무로 기록되어 있다. 이렇게 일선 판사들을 사찰하는 업무는 주로 좌파와 노조에 관련한 동향 보고 등을 담당했던 점검1팀에서 맡아 처리했다. 진경락은 "점검1팀이 어디에선가 구해온 우리법연구회의 회원 명부를 넘겨받아 이영호 비서관에게 (비선으로) 보고했다"라고 검찰에 진술했다.

—언론계

정권을 비판하는 목소리를 차단하기 위해 눈에 불을 켜고 정보를 찾아나서던 공직윤리지원관실이 언론을 장악하려던 정황은 더 충격적이다. 김옥영 한국방송작가협회 이사장은 3명의 국회의원에게 50만 원씩 정치 후원금을 냈다가 사찰을 받았다. 김 이사장은 국가인권위원회의 조사에서 "2009년 3~4월 국무총리실 산하의 어느 부서에서 보자고 한다고 하여, 정부중앙청사의 휴게실에서 한 직원을 만났다. 이 직원은 후원금에 대해 언급하며 단체가 그러한 행동을 하는 것은 횡령에 해당하니 (하면) 안 된다고 했다" 라고 증언했다.

당시 한국방송작가협회는 미국산 쇠고기의 광우병 감염 의혹을 보도한 MBC 〈PD수첩〉에 대한 방송통신심의위원회의 제재를 비판했다(2008년 8월). 또 〈PD수첩〉 제작진을 수사한 검찰에 대해 성명을 발표하는(2009년 3월) 등 잇달아 정권에 비판적인 목소리를 내오던 상태였다.

몇 달 뒤인 5월 공직윤리지원관실은 다시 협회의 사무국에 전화를 걸어 〈PD수첩〉 작가들의 신상 정보를 요구했다. 이를 김 이사장이 거절하자, 공직윤리지원관실이 민간인 신분인 작가들의 뒷조사를 시도했던 것이다.

또 진경락이 작성한 〈2009년 7월 27일 EB 지시 사항〉 문건에 나오는 다음 표현을 보면, 이들이 다양한 방법으로 오랜 기간 방송사의 동향을 수집하고 보고해왔음을 알 수 있다. 특히 KBS, YTN, MBC의 인사에 노골적으로 개입하려 했다.

> (EB 지시 사항은) KBS, YTN, MBC가 8월에 인사를 하게 될 텐데 이때 '이런 사람을 앉히자'는 보고서를 작성해달라는 것. 이것은 아마 원충연 감사가 작성한 〈KBS의 개혁 의지 없는 방송 행태 동향 보고〉를 보시고 단순히 문제 제기 차원이 아니라 이를 뛰어넘어 대안까지 제시하라는 것으로 읽힘 (YTN도 원 감사가 했으니까, MBC를 파악할 수 있는 사람을 한 명 추가해서 하도록 지시하면 어떨까 함)

2012년 4월 민주통합당이 국회에서 공개한 공직윤리지원관실 점검1팀의 팀원 원충연의 수첩 원본. 도청을 암시하는 '도청열람', 국정원과 기무사까지 사찰에 나섰음을 암시하는 '국정원, 기무사도 같이 함'이라는 문구가 쓰여 있다. 공직윤리지원관실은 정권을 비판하는 목소리를 차단하기 위해 눈에 불을 켜고 정보를 찾아다녔다. 오히려 반정부, 반대통령 여론을 차단하는 일을 주된 업무로 추진했다. 사사로운 일상생활을 조사하는 경우가 잦아지면서 민간인의 뒤를 캐는 일까지 벌어졌다.

대표적인 희생양은 YTN이었다. 이후 원충연은 YTN 노조를 비롯한 언론사들의 동향을 집중적으로 조사하기 시작했다. 이 시기는 당시 구본홍 YTN 사장이 돌연 사퇴하고 배석규 당시 전무가 사장대행을 맡는 시기와 맞물린다. 여러 기록에 따르면 〈KBS, YTN, MBC 임원진 교체 방향 보고〉 문건은 8월 11일과 9월 25일 이영호에게 보고됐다. 전용진은 검찰 조사에서 "(〈임원진 교체 방향 보고〉 문건에는) 각 방송사의 간부급 지위에 누구누구를 교체하고 그 자리에 누구를 앉혀야 하는지 명단과 그 이유를 적시한 것으로 기억한다"라고 진술했다.

YTN 노조에 따르면 직무대행을 맡은 배석규는 두 달여간 공정방송 협약체결을 폐기하고, 정권을 비판하는 내용으로 시청자들의 큰 호응을 받던 프로그램 〈돌발영상〉을 사실상 무력화시키는 등의 조치를 이어나갔다. 원충연은 당시 YTN으로 거의 매일같이 출근해 상황을 꼼꼼히 체크했다. 결국 9월 초 원충연과 1팀은 다음과 같은 보고서를 작성하기에 이른다.

> YTN의 배석규 전무(51·경북 성주)는 신임 대표이사(사장 직대)로 취임한 지 1개월여 만에 노조의 경영 개입 차단, 좌편향 방송 시정 조치를 단행. 노조와 회사 양쪽을 기웃거린 간부들은 강력히 경고해 태도를 시정케 하는 한편, 친노조, 좌편향 경영 간부진은 해임 또는 보직 변경 등 인사 조치. 8.4 취임 후 즉시 보도국장 직선제 폐지 및 좌편향 보도국장 교체, 〈돌발영상〉 담당 PD(임장혁) 교체, 좌편향 앵커진 대폭 교체, 친노조 성향 간부진 교체 등 개혁 조치를 계속함. (…)

> 전 정부 때 차별을 받아온 자로서, 현 정부에 대한 충성심과 YTN의 개혁에 몸을 마칠 각오가 돋보임. (…) 새 대표가 회사를 조기 안정시킬 수 있도록 직무대행 체제를 종식하고 사장으로 임명하여 힘을 실어줄 필요."
>
> —〈YTN 최근 동향 및 경영진 인사 관련 보고 (2009.9.3. 1팀)〉

이 보고서가 작성된 지 한 달여 만인 10월 배석규 사장 직무대행은 결국 YTN의 정식 사장으로 취임한다. 이처럼 공직윤리지원관실은 방송작가들의 뒤를 캐고, 언론사 내부의 인사와 업무에 개입해 프로그램의 편집 방향을 좌지우지하는 등 상상조차 할 수 없는 행각을 벌였다. 하지만 자신들은 궤변을 늘어놓으며 사찰을 합리화했다.

원충연은 검찰 조사에서 "(당시 조사는) 언론사 자체를 조사한 것이 아니라, 경찰이 대응을 제대로 하고 있는지 확인하기 위한 동향 파악 수준의 정보를 수집한 것이었다. 당시 언론사의 불법 파업에 경찰이 제대로 대처를 하지 않았기 때문에 감찰 대상이 될 수 있다고 본 것이다" 라고 주장하며 언론사 사찰을 무마하려 했다.

–정치인

국회의원과 민선 자치단체장 등 정치인들도 동향 파악과 보고의 대상이 됐다. 사찰 대상이 된 정치인은 당시 한나라당의 남경필, 정두언, 정태근, 이혜훈 의원, 민주당의 김유정 대변인, 서갑원 전 민주당 의원, 홍영기 전 서울지방경찰청장, 이완구 전 충남도지사, 오세훈 전 서울시장 등이다. 공직윤리지원관실의 문건에 나오는 사찰 이유를 보면, '정권 견제 세력'에서부터 '민주당 입당'까지 가지각색이다.

남경필 의원은 부인의 보석 사업과 관련한 법적 분쟁에 외압을 행사한 것이 아니냐는 의혹을 사면서 치밀한 내사를 받았다. 이 과정에서 경찰의 수사 내용 등이 공직윤리지원관실에 보고됐다. 하지만 이처럼 특별한 의혹이나 계기도 없이 '어떤 사람인지 알아보라'라는 지시 하나로 사찰의 대상이 된 경우도 있었다. 점검4팀 소속인 김완명(경찰 출신)은 "국장님이 과장님과 저를 부르더니 김태호가 어떤 사람인지 간단하게 보고서를 작성해달라고 하여, 인터넷에 나오는 프로필을 확인하고 개인적으로 알고 있는 사항을 기재하여 과장님과 국장님에게 보고했다"라며 "경남에서 근무했기 때문에 정보는 좀 알고 있어서 그런 것을 정리했다"라고 검찰에서 진술했다.

이완구 당시 충남도지사는 '충남 홀대론'을 제기했다가 사찰 대상에 올랐다. 이완구는 2008년 7~8월경 국제과학비즈니스벨트에 대한 공약 사항을 이행하라고 이명박 대통령을 비판하며 충남 홀대론을 꺼내들었다. 이완구 본인은 이 일로 인해 자신이 친박계로 분류돼 뒷조사가 시작된 것으로 생각하고 있었다. 국가인권위원회의 조사에서 이완구는 "2010년부터 검찰에서 나를 내사한다는 소문이 정치권에서 돌았고, 친구나 친척 및 비서실장 등 주변 인물들을 대상으로 광범위한 뒷조사가 있었다"라며 "계좌 추적도 해서 조사받았다고 하니까 내가 피해의식을 갖게 되고, 나로 인해 주변사람들이 괴롭힘을 받는다는 생각이 들어 괴로웠다"라고 말했다.

국무총리실을 소관 부처로 하는 국회 정보위원회의 동향을 파악하는 것처럼 대범하기 짝이 없는 계획도 세워졌다. 진경락은 자신의 메모장에서 발견된 '국회 정보위 소속 중 문제 있는 사람 점검'이라는 문구에 대해 "이영호가 지시한 내용"이라며 "국무총리실을 소관 부처로 하는 국회 정보위원회에서 공직윤리지원관실에 대해 비판적인 말들이 많이 나오니까, 소속 국회의원 중 문제가 있는 사람을 찾아보라고 지시했고, 누가 비판적인 입장에 있는지 알아보라고 지시했다"라고 검찰에 진술했다.

–민간 기업

동향을 파악할 대상자 중에는 윤석만 당시 포스코 사장 등 민간 기업의 인사도 적지 않았다. 윤석만에 대한 동향 파악은 2008년 12월 18일 하명으로 착수됐다. 특이한 점은 2008년 말부터 2009년 1월까지 박영준이 박태준 포스코 명예회장, 이구택 포스코 회장, 윤석만 포스코 사장, 정준양 포스코건설 사장 등을 잇달아 만났다는 점이다. 일각에선 이들을 만나며 포스코의 인사에 깊이 관여한 것 아니냐는 의혹이 있었지만, 박영준은 '자연인 신분으로 만난 것뿐'이라며 의혹을 일축했다.

하지만 2009년 1월 29일에 열린 포스코의 CEO후보추천위원회에서 이러한 해명을 뒤집는 주장이 나왔다. 윤석만은 이 자리에서 "박영준 씨가 '이명박 대통령의 뜻'이라며 회장 후보를 포기하라고 했다. 천신일 세중나모 회장도 전화를 걸어와 같은 뜻을 밝혔다. 정부 쪽에서 정당한 절차 없이 정준양을 밀고 있다"라고 주장했다.

야인 신분이던 박영준이 2009년 1월 20일 국무총리실 국무차장으로 화려하게 복귀하고 며칠 뒤인 29일 포스코 CEO후보추천위원회는 정준양을 차기 포스코 회장 후보로 추천했다고 밝혔던 것이다.

공직윤리지원관실이 작성해 2009년 2월 2일 보고한 포스코 관련 동향 보고서에는 "최근 포스코 정기 이사회의 이사진 인사는 이구택 전 회장의 인맥과 참여정부의 코드를 맞춘 인사들이 대거 임명돼 대대적인 인적 쇄신에 실패했다는 평가와 함께 직원들의 불만이 늘고 있음"과 같은 자의적 평가가 담겼다.

조사 착수 경위와 보고처

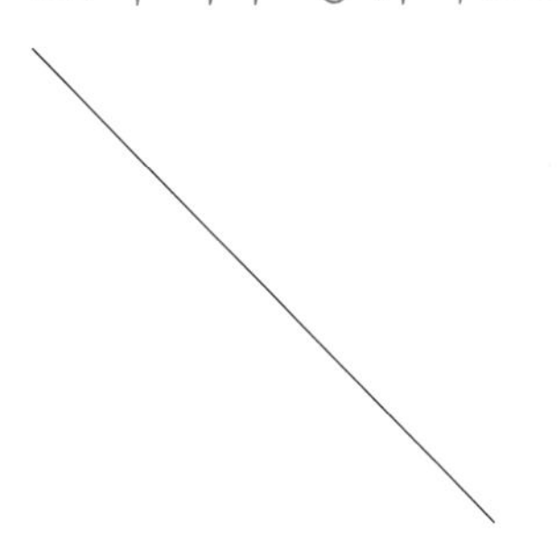

조사 착수 경위

'일심으로 충성하는 MB의 친위 조직'을 자처한 이들에게는 '정권에 충성할 인물이냐 아니냐'가 모든 업무의 결정적 기준이었다. 자신들이 동향 정보를 수집하는 기관과 대상자가 법에 의해 허락된 피조사자냐 아니냐는 중요치 않았다. 그렇다고 법조계, 언론사, 정치인, 민간 기업 등을 대상으로 한 광범위한 사찰이 반드시 '반(反)정권'이라는 하나의 기준에 따라 이뤄진 것도 아니었다. 검찰 수사의 과정에서 나온 진경락의 다음 진술을 보면 당시 공직윤리지원관실에 하달된 각종 지시의 주체와 성격이 얼마나 제멋대로이고 문어발식이었는지 잘 알 수 있다.

> (이영호가 지시하는 업무는) 너무나 다양하고 많았다. 특정 공직자의 뒤를 캐보라고 지시하거나, 더 나아가 뒤를 캐서 그 사람을 잘리게 하라는 등의 지시도 했다. 그리고 공무원이나 지방자치단체장 등 특정

인물의 동향을 파악해서 보고하라는 지시도 있었다. (…) 이영호는 저를 불러서 직접 구두로 지시하는 경우도 있었고, 메모를 해주는 경우도 있었고, 전화로 지시하는 경우도 있었고, 다른 기관에서 생산된 자료를 주면서 확인해보라고 지시하는 경우도 있었다. 아무튼 다양한 방법으로 지시했다.

이영호가 특정인을 자르라고 하는 등 무리한 지시를 많이 했고, 특히 정치인, 민간인 등에 대한 뒷조사까지 지시하면 중간에서 제가 많이 난감했다. 이영호에게 '비서관님, 이런 건 안 됩니다'라고 말하면 이영호는 '이 XX, 미친 XX' 하면서 면박을 주었고, 그러다 보니 무리한 지시라도 일단 알겠다고 하고 뭉개버리는 경우가 있었다.

(이영호가 관심을 가질 만한 사안은) 주로 노사 관계와 관련된 것이 많았고, 고위 공직자의 비위 관련 자료가 대부분인데 가끔 정치인 관련 동향 자료도 있으면 보고했다. 그리고 초창기에는 생산된 결과물이 많지 않았기 때문에 모든 것을 이영호에게 보고했다. 그중에는 2010년도에 문제가 됐던 민간인 사찰 건도 포함돼 있었다. 거물급 공직자의 비위나 정치인 관련 동향 자료는 민정에 보고하지 않고 이영호에게만 보고했다.

이인규 지원관이 이영호 비서관의 막무가내식 지시에 대해 푸념을 하면서 '노신이 철없는 대군 모시기가 힘들다'라는 표현을 자주 사용했다.

종교계 인사 중에 선진화시민행동 상임대표 서경석 목사와 경실련 공동대표 보선 스님의 성향이나 동향을 파악하라는 지시도 이러한 맥락에서 나왔다. 또 민간인에 대한 하명 조사가 워낙 빈번하다 보니 실무진들이 외부로부터 제보를 받아 자체적으로 조사하기도 했다. 여기에 민간 기업이 제법 끼어 들어갔다.

지방자치단체의 전차선 사업을 수주했다가 사찰의 대상이 됐던 한 업체의 이사는 국가인권위원회의 조사에서 "사찰에 따른 혈압 상승으로 대표이사가 병원 신세를 지고, 회사 이름까지 바꿀 수밖에 없었다"라고 기억을 떠올렸다.

사건의 경위는 이렇다. 2009년 7월경 공직윤리지원관실의 이기동(점검1팀 직원의 가명)이 공단에 요구해 공사를 수주한 내역과 지체상금을 납부한 내역 등의 자료를 받아갔다. 이 업체의 간부는 국가인권위원회의 조사에서 "당시 1순위 업체의 허위 실적 제출, 2순위 업체의 자격 미달로 (우리 회사가) 공사를 수주하게 됐는데, 그 과정에서 입찰 비리가 있었다는 이유로 조사를 받았다. 몇 달 뒤 지방국세청의 압수수색과 세무조사를 받아 30억 원의 세금이 부과됐다. 같은 시기에 경찰의 계좌 추적과 소환 조사를 받았으나 결국 2년에 걸친 수사 끝에 검찰에서 무혐의 처분을 받았다"라고 털어놨다.

공직자들이 수년간 한 회사를 절망의 나락으로 빠뜨린 이 조사는 공직윤리지원관실의 한 팀원이 받은 제보에서 시작됐다. 아무 권한도 없으면서 가명까지 써가며 민간인과 기업에 대한 자료를 수집했지만 이를 견제할 장치는 없었던 것이다.

한편 팀원들이 가명을 사용한 이유에 대해 김화영 4팀장은 "비위 공직자를 적발할 경우 저희 신분이 드러나면 나중에 해당자들이 저희나 가족에게 보복을 할 수 있기 때문"이라고 말했다. 그는 "한번은 해당자가 비위 사실로 옷을 벗었을 경우 비위 적발자의 집에 찾아가 식구들을 위협하고 상해를 입힌 적이 있다는 말을 듣고, 저나 가족들이 위협을 당하지 않게 예방 차원에서 가명을 썼다"라고 설명했다. 민간인에 대한 뒷조사를 벌이면서 정작 자신들은 감시나 위협의 대상이 되는 것을 피하려 가명을 사용했다는 것이다.

이영호의 말 한마디로 해외 교민의 전과까지 조회하려 했던 사례가 있다. 〈2010년 1월 20일 EB 지시 사항〉이라는 문건에는 이영호가 "캄보디아에 있는 오○○라는 사람이 교민을 괴롭히고 돈을 뜯어내고 있어서 조치가 필요한데 사람을 보내든지 해서 조치를 할 것"이라고 지시했다는 내용이 고스란히 담겼다. 이에 대해 진경락은 "(당시) 이영호에게 오○○가 공무원인지 등을 문의했으나 그 부분에 대한 답을 듣지 못했다"라며 "경찰청 외사국 쪽에 조치를 의뢰하자는 의견을 건의했다가, 이영호로부터 '이 XX, 저 XX, 미친 XX. 민간 기업에 가면 천하에 써먹을 데도 없는 놈'이라는 욕만 들어먹었다"라고 검찰에 진술했다. 실제로 전과 조회가 이뤄졌는지 확인되지는 않았다.

공직윤리지원관실이 벌인 광범위한 사찰의 내용과 착수 경위, 보고처 등은 기획총괄과가 작성해 관리해온 〈공직윤리지원관실 업무 처리 현황〉에 적힌 482건의 사건명에 고스란히 담겨 있다(부록1 참조). 이 문서는 각 팀에서 처리한 사건을 일련번호, 사건명, 보고처 등으로 정리한 것이다. 출처와 보고처는 1) 자체(자체 첩보), 2) 하명(청와대 등 외부 지시), 3) 국정원(국가정보원 첩보), 4) 민원(진정 등 민원 제기), 5) EB(이영호), 6) 박차(박영준), 7) 민정2(민정2비서관실)로 나뉜다. 국가인권위원회는 일부 누락된(112~195번)* 사건을 제외한 총 399건의 사건과 김경동의 USB 파일에 든 사건 목록, 진경락을 비롯한 관계자들의 진술을 종합해 파악한 사건 등 총 429건의 조사 사건을 출처(조사 착수 경위), 보고처, 대상자를 기준으로 분석했다. 그 결과는 다음과 같다

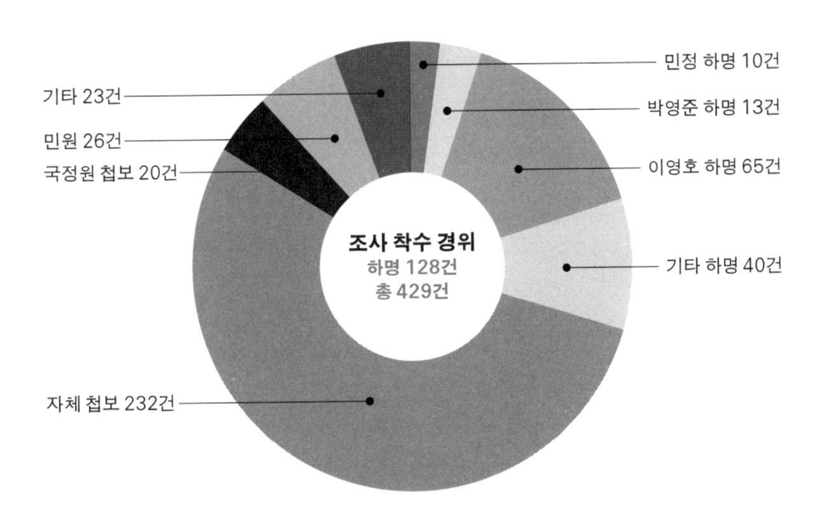

* 국가인권위원회는 통계 산출에 〈공직윤리지원관실 업무 처리 현황〉을 참고했으나 3쪽(112~195번 부분)이 누락된 상태의 문건을 확보했던 것으로 보인다.

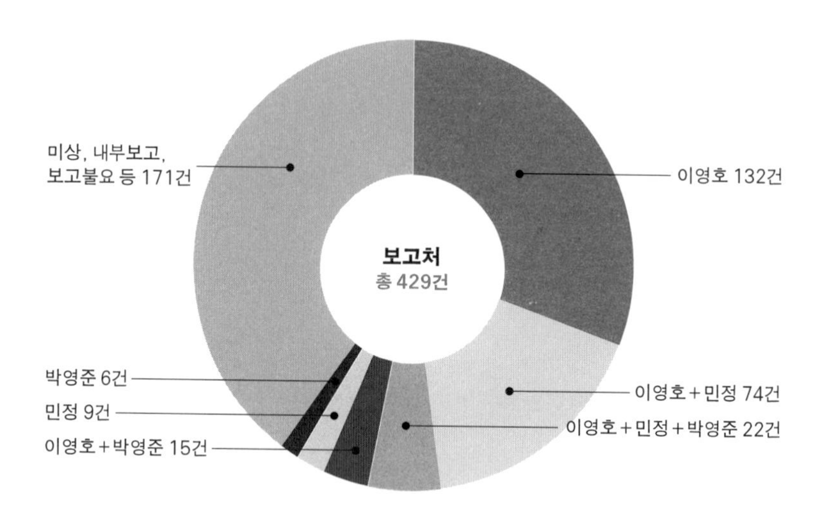

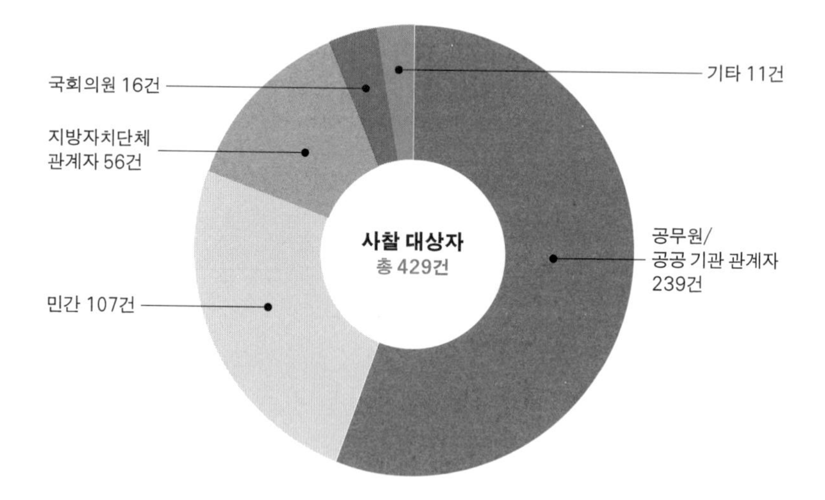

대상의 사생활을 캔 뒤 정치적으로 활용

'빅 브라더'의 행보는 시간이 갈수록 과감해졌다. 특히 특정 인사를 표적으로 삼아 며칠씩 미행한 뒤 이동 경로를 낱낱이 기록하거나, 민간인의 약점을 잡아내 이를 정치적으로 활용하겠다는 전근대적 발상을 보고서에 고스란히 적기도 했다.

고위 공직자를 밀착해 뒤쫓으며 불륜 행각을 분(分) 단위로 기록한 문건도 있다. 2009년 5월 19일 사정기관의 한 고위 간부를 사찰한 내용을 적은 문건에는 이 간부가 내연녀와 같이 간 장소와 시간, 표정은 물론 어떤 말을 했는지도 상세하게 묘사돼 있다. 두 사람이 나눈 애정 행각의 내용, 오피스텔의 호수까지 상세히 묘사한 다음, 여성이 사는 집의 주소와 "해당 공직자가 이 집을 임차한 것일 개연성이 높다"라는 식의 추측까지 덧붙였다. 이 간부는 사찰의 결과가 보고된 지 두 달 만에 사의를 표명했다.

여자 문제는 사찰의 단골 메뉴로 등장한다. 공직윤리지원관실은 한 공단 노조위원장의 조사에 착수하면서, 이를 지시한 이영호가 "여자 문제도 있고, 돈 문제가 있다는 이야기가 있으니 알아보라"라고 말했다고 적었다. 이틀간 감찰을 진행한 공직윤리지원관실은 사생활과 하루 동안의 행적을 낱낱이 기록한 보고서를 올린다.

"○○○ 노조위원장을 크리스마스 기간(23, 24일) 감찰한 결과 집은 ○○나, ○○ 지역에 5000만 원짜리 방을 얻어놓고 살고 있으며, 여자 문제는 없고, 23일 잠시 외출해서 장갑과 여자 귀고리를 샀는데, 당일 1시간 미리 나와서 장갑 등 선물을 가지고 곧바로 ○○ 지역 자기 집으로 가서 외출도 안 함. 사무실을 10분만 비워도 반드시 소등할 정도로 검소하고 성실. 청와대에서 ○○○ 이사장께 노조위원장한테 주의하도록 조치하라는 메시지가 온 것으로 알고 있는데, 이사장이 노조위원장에게 경고함."

이영호 등이 다양한 정보를 막무가내로 끌어 모은 배경에는 이를 정치적으로 활용하려는 불순한 의도가 깔려 있었다. 진경락이 2008년 9월 29일 이영호에게 보고한 것으로 보이는 〈종합 보고〉 문건에는 이러한 의도가 노골적으로 드러난다. 문건에서 화살표 이후 부분은 이인규가 결론을 내준 것을 받아 적은 내용이다.

> ○○시장(○○○, ○○세): 자연형 하천 정화 사업 일괄 입찰 참여를 미끼로 ○○건설㈜에 금품을 요구해 2억 원 수수. ※ ○○건설㈜은 위 사업에 참여치 못했으나, 불이익 등을 고려해 금품 반환을 요구하지 못하고 벙어리 냉가슴→파급 효과를 감안, 일단 자료를 축적하고 추후 활용 방안 검토.

> ○○시장(○○○, ○○세): 시 체육회 사무국장 임용과 사무관 승진시 뇌물 수수(각 300만 원, 5000만 원), 해외 출장시 소요 경비를 과다 계상케 해 되돌려 받는 방법으로 횡령→ 지역 여론 추이를 봐가며 적절한 시기에 사법 조치.

> ○○사장(○○○, ○○세): 광고비·마케팅비를 부풀려 비자금을 조성한 후 ○○○, ○○○ 의원 등에 제공 의혹→일단 수사기관이 내사토록 하되, 향후 정치적으로 활용.

비슷한 맥락에서 공직윤리지원관실은 '호남 인맥 죽이기'에도 사찰을 동원됐다. 진경락의 메모장에서 발견된 '○○○ 건: 목포대 파가지고 확실히 정리 요' 등의 메모가 대표적인 사례다. 〈공직윤리지원관실 업무 처리 현황〉에서 조사 사건 219번으로 기록된 한 재단의 사무총장 관련 사건은 2009년 2월 2일 박영준의 하명으로 조사가 시작됐다. 지시한 내용은 "목포대 출신의 ○○○ 재단 사무총장의 연임과 관련해 특정 지역에 학술 기금 등을 편중 지원하였는지 여부 등을 조사하고 전 정권에서 임명된 ○○○이 연임 신청할 것에 대비하여 비리가 있는지 조사하라"라는 것이었다. 공직윤리지관실은 3월 18일 목포대 지원 부분을 추가로 조사한 뒤 다음과 같이 보고한다.

"주요 국립대에 비해 본인이 재직하고 있는 목포대의 경우 과다 지원 사실이 발견되지 않음. 특정 지역 과다 지원 현상도 발견되지 않음. 사무총장으로 임명된 후 월 200~300만 원 업무추진비를 쓰고 있고, 부인은 교사로 재직 중이며, 자택은 광주, 본인은 재단에서 마련해준 원룸 관사(보증금 1억)에서 생활."

하지만 그 사무총장은 국가인권위원회의 조사에서 "정권이 교체되고 나서 교육과학기술부의 국장으로부터 두 차례에 걸쳐 사퇴할 것을 요구받고 사표를 제출했다"라고 진술했다. 호남 출신 인사들을 챙긴다는 주변의 풍문만으로 사찰 대상이 된 사례도 있었다. 한 공단 이사장에 대한 동향 정보가 기록된 다음 문건의 내용을 보자.

아침저녁으로 운동을 하고 절제된 생활을 해 도덕성에는 문제

> 가 없다는 평. 유관 기관 등 외부인과 거의 접촉을 하지 않아 조직 발전보다는 임기 동안 잠시 쉬었다 가려는 것 아니냐며 노조가 반발. 사무실 인근의 사택에서 출퇴근하며 금요일 저녁 KTX를 이용해 본가 광주로 내려감. 조치 계획: 내부 직원, 문체부 관계자 등 망원을 활용해 공단의 경영 평가와 6월 정기 인사 때까지 움직임을 추가로 관찰→혐의점 발견시 해임 건의.

이러한 무분별한 사찰 과정에서 인권을 침해한 경우도 빈번히 있었지만 이를 견제할 기관이 없었다. 한번은 조사가 강압적이거나 사생활을 침해할 우려는 없는지 파악하는 차원에서 복무감찰이 이뤄졌다. 하지만 유명무실했다. 김경동은 국가인권위원회의 조사에서 다음과 같이 회고했다.

"2009년 5월경 현장 점검팀원에 대한 복무감찰을 실시했고, 20일 정도에 걸쳐 요원들이 조사했던 사건의 대상자들을 만나서 조사의 합리성, 적절성 등을 조사해 이 국장에게 보고했다. 당시 강압성, 사생활 침해가 우려되는 사안이 몇 개 있었다. 한 사례로 모 중소기업청 소속의 대상자를 조사하면서 차에서 10시간을 붙잡아둔 채 조사하고, 사무실 개인 통장의 입금 내역에 대해 자백을 강요한 경우가 있었다. 사안 중에는 팀원에 대한 문책이 필요한 경우도 있다고 판단하여 보고하였으나, 이 국장이 팀장들에게 보고서를 보여주고 시정하라고 구두 지시하는 것으로 끝난 바 있다."

권력 암투

정국 분석 보고

공직윤리지원관실의 보고를 받는 지휘부, 즉 이영호와 박영준의 관심은 주로 호남 인맥의 영향력을 차단함으로써 자신들의 정치적 입지를 키워나가는 데 있었다. 그런 까닭에 공직윤리지원관실은 공직 기강과는 전혀 무관한 정국 분석 보고서도 적잖이 만들었다. 2009년 5월 31일 작성된 것으로 보이는 〈노무현 전 대통령 자살 관련 정국 분석〉 보고서에는 고인이 된 노무현 전 대통령을 '어릿광대'라고 묘사하는 등 자의적이고 직설적인 분석이 줄줄이 등장한다.

> 사건의 본질은?
>
> 노 전 대통령은 호남·좌파 본류의 충실한 어릿광대 역할. 서쪽에서 모든 pipe line을 연결해서 수십 조 원 싹쓸이하고도 교묘히 숨어 있는데, 빙산의 일각(50억 원 정도)을 받고도 성질 급한 경상도 기질을

이기지 못해 자살. 전 정부의 말기에는 각료들이 돈 긁어모으기에 혈안(예, 전 이상수 노동부 장관 등). 포스코, KT 등 대부분 주요 기업의 돈 흐름의 종착역은 서쪽(민주당)이라는 것이 중론.

자살 의도는?

현실 탈출(90퍼센트), 분노(10퍼센트), 속죄(10퍼센트)

자살의 단초 제공은?

출세욕에 사로잡힌 한상률 전 국세청장. 전 정부 수혜자의 굴레를 벗어나 현 정부에도 잘 보여 출세하고자 '잔치레기'가 아닌 '대물'을 건드림.

현 정부의 아쉬운 점은?

전략 부재, Control Tower(민정) 기능 마비. 서쪽으로 흐르는 pipe line을 찾고 그 인맥을 뿌리 뽑는 것이 핵심이었으나, 민정 라인이 이러한 작전을 펼칠 전략적 사고와 의지 미흡.

큰 틀에서 해법은?

인사가 만사. 검사 출신이 민정 라인에 배치되어야 할 당위성을 재검토.

민정 라인은 어떤 사람을 써야 하나?

반드시 충성심과 심모원려한 전략을 겸비한 사람.

주위 여건은?

두 가지 점에서 다행(외부는 북핵, 내부는 박근혜의 한계). 북핵은 불안을 넘어 실질적 위협 단계로 가지 않도록 경계.

정국 주도의 전략은?

> 호시우행(虎視牛行). 내부 혼선과 반성할 일이 있었다 하더라도 말이 아닌 실천으로 묵묵히 보여주고자 하는 전략이었던 것으로 교묘히 은폐하는 기술 필요. 박근혜가 정국 초기부터 거세게 밀어붙이기로 일관하더니 결국 역풍을 맞음.

이러한 분석을 내놓으며 정국을 주도할 방안을 궁리하던 공직윤리지원관실은 고 노무현 전 대통령의 주변 인물에 대한 사찰도 광범위하게 실시했다. 진경락 등에 따르면, 2009년 6월 17일 이영호는 '노무현 전 대통령 영결식장에서 VIP께 고함지른 백원우를 비롯해 이에 동조한 사람들의 리스트를 가져오라'고 독촉했다. 김충곤에게 이를 파악하게 한 진경락은 그 결과를 이영호에게 보고하고, 백원우 의원의 친인척 등에 대한 광범위한 조사 계획을 수립했다. 〈6월 17일 보고 사항 문건〉을 보자.

"김충곤 과장님이 경찰청으로부터 당시 백원우의 준동에 가담한 사람들의 명단 파악. 경찰청에서 이 명단을 파악하지 않았다면 그 사실을 EB께 보고하고, 백원우와 그 친인척, 보좌진, 후원자 등에 대한 활동 계획을 작성해서 보고."

한 달 만인 7월 17일 이영호는 다시 '백원우 인적 사항 관련' 조사를 하명하고, 열흘 뒤인 27일 다시 '백원우, 이석현 의원 관련' 조사를 지시했다. 당시 상황에 대해 진경락은 이렇게 회고한다.

"백원우 의원이 노무현 전 대통령의 영결식장에서 이명박 대통령을 '살인자'라고 말하면서 소란을 피웠고, 이석현 의원은 공직윤리지원관실에 대해 특정 지역(포항)의 사람이 많다는 것을 문제 삼는 등 안 좋은 이야기를 많이 했다. 그래서 이영호 비서관이 두 의원들을 안 좋게 봤고, '어떤 사람인지 알아봐라' '돈줄을 알아봐라' 등의 지시를 했다. 이영호가 은행 출신이어서 그런지 모르겠지만 항상 어떤 사람이나 조직의 돈줄에 대해 관심이 많았다. 백원우, 이석현 의원에 대해서도 '지가 돈 없이 어딜 가서 나불거려?'라고 말했던 것으로 기억하는데, 돈줄을 찾아보라는 지시였다. 이영호의 지시를 무시할 수도 없고 해서, 처음에는 백원우 의원의 인적 사항, 학력, 경력, 주요 활동 내용 등을 1페이지 정도로 해서 보고했고, 이영호가 그 보고를 받으면서 백원우, 이석현 의원의 후원회 등을 알아보라고 지시하여, 후원회에 대해서도 알아본 후 2페이지 정도로 정리해서 보고했던 것으로 기억한다. (이 건은) 김충곤 팀장을 비롯한 1팀에서 담당했다."

진경락이 9월 16일 작성한 〈현재 해야 할 일〉 문건에 "백원우, 이석현 관련 후원회, 동향, 지원 그룹이 실체가 드러나도록 한두 개라도 보고" 등의 기록이 나오는 걸 보면, 이 사찰이 적어도 두 달 이상 진행됐음을 알 수 있다. 명백한 정치 사찰이 그것도 현직 의원과 친인척, 그 후원회를 대상으로 광범위하게 벌어졌다는 것이다.

그 외에도 공직윤리지원관실은 〈강금원 창신섬유 회장, 시그너스 골프장 매입 관련 보고〉, 〈노 전 대통령 사돈 배병렬 관련 보고〉 등 노 전 대통령의 주변 인물들에 관한 보고서를 계속 만들어갔다. 이를 두고 진경락은 "이영호 비서관이 '사람 모이는 곳마다 노무현이 참 안됐다는 식으로 발언하는 이런 놈을 잡아야 군기가 잡힌다'라는 등 잘라야 한다, 날려야 한다는 표현을 많이 했다"라고 검찰 조사에서 진술했다.

물론 이영호는 훗날 검찰 조사에서 이러한 동향 파악과 사찰을 지시한 것에 대해 "잘 모르는 부분", "공직윤리지원관실이 하는 일은 언론 보도를 통해 알게 됐다"라며 자신이 연루된 사실을 전면 부인했다.

이영호·박영준·P-Group(영포 라인)의 이해관계

국가인권위원회의 조사를 보면 공직윤리지원관실에서 이뤄진 상당수의 동향 보고는 이영호와 박영준에게 집중됐다. 특히 진경락 등의 진술에 따르면, 이영호가 적지 않은 업무를 구체적으로 지시했는데 이 지시가 우선적으로 이행됐다. 이처럼 두 사람에게 장악된 조직이 그들의 사적인 목적을 위해 동원되는 것은 시간문제였다.

국가인권위원회는 자체 조사와 검찰의 조사에서 나온 내용을 종합한 결과 "박영준과 이영호는 공직 기강 확립을 위한 정부 정책 추진 실태 및 부조리 점검 등을 명목으로 정부 정책에 비판적인 입장을 갖거나 자신과 정치적·개인적 이해관계를 달리하는 공직자를 비롯하여, 사회 각계각층의 민간인 등 주요 인사 총 80여 명에 대해 직접 사찰을 지시해 동향 등을 파악해온 것으로 보인다"라고 결론을 내렸다.

국가인권위원회는 특히 이영호가 총 65명에 대한 내사를 지시하고 그 결과를 보고받았다고 봤다. 여기에는 현기환 의원 내사, 국회 정보위원회 소속의 국회의원 내사, 우리법연구회의 회원 명단 확보 및 동향 보고, 부산상수도사업본부 내사, 백원우·이석현 의원 관련 내사 등이 포함된다.

이 중 현기환 의원과 광주은행 감사에 대한 내사는 소위 권력 내부의 암투에 활용된 정황이 짙다. 진경락에 따르면, 2008년 12월 26일 이영호는 공직윤리지원관실로 전화를 걸어와 '○○구청장 ○○○의 말로는 현기환 부산 사하갑 초선 의원이 대통령을 비방하였고 친박 쪽이다'라는 취지로 말하면서, '국회의원은 현 의원을, 산하 단체는 광주은행 감사를 타깃으로 뒷조사를 해봐라'라고 지시했다. 이후 진경락의 컴퓨터에는 다음과 같은 메모가 저장된다.

> ○○구청장 ○○○ : 현기환(초선, 사하갑) 의원이 대통령 비방, 친박 쪽으로. 9일 상경, 국회의원은 현 의원을, 산하 단체는 광주은행 감사(정두언과 친함)를 타깃으로.

진경락은 이 지시에 대해 "(광주은행 감사는) 정두언 의원과 친하기 때문에 뒷조사를 지시했던 것 같다. 정두언이 박영준과 적대적이었기 때문에 이영호가 정두언을 싫어했던 것 같다"라고 진술했다. 이 뒷조사는 점검3팀에 배당되었고, 2009년 1월 9일 이영호에게 〈○○○ 광주은행 감사 동향 보고〉 보고서와 함께 중간보고가 올라갔다. 보고서에는 나이, 출신 지역, 학교, 경력부터 지역사회와 언론의 평판에 이르기까지 인물에 대한 상세한 정보가 기록됐다.

보고서의 말미에는 누군가의 필체로 작성된 부전지가 붙었다. "기본적인 동향을 먼저 스크린 한 것입니다. 향후 집중 감찰을 통해 비리 사항을 적출할 계획임"이라는 내용이었다. 진경락은 이후 검찰 수사에서 이 글씨가 이인규의 필체라고 진술했다. 기획총괄과의 〈공직윤리지원관실 업무 처리 현황〉 문건은 이 중간보고를 받은 이영호가 1월 16일 계속 자료를 수집해보라는 지시를 하달했다고 기록하고 있다. 이영호와 박영준, 두 사람이 싫어하는 정두언 의원과 친하다는 이유로 민간은행의 감사가 졸지에 뒷조사를 받는 처지가 된 것이다.

부산상수도사업본부 내사 건은 대표적으로 이영호가 공직윤리지원관실을 자신의 이해관계에 동원한 사건이다. 이영호는 2001년 입학한 연세대 경제대학원에서 사귄 지인 이 모 씨의 부탁을 받고 자신의 집안 일로 꾸며서 공직윤리지원관실에 이첩했다.

당초 이씨는 이영호와 이찬열 민주통합당 의원 등 5명과 정기 모임을 갖고 친분을 다져왔으며, 2003~2011년 이영호에게 30억 원의 사업 자금을 빌려줄 정도로 각별한 사이였다. 그러던 어느 날 이씨는 이영호에게 민원을 해온다. "자신이 운영하던 ○○건업과 주로 거래를 하던 부산상수도사업본부가, 자신의 동생이 회사를 나가 설립한 ○○배관과 자재 관련해 거래를 하고 있는데, 둘 사이에 유착이 있는 것 같으니 한번 알아봐달라"라는 것이었다. 이영호는 자신과 사적인 친분이 있는 이씨의 청탁을 봐주기 위해 곧바로 공적 조직을 동원했다.

진경락이 작성한 다음 문건은 그 사실을 적나라하게 드러내고 있다. '청감'은 청와대 대감, 즉 이영호를 의미한다.

"청감이 2010년 3월 15일 지시하신 사항입니다. 첩보를 입수한 것으로 하고 일을 추진하라는 말입니다. 부산광역시 상수도사업본부가 13~14개가 있는데 여기 구매 담당이 ○○○ 주임입니다. 그런데 상수도사업본부는 그동안 ○○건업과 거래를 하다가 작년 12월부터 금년 3월까지 ○○배관과 수의계약을 통해 일을 준다고 합니다. 청감의 생각으로는, ○ 주임을 그냥 치면 문제가 있으니까 부산상수도사업본부의 과장과 계장 등 라인에게 최근 석 달 동안 ○○배관에 얼마만큼 일을 줬는지, 누가 줬는지, 그 근거가 무엇인지 등을 확인하면 깜짝 놀랄 것이라고 합니다. 형사처분과 같은 무거운 조치는 필요 없고 다만 한 번 경고성 액션만으로도 충분하다고 합니다. 참고로 ○○건업은 청감의 집안사람이며 내부 분쟁으로 인해 1명이 뛰쳐나가 ○○배관을 만들었다고 합니다. 부산으로 내려가실 필요는 없지 않은가 생각됩니다."

한마디로 ○○배관의 발주를 줄이고 ○○건업의 발주를 늘리기 위한 것이었다. 실제로 공직윤리지원관실 직원은 민원 사항이라며 부산상수도사업본부에 2008~2010년 자재 구매 현황 자료를 요청했다. 동시에 '공사 자재를 특정 업체에 밀어주는 것이 아닌가 하는 이야기가 있다는 말'도 전하며 상대를 은근히 압박했다. 하지만 이씨가 이영호에게 부탁을 했을 당시 형제 간 분쟁으로 상수도사업본부는 이미 두 업체와 모두 거래를 끊은 상태였다. 자세히 알아보지도 않고 이러한 민원을 해왔고 여기에 공직자들이 달라붙었던 것이다. 부산상수도사업본부의 담당자는 '공직윤리지원관실의 문건을 보니 황당하다. 규정에 따라 업무를 처리했는데 이런 모함을 받아 억울하다'라는 반응을 보였다.

이영호가 ○○주유소 대표의 민원을 받고 한국석유관리원의 직원들에 대한 내사를 지시한 정황이 드러나는 문건도 있다. 진경락이 작성한 〈8.24〉 문건에는 이영호의 지시 사항이라며 다음과 같은 표현이 등장한다.

> ○○주유소가 한국석유관리원의 석유 제품 품질 검사시 (이 주유소의 제품이) 유사 석유 제품으로 판정이 났는데, 이에 대해 EB가 오히려 한국석유관리원 직원들을 내사토록 지시.

> 조사 방식으로 샘플 떠가기 전의 통화 내역을 조사하거나 ○○주유소 인근의 주유소와 한국석유관리원 사이의 연결 고리를 찾을 필요가 있는데, 통화 내역 조회를 통해 가능하지 않을까.

당시 검찰의 수사팀은 이 문건을 분석하면서 "이영호가 ○○주유소 대표 박 모의 청탁을 받은 것으로 판단되고, 통화 내역 조회 등을 통해 한국석유관리원과 인근 주유소 내지 정유 4사와의 유착 가능성 등을 조사하도록 지시했는데, 이는 명백한 월권"이라고 판단했다.

한 성형외과 의사의 민원을 위해 문화체육관광부 등에 압력을 넣도록 했다는 진술도 나왔다. 이와 관련해 진경락은 "한 성형외과 의사가 운보 김기창 화백의 집을 경락했는데 지적재산권 문제로 소유권 이전등기를 받지 못하자, 관련 부서인 문화체육관광부 등에 압력을 가해서 이전등기를 할 수 있게 해달라는 민원으로 이영호가 막무가내로 시키니까 안 들어줄 수가 없었다"라고 검찰에 진술했다. 진경락은 이어 "경찰 출신 김○○이 실컷 알아보고 민원 해결을 위해 노력했는데 결과는 뜻대로 되지 않았던 것으로 기억하며, 김○○이 당시 이영호가 원하는 대로 처리해줄 수 없어서 상당히 곤혹스러워했던 것으로 기억한다"라고 덧붙였다.

국가인권위원회는 박영준도 공직자와 공공 기관의 임직원에 대한 내사를 13건이나 지시한 사실이 있고, 지시하지 않았더라도 보고받은 내사 사건은 총 43건이라고 밝혔다. 또 진경락의 진술대로, 이영호를 통해 전달받은 정황을 고려하면 약 200여 건에 대해 보고받은 것으로 보인다고 판단했다. 국가인권위원회가 박영준이 지시한 것으로 판단한 사건은 TS산업개발 관련 전현직 공무원 유착 비리 내사, 보선 스님 관련 성향 파악, 한 재단의 사무총장 내사, 조세심판원 내사, 칠곡군수 관련 내사 등이 있다.

특히 TS산업개발 건은 박영준이 자신에게 금품을 제공한 업자의 민원을 해결하기 위해 울산시에 대한 대대적인 감찰을 지시한 사건이다. 이 사건에 얽히고설킨 업자들의 이해관계와 박영준의 비리는 추후 검찰 수사의 과정에서 상세히 드러났다. 또 박영준은 종교계 인사를 사찰하라는 지시도 내렸다. 진경락이 2009년 7월 31일 작성한 〈그동안 있었던 일〉 문건에는 당시 정황이 드러난다.

"7.28(화) 이호영 사회문화정책관과 통화한 내용. 이 국장이 다문화위원회 관련 박 차관님께 보고를 드리는 과정에서 위원 1명(보선 스님, 약력은 별도 참조)에 대해 우리 쪽으로 자료를 주어서 알아보라는 말씀을 하셨다고 함. 문화관광부, 국무총리실 담당이기 때문이기도 하지만 불교계 사람들과의 접근성을 고려할 때 김화영 과장님 팀이 맡는 것이

좋을 듯하여 그렇게 배분하였음."

박영준 자신이 적극적으로 내사를 지시한 것은 아니었으나, 칠곡군수에 대한 동향 조사를 묵인한 정황도 드러났다. 칠곡군수 조사를 담당했던 팀원 김태곤은 "고향에 사는 친구 양○○으로부터 제보를 받아 첩보를 수집하기 시작했고, 박영준에게 전화하여 군수의 비리 첩보를 해도 되는지 물어본 뒤, 해도 된다고 해서 첩보 수집 활동을 해 보고서를 작성했다"라고 진술했다. 팀장의 간섭을 받기 싫어서 박영준 차관에게 저 혼자 별도로 첩보 수집을 할 수 있도록 해달라고 했다는 것이다.

김태곤은 여러 동향 자료와 사진 등을 수집해 박영준에게 보고했다. 검찰은 '칠곡 출신인 박영준이 자신의 정치적 입지를 위해 이러한 조사를 묵인한 것 아니냐'라는 의혹을 가지고 있었지만, 김태곤은 '잘 모르겠다'고 진술했다. 박영준은 이와 관련해 "점검6팀의 수사관 김태곤이 수사한 자료를 엄청 가져왔는데 당시 본인은 야인 상태였고, 조사하지 말라고 할 수도 없어서 비리가 있다면 확인해보라고 한 정도였다"라는 입장을 밝혔다.

공직윤리지원관실 조직은 이른바 정·관계에서 범(凡)P-Group의 영향력을 강화하는 데도 이용된 것으로 보인다. 진경락의 외장 하드디스크에서 발견된 문건에 나오는 다음 표현은 범P-Group의 친위 조직 역할을 톡톡히 해낸 과정을 잘 보여준다.

> 향후 조치 사항 '범P-Group(활동 내역 C대군, SD 보고 및 정기 모임을 통해

> 스킨십 강화 등), S라인 정보 파악 및 비리 감찰.

진경락은 이에 대해 "최종석과 이영호 등 P-Group과의 결속을 강화하고, 민정 소속 장 등 S라인에 대한 정보 파악, 비리 감찰을 통해 S라인을 견제·제거한다는 취지였고, 여기서 범P-Group은 영포 라인을 뜻하며, C대군은 최시중 방송통신위원장, SD는 이상득 의원, S라인은 서울시청 인맥을 말한다"라고 진술했다. 서울시청 시절부터 이명박 당시 대통령과 인맥을 쌓아온 정두언 의원, 정태근 의원 등을 견제하기 위해 조직을 활용하려 든 것이다. 실제로 한 사립학원 이사장은 정태근 의원과 두 차례 식사를 했다는 이유만으로 사찰의 대상이 된 것으로 알려졌다. 공직윤리지원관실에서 작성한 문서를 보면 곳곳에서 소위 이 S라인에 대한 견제 욕구가 묻어난다. 다음은 진경락이 박영준의 말을 받아 적은 한 문건의 내용이다

> (박영준이 말하길) 정두언이는 서울시에 있을 때 자기가 한 성희롱 사건에서 자기가 죽게 생겼으니까 20만 명 정도 되는 사람한테 '이건 이명박 죽이기'라고 문자를 보냈는데, 그때 난 이 사람이 자기 상사까지 팔아 배신할 사람이구나 싶었다.

> 요즘 정두언이가 무척 국무총리실에 인사 운동을 하는 것 같더라. 이○○라고 KT에 있던 사람과 국정원 출신인 김○○을 밀고 있고, 이○○이라고 청와대에 있는 사람을 총무비서관으로 밀고 있더라.

> 그런데 총리도 월요일 회의에서 말씀하셨지만, 11월 초까지는 대정부 질의 때문에 인사에 신경을 못 쓸 거다.

정두언 의원의 인사 운동이 최시중 전 방송통신위원장에게까지 보고됐다는 정황도 드러났다. 다음은 진경락이 2010년 1월 22일 작성한 〈이것저것 해줄 말〉이라는 문건에 나오는 내용이다.

> 그저께 김충곤 과장이 방통대군을 가볍게 면담. 김 과장이 '최근 정두언이 대놓고 자기 사람을 심으려고 마수를 뻗치고 있다'라는 내용을 보고 드림. (공직윤리지원관실에 경찰 인사 청탁, 의정부 시청, 국무총리실 정부실장으로 국정원 출신 김○○을 PUSH, 총리실에 이○○ 등 3인방 교체 시도 등). 방통대군은 '대놓고 자기 사람을 심으려 하다니 미친 놈'이라고 대꾸하시고 자세한 내용을 보고해달라고 주문.

언뜻 '공직 기강 확립'이라는 사명감을 갖고 움직이는 것처럼 보였던 공직윤리지원관실은 이처럼 원칙도 철학도 없는 뒷조사를 자행했다. 또 이영호와 박영준 등의 사적 이해관계를 충족시키는 데 마구잡이로 동원되었다. 팀원들은 '국가를 위한 충성심과 투철한 사명감으로 공직 기강 확립에 헌신할 것을 맹세'하는 서약서를 작성하고 임무에 투입됐지만, 이러한 다짐이 무색해지는 것은 한순간이었다. 공직윤리지원관실이 아무런 법적 권한도 없이 사실상 무소불위에 가까운 자의적 조사를 펼쳐온 이러한 기록을 어떻게든 없애고, 세상에 드러내놓고 싶지 않았던 것은 어쩌면 당연한 일이었다. 진경락의 다음 진술은 이 조직의 성격을 잘 요약하고 있다.

"이영호는 공직윤리지원관실이 정보기관이 아님에도 자기가 지시하는 모든 일을 할 수 있고, 대한민국에서 돌아가는 모든 일을 알고 있어야 한다고 생각하는 것 같았다."

공직윤리지원관실과 민정수석실 간의 파워 게임

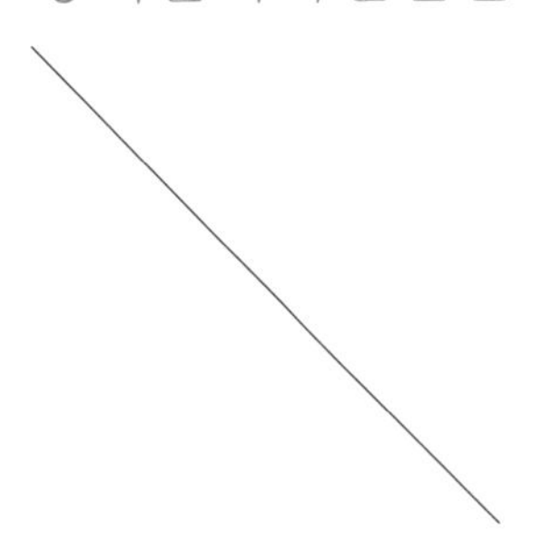

힘의 절정 그리고 위기

2009년 10월 6일 오후 6시. 고용노사비서관 이영호가 청와대 비서동 건물의 위민관(대통령 집무실이 있는 본관과 500미터쯤 떨어져 있다)에 있는 경제금융비서관실의 문을 박차고 들어갔다. 청와대 수석과 비서관, 행정관 등 300여 명의 참모들이 모여 있는 곳이었다. 평소 정중동의 분위기에 익숙해 있던 비서관실 직원들은 깜짝 놀라면서 일시에 이영호에게 시선을 돌렸다.

잠시 주위를 둘러본 이영호는 다짜고짜 욕설을 퍼부었다. "C○○, 이 XX 누구야. 나와. 가만히 안 두겠어."

이영호의 고함에 비서관실은 얼어붙은 듯 순간 조용해졌다. 당시 청와대에 근무했던 인사들이 나중에 "소동이 너무 크게 벌어져 다른 층에도 다 들렸다"라고 회고할 정도였다. 또 다른 관계자는 "청와대에서 쉽게 볼 수 없는 소란이라 처음에는 민원인이 청와대로 쳐들어온 것으로 오해했다"라고 당시를 떠올렸다.

마침 가까운 곳에 윤진식 경제수석(정책실장 겸임)과 임종룡 경제금융비서관이 있었다. 누구 한 명 제대로 말리는 사람이 없자, 두 사람이 직접 나설 수밖에 없는 상황이었다. 임 비서관은 '너무하는 것 아니냐. 진정하라'고 항의했다. 이유가 어찌됐든 경제금융비서관실에 와서 안하무인으로 행동하는 이영호가 좋게 보일 리 없었다. 이영호는 '뭐가 너무하냐. 당신도 두고 보자'라고 맞받아쳤다. 그 뒤로도 이영호의 막무가내 '활극'이 한참 동안 이어졌다. 장관급인 윤진식 수석까지 나섰지만, 이영호는 여전히 고성으로 맞섰다.

이날 소동은 곧 언론을 통해 외부로 알려졌다. 대한민국의 심장부이자 공직 사회의 최고 사령부인 청와대에서 1급 공무원인 비서관이 소동을 벌였다는 사실 자체가 뉴스거리였다. 직급과 서열 문화가 엄격하게 자리 잡은 공무원 사회에서는 충격이었다.

왜 이영호는 청와대에서 활극을 벌였을까? 우선 여러 부처의 장관이 함께 이명박 대통령에게 업무 보고를 할 일이 있었는데, 일정 조정을 맡은 C행정관이 노동 쪽과 관련된 업무 보고 일정을 이영호에게 사전에 상의하지 않았다는 이유가 꼽혔다. 업무 조율상의 다툼이라는 것이다.

하지만 이영호의 측근이었던 진경락은 검찰 조사에서 당시 상황을 이렇게 회고했다.

"제가 알고 있던 것은 언론의 보도와 조금 달랐습니다. 그날 이영호가 흥분해서 당시 청와대 경제금융비서관실의 임종룡 비서관, C○○ 행정관 등에게 욕설과 막말을 했던 소위 '청와대 막말' 사건이 터졌습니다. 이영호는 흥분한 상태에서 저한테 전화를 해서 '노대래 알아' 하고 소리를 질렀습니다. 제가 답을 못 했더니 '정보를 한다는 XX들이 세상이 어떻게 돌아가는지도 모르고' 하고 말하면서 막 화를 냈습니다. 노대래 당시 기획재정부 차관보가 경제 단체의 임원들과 LG 등 대기업 임원들에게 당시 현안이었던 복수 노조 허용, 전임자 급여 금지* 등 과제에 대해 '노동부는 손을 뗐고 경제 라인에서 한다'라는 취지의 발언을 했고, 그 발언이 이영호에게 알려진 겁니다. 그러자 이영호는 노동부와 고용노사비서관실을 배제한 것에 대해 항의하며 욕설과 반말 등 막말을 했던 것입니다."

진경락의 진술은 소동의 원인이 단순히 업무 보고 일정의 조정과 같은 실무적 문제에서 비롯된 것이 아니라는 주장이다. 오히려 당시 노동계의 '핫이슈'였던 복수 노조라는 현안에서 자신이 경제수석실 등 경제 라인과의 파워 게임에서 밀린 것에 대한 분풀이로 봐야 한다는 것이다.

실제로 '복수 노조와 전임자 조항'은 당시 노동계의 대표적인 이슈였다. 13년 동안 유예된 법의 시행을 두고 노동계와 정부는 일촉즉발로 대결하던 때였다. 임태희 당시 고용노동부장관이 직접 나서서 실시를 강행하겠다는 입장을 밝히고, 노동계는 강경 투쟁을 외치며 반발하고 있었다. 이명박 대통령 역시 이 조항을 노동 문제 개혁의 핵심 이슈로 보고, "노동계와의 충돌로 다소 피해가 생기더라도 노동 개혁 조치를 취하겠다"라는 뜻을 전할 정도로 관심이 컸던 사안이었다.

---

* 1997년 여야 합의로 제정된 노조법에 규정돼 있었지만 노사의 반발로 세 차례에 걸쳐 시행이 유예됐다. 당시에도 노사의 극심한 반발로 진통을 겪은 후 2011년 7월부터 시행 중이다.

정권에 대한 충성심이 남달랐던 이영호로서는 대통령이 지대한 관심을 보이는 핵심 이슈에서 자신이 배제됐다는 사실에 단단히 화가 났었다는 게 당시 공직윤리지원관실과 청와대 관계자들의 분석이었다. 실제로 당시 공직윤리지원관실 등에서는 '이영호가 조금 힘이 빠져 있다'는 말이 나돌던 상황이었다.

이유가 어찌됐든 청와대 안팎에서는 전례 없는 소동을 일으킨 이영호에게 중징계가 내려질 것으로 예상했다. 마침 청와대 직원들이 폭행 등 각종 사건에 연루되면서 청와대 내부의 기강이 무너졌다는 비판에 시달릴 때였다. 민정수석실은 이영호에 대한 감찰에 착수했다.

하지만 민정수석실의 감찰은 구두로 경고하는 선에서 마무리됐다. 정치권에서는 '이영호가 이명박 대통령으로부터 눈물이 뚝뚝 흘릴 정도로 호된 경고를 받았다'라는 말이 돌았는데, 사실상 불문에 부치는 징계 결과가 나오자 의외라는 평가가 다수를 이뤘다. 청와대 내부에서는 '경고로 그친 것은 이 대통령이 이영호의 역할과 업무에 대한 열정을 인정한 것'이라는 해석이 나왔다. 또 한편에선 '이영호의 막강한 권한을 생각할 때 민정수석실에서 이영호를 쉽게 건드리지 못했을 것'이라는 추측도 나돌았다.

검찰에 입수된 공직윤리지원관실의 보고 문건에 따르면, 청와대의 모 비서관이 같은 직급인 이영호에게 인사 청탁을 할 정도로 당시 청와대에서 이영호의 입지는 여전히 무시할 수 없는 수준이었다.

사태는 마무리됐지만 이영호를 향한 민정수석실의 '칼날'이 거두어진 것은 아니었다. 청와대 막말 소동이 아니었어도 민정수석실은 진작부터 이영호가 막강한 권한으로 전횡을 일삼는 모습을 예의 주시하고 있었다.

무엇보다 이영호와 민정수석실은 공직윤리지원관실의 비선 보고 라인을 둘러싸고 팽팽하게 맞서고 있었다.* 민정수석실로서는 정상적인 보고 체계를 밟지 않고 공직윤리지원관실로부터 비선 보고를 받는 이영호가 곱게 보일 리 만무했다.

이 둘 사이의 긴장은 2009년 9월 민정수석에 권재진이 임명되면서 한층 고조됐다. 때마침 터진 이영호의 '막말 소동'은 공직윤리지원관실의 비선 보고 체계를 민정수석실로 돌려놓을 수 있는 절호의 기회였다. 대통령의 신임이 두터운 것으로 알려진 권 수석이 총대를 멨다.

당시 권 수석이 이영호의 전횡에 대해 여러 채널을 통해 경고할 정도로 비선 보고 체계에 부정적이었다는 여러 정황과 진술이 있다. 우선 이인규는 검찰 조사에서 "권재진 수석이 불러 '비선 보고는 안 돼'라고 얘기를 했다"라고 진술했다. 청와대와 공직윤리지원관실 직원들의 증언도 이와 비슷하다.

---

* 민정수석실과 고용노사비서관실은 위민관 3층에 같이 있었다. 민정수석실에 보고하던 이인규는 고용노사비서관실을 피해 다닌 반면, 이영호에게 주로 보고를 하던 진경락은 민정 쪽 사무실을 보며 저쪽에 보안이 중요하다는 말을 자주 했다고 한다.

(권재진) 수석이 이인규의 보고를 받고 나면, 며칠 후 인사비서관이 검토해달라며 인사 자료를 보낸다. 그런데 그게 바로 공직윤리지원관실에서 만든 보고 자료 그대로더라. 수석이 이것을 누구에게 받았냐고 물으니까, 이영호가 주더라고 했다. 수석은 공직윤리지원관실과 이영호가 연결돼 있다고 생각하고 상당히 불쾌해했다.

—장석명 공직기강비서관의 진술

권재진 수석이 부임하면서 민정수석과 고용노사비서관 간에 알력이 커졌다. 공직윤리지원관실이 원래 민정 관할이므로 보고 체계를 원래대로 되돌리려고 했다. 이영호를 통한 비선 보고를 공식적으로 문제 삼기 시작했다. 하지만 권 수석이 부임한 이후에도 비선 보고를 계속했다.

—전용진 공직윤리지원관실 주무관의 진술

민정수석실은 이영호의 막말 소동이 나자 곧바로 행동에 착수했다. 그동안 묵인됐던 공직윤리지원관실의 비선 보고 체계를 공식적으로 문제 삼기 시작한 것이다. 권재진 민정수석 등 민정수석실의 핵심 라인이 공직윤리지원관실을 어떻게 압박해 들어갔는지는 진경락이 작성한 〈민정수석실의 공직윤리지원관 죽이기 시나리오〉 문건에 상세하게 드러나 있다.

먼저 2009년 10월 16일 김진모 민정2비서관이 포문을 열었다. 그는 이인규 지원관에게 "공직윤리지원관실이 촛불 정리, 전 정권 출신 공기업 임원 정리(60여 명), 장차관 스크린, 기타 특명을 수행한 것은 100퍼센트 인정하지만, 이제는 상황이 달라졌다. 시스템으로 일할 때가 됐다"라고 말했다. 공직윤리지원관실에게 민정수석실을 통한 '정선 보고'를 요구한 것이다. 이때를 즈음해 새로 임명된 정운찬 국무총리(2009~2010년 재직)가 권 수석을 만나 공직윤리지원관실의 운영에 문제가 있다는 생각에 동조를 했다는 얘기가 돌기도 했다.

10월 25일에는 권재진 수석이 직접 나섰다. "이영호 비서관과 이인규 지원관은 포항 지역이라는 유대 관계를 맺고 있기 때문에, 이번 이영호 비서관 사건을 계기로 상징적 의미에서라도 이인규 지원관이 직위를 떠나야 한다. 이것은 대통령의 뜻이다."

장석명 민정수석실 공직기강비서관이 곧 권 수석의 발언을 실행에 옮겼다. 이인규를 만나 "권 수석이 대통령에게 지원관의 교체를 보고해서 허락받았으니, 가고 싶은 곳 두 군데를 알려달라"라고 최후통첩을 보낸 것이다. 장석명은 "이 지원관이 포항 출신이 아니었으면 이런 일이 없었을 텐데"라고 인사 조처가 '영포 라인'과의 파워 게임의 일환임을 암시하는 말도 덧붙였다.

당시 민정수석실의 공세에 대해서는 이인규도 비슷하게 회고하고 있다. "장석명 청와대 공직기강비서관이 어느 날 공직윤리지원관실을 방문해 점심을 먹은 후, 1년 반 동안 고생을 했으니까 이제 노동부로 돌아갔으면 좋겠다고 하더라. 중앙노동위원에 1급 상임위원 자리가 하나 비었는데 그쪽으로 갈 용의가 있느냐고 물어오기에, 용의가 있다고 얘기한 적이 있다."

일련의 상황을 지켜본 공직윤리지원관실은 사실상 검경 등 사정 라인을 총괄하는 민정수석실이 총공세를 시작한 것으로 받아들였다. 그리고 이영호를 중심으로 한 비선 라인의 핵심은 민정수석실에 대한 반격에 나설 준비에 들어갔다.

이영호와 공직윤리지원관실의 반격

이영호와 공직윤리지원관실은 '비선 라인 유지'에 심혈을 기울였다. 비선 라인의 붕괴는 곧 이영호와 공직윤리지원관실이 가진 힘의 쇠락을 의미하는 것이나 다름없었다. 민정수석실의 공세에 맞서는 공직윤리지원관실의 논리는 명확했다. '민정수석실은 대검 중수부의 전위 라인에 불과해 (이들보다) 더 충실한 공직윤리지원관실을 유지할 수밖에 없다'라는 것이다.

'현 민정 라인의 인적 구성이나 충성도, 보안 의식을 고려할 때 고도의 비밀이 유지돼야 할 사항을 처리하기에는 부적합하다'거나 '민정 라인은 출신이 다양해 원 소속 기관의 첩자 역할을 하고, 정보를 거래의 대상으로 생각해 안팎으로 흘리는 일이 비일비재하다'라는 논리도 폈다.

2009년 10월 17일 작성된 것으로 보이는 공직윤리지원관실의 내부 문건에도 야당과 민정 라인의 내부 권력투쟁에 대한 대응 방안으로 '현행 비선 유지의 필요성'을 검토한 흔적이 고스란히 드러나 있다.

문건을 보면, '공직윤리지원관실의 지휘 라인은 돌아갈 원 소속 기관도 없고, 오로지 충성심 하나로 사심 없이 일할 수 있는 비선이 담당하

「공직윤리지원관실」의 업무추진 지휘체계

□ 조직신설 목적

○ 새 정부 출범에도 불구, **盧 정권 코드인사들의 음성적 저항과 일부 공직자들의 복지부동**으로 인해 VIP의 국정수행에 차질

○ 공직사회의 **기강확립과 사기진작**을 통한 '일하는 분위기'를 조성키 위해 총리실에 **공직윤리지원관실 설치(7.21)**

□ 지휘체계 검토(안)

○ **검토방향 : VIP 의중이 ①정확히 전달되고 ②보안을 유지하면서 ③불필요한 마찰없이 ④밀도높게 추진**되는 라인 모색

구분	(제1안) 국 무 총 리	(제2안) BH 민정비서관
장점	- **야당의 정치공세와 VIP부담 완화** * 脣亡齒寒의 묘 - **표적사정 논란 회피, 활동제약 완화** * 총리가 순수한 행정조직을 통해 내각 통할권을 발동한다는 인식 * 점검대상, 정치일정에 구애받지 않음 - **업무의 효율성** 제고 * **공직사회를 다스리는 원리(공무원법상 성실·복종·품위유지 의무)를 잘 활용** - 지휘체계가 법령(직제)에 부합	- 업무추진에 **힘이 실려** · 각 부처의 **지원과 통제가 원활** * 업무분장상 BH(민정)의 고유업무라는 인식이 더 많고, 전 정권에서도 민정라인이 지휘 - **VIP 국정철학 구현에 더 유리** * 민정라인은 VIP 직할부대로 국정철학에 대한 이해도·몰입도가 높음 - 공직사회를 포함한 각계의 **고급정보 활용**
단점	- BH(민정)보다 업무추진시 **힘이 덜 실리고** · 각 부·처의 **지원과 통제 약화** * 총리에게 힘을 실어주어야 부처의 지원을 얻고 부처를 원활히 컨트롤 - **VIP 국정철학 접목에 한계** * 상대적으로 VIP 국정철학에 대한 이해도·몰입도가 낮을 개연성 - 사회 각계의 다양한 **고급정보 활용에 한계**	- **야당의 정치공세에 전면 노출,** VIP 국정수행에 부담 가중 - **표적사정 논란, 활동상 제약** * 정치인인 민정비서관이 사정기관을 동원해 정치사찰을 한다는 인식 * 업무추진시 점검대상, 정치일정 고려 - **업무의 효율성 저하** * 민간인 사법처리를 해온 민정라인이 **형법(뇌물·직무유기죄) 이외의 다른 정책수단을 쓰기에는 한계** - 지휘체계가 법령에 부합하지 않음

7985

지휘 라인이 민정수석실로 넘어가지 않도록 비선 라인 유지에 심혈을 기울였다.

는 것이 바람직하다'라는 결론을 도출하고 있다. 주목할 부분은 이 문건의 뒷부분에 '원래 이 보고서는 박 차관님께 리얼하게 말씀드리는 차원에서 작성된 것으로 좀 자유롭게 쓴 것'이라고 기재된 점이다. 비선라인의 윗선인 박영준 당시 국무총리실 국무차장을 민정 라인의 카운터 파트너로 보고, 전 방위로 구명 노력을 기울인 것으로 짐작된다.

실제로 이인규는 '집권 중반기에 접어드는 정권의 운명을 함께할 핵심 그룹이 필요하다'라는 취지의 보고서를 박영준을 통해 대통령에게 전달하려는 시도를 하기도 했다. 김충곤 점검1팀장은 평소 친분이 있었던 최시중 당시 방송통신위원장을 찾아가 구명 활동을 폈다.

박영준은 '정정길 대통령실장에게 얘기하겠다'고 했다가 이인규가 재차 부탁하자 '권재진 수석을 만나 얘기해보겠다'고 말했다고 한다. "어느 조직이든 내부에 문제가 있는 사람은 있기 마련인데, 그걸 외부에서 외과 수술을 하는 것은 맞지 않다고 본다. 공직 윤리 업무에서 이영호 비서관과 이인규 국장이 손을 떼야 한다고 말하는 사람이 있던데, 내가 사람 문제는 함부로 말하지 말라고 했다"라는 말이 공직윤리지원관실의 내부에 공유될 정도로 박 차장은 공직윤리지원관실의 든든한 방패막이였다.

공직윤리지원관실에 대한 민정수석실의 파상 공세는 이영호가 10월 29일 이명박 대통령을 독대한 뒤 사실상 무위로 끝이 났다. 이날 낮 12시 장석명 비서관이 이인규에게 보직 변경을 최종 통보하자, 오후 5시 이영호는 부랴부랴 대통령을 직접 찾아갔다.*

독대의 효과는 바로 나타났다. 이 대통령은 다음 날인 10월 30일 확대

비서관회의를 열고 "업무 열정이 있어서 협의 과정에서 시끄럽게 했다는 것을 밖에 퍼 나르면서 중상모략하고 그것도 모자라 몸 던지며 열심히 일하는 사람을 바꾸려고 인사 공작하는 것은 한심한 일"이라고 질타했다. 이 대통령은 한발 더 나아가 "내 특명이 별도로 있을 때까지는 당장 공직윤리지원관 인사를 중지하라"라고 지시했다. 민정수석실의 완패나 다름없었다. 더구나 비선 라인을 바로잡으려던 민정 라인의 시도는 '열심히 일하는 사람을 바꾸려는 인사 공작'으로 전락하고 말았다.

이 대통령의 발언이 있고 나서 공직윤리지원관실의 비선 보고 라인은 더욱 정교하게 진화했다. 공직자 감찰과 인사 스크린 등 5개 항목으로 보고 주제를 나눈 뒤, 대부분의 주제는 민정수석실을 아예 경유하지 않고 이영호를 통해 윗선에 보고하는 것으로 보고 체계를 수정한 것이다. 또 권 수석을 궁극적으로 끌어안고, 민정수석실이 대통령의 판단을 달리 해석해 공직윤리지원관실을 도발하는 일을 막기 위해 민정수석실에 정보를 제공하는 방안을 검토할 정도로 자신감이 넘쳤다. 내부적으로는 위험인물을 정리하는 대신, 인사상 프리미엄을 확보해 팀원의 사기를 높이는 방침도 세웠다.

승기를 잡은 공직윤리지원관실은 다른 한편으로 민정수석실을 '손볼' 계획도 세웠다. 진경락이 작성한 문건에는 "촛불 정국 때 본연의 일

• 이영호의 대통령 독대는 이때가 처음이 아니었던 것으로 보인다. 검찰에 압수된 진경락의 외장 하드디스크에는 그해 7월 이미 이영호가 대통령을 독대한 사실이 나오는 문건이 있다. "7월 28일 EB(이영호)가 上(대통령)과 독대했음. 결과는 아직 모르는데, 29일 EB가 하루 종일 기분 좋았음. EB가 민정으로 가는 것은 상께서 만류하는 것으로 알려짐."

은 하지 않고 수수방관하다가, 상황이 지나니까 정세 분석도 하지 않고 자리 욕심만 차린 민정 라인 전체의 인적 쇄신이 요구됨"이라고 적혀 있다.

국무총리실 산하의 공직윤리지원관실이 청와대 민정수석실의 인적 쇄신을 주장할 정도로 자신감이 넘친 것은 배후에 확실히 '믿는 구석'이 있었기 때문이다. 하지만 '믿는 구석'이 누구인지는 검찰 수사에서 제대로 규명되지 않았다. 비선 보고 라인의 윗선으로 지목된 박영준 차장이었는지, 그 이상의 인물이 있었는지는 현재로서 불확실하다. 하지만 당시 청와대에서는 '이명박 대통령이 공직윤리지원관실에서 직보된 보고서를 밤을 새워 읽는다'는 소문이 돌고 있었다.

3부

1차 수사 2010–2011

몰락의 전초, 김종익 사찰 사건

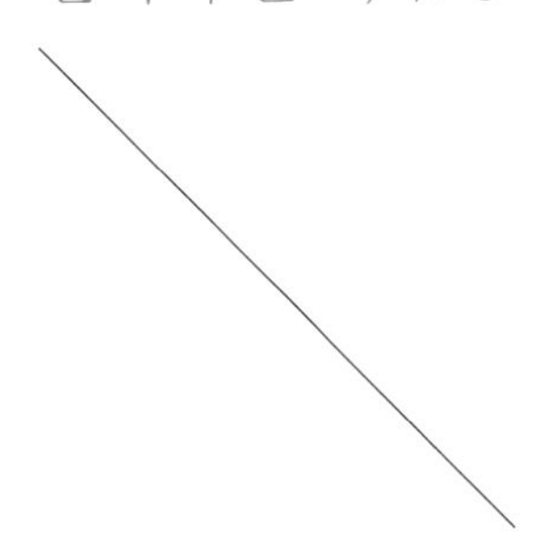

세상이 술렁이기 시작했다

고위 공직자부터 민간인에 이르기까지 공직 기강 확립이라는 명분으로 불법 사찰을 공공연하게 벌인 공직윤리지원관실. 영원할 것 같던 그들의 권력은 출범 2년도 지나지 않아 균열이 생기기 시작했다. 다른 기관의 견제 없이 무리하게 사찰을 벌이다 보니 관가에서는 너무한 것 아니냐는 볼멘소리가 스멀스멀 새나오고 있었다.

이러한 낌새를 가장 먼저 눈치 챈 사람은 당시 국회 정무위원회 소속의 민주당 신건 의원이다. 검찰 출신인 신 의원은 2009년 당시 청와대 내부에서 '잘나가는' 인사로 분류되던 이영호 고용노사비서관이 공직윤리지원관실의 비선 보고를 통해 독자적으로 사찰을 벌이고 있다는 소문을 들었다. 그리고 국정감사를 통해 이 문제를 제기하기로 결심했다.

신 의원은 2009년 10월 5일 국무총리실 국정감사에서 감사장에 이인규 지원관을 출석시켰다. 그리고 "공직윤리지원관실에서 받은 감찰 자료를 이영호에게 전달한 사실이 있느냐"며 직격탄을 날렸다. 당시에는 존재 자체도 잘 알려지지 않았던 공직윤리지원관실이 국정감사의 회의록에 처음 등장한 순간이었다. 그러나 이인규는 능청스럽게 말도 안 되는 소리를 한다는 표정으로 '없다'라고 단칼에 자르듯 답했다.

신 의원도 지지 않았다. 그가 꺼내든 카드는 룸살롱을 자주 드나든다는 소문이 있어, 공직윤리지원관실로부터 경고를 받은 국세청 조 모 국장 사건이었다. 조 국장이 룸살롱을 실제로 갔는지 수사할 권한이 없는 공직윤리지원관실이 사실관계를 확인하지도 않은 채 불법적으로 암행 감찰한 것 아니냐는 것이었다. 하지만 이인규는 "공무원 신분이니 행동에 주의할 필요가 있다고 말했을 뿐, 암행 감찰까지 하지 않았다"라며 핵심을 피해갔다.

공직윤리지원관실도 이인규의 말에 박자를 맞췄다. 국회가 조 국장 사건과 공직윤리지원관실의 보고 체계 등에 대한 자료 제출을 정식으로 요구하자, '공직윤리지원관실 소속의 구성원들은 공무원이기 전에 국민이기 때문에 묵비권을 행사할 수 있다'라는 괴상한 논리로 자료 제출을 거부했다.

공직윤리지원관실의 도를 넘은 사찰 활동은 국정감사 이후에도 이슈가 됐다. 공직윤리지원관실이 2008년 12월 외교부의 당직을 점검하는 과정에서 직원들의 동의도 없이 사무실을 수색해 외교부 직원들이 가지고 있던 양주 101병을 찾아냈다는 사실이 뒤늦게 알려졌기 때문이다. 신 의원은 이와 관련해 2009년 10월 22일 열린 국회 정무위원회의 회의에 이인규를 또 불러냈다.

신 의원은 "공직윤리지원관실이 외교부 사무실과 캐비닛 등을 마음대로 열어볼 수 있다는 규정은 그 어디에도 없다"라며 "명백히 불법 수색이자 형법상 건조물 침입죄이자 공무집행방해죄에 해당한다"라고 맹공을 퍼부었다. 하지만 노련한 이인규는 "양주를 압수한 것도 아닌데 문제될 것 없다"라며 "(외교부의) 복무 기강 점검 차원에서 할 수 있다고 판단했다"라고 당당하게 답변했다.

이인규가 전혀 흔들리는 기색이 없자, 신 의원은 한동안 공직윤리지원관실에 대한 문제 제기를 멈출 수밖에 없었다. 분명 불법으로 사찰을 벌이는 것 같지만, 적어도 당시 알려진 의혹은 공무원을 대상으로 나온 이야기들이라 마냥 공직윤리지원관실을 몰아붙이긴 어려웠다.

하지만 국정감사가 끝난 지 8개월이 채 지나지 않은 2010년 6월 공직윤리지원관실은 드디어 도망갈 길 없는 확실한 꼬투리를 잡힌다. 민간인 신분인 김종익 KB한마음(현 뉴스타트한마음) 대표가 불법 사찰을 받았다는 얘기가 공개된 것이다. 이로써 몰락의 길로 접어든다.

불법 사찰의 피해자인 김종익 씨는 최강욱 변호사와 함께 자신의 사건을 공론화하는 방안을 논의하다가 국회의원과 언론에 제보하는 방법을 선택했다. 김종익의 제보를 접한 신건 의원은 6월 21일 같은 당 이성남 의원과 함께 국회 정무위원회의 전체 회의 자리에서 "공직윤리지원관실이 이명박 대통령을 비방하는 동영상을 인터넷에 게시했다는 이유로 김종익이라는 민간인을 불법 사찰해 경찰에 수사를 의뢰했다"라고 폭로했다. 특히 두 의원은 "공직윤리지원관실 관계자가 (김씨가 근무하는 회사의) 원청 업체인 국민은행의 고위 인사를 만나 압력을 행사한 정황이 있다"라며 "과거 독재 정권에서 일어날 만한 일이 일어났다"라고 질타했다.

당황한 권태신 당시 국무총리실장은 "실제로 공직윤리지원관실이 민간인을 조사했다면 잘못된 것"이라며 "문제가 있다고 판단되면 상황을 파악해서 보고하겠다"라고 원론적인 답변만 내놓고 황망히 국무총리실로 향했다.

국무총리실의 해명 여부와 상관없이 김종익 사건으로 세상은 술렁이기 시작했다. 특히 관가를 중심으로 '공직윤리지원관실이 김종익 말고도 수많은 민간인에 대해 정권 보호 차원에서 불법 사찰을 진행했다'라는 증언이 줄을 이었다.

MBC 〈PD수첩〉은 같은 달 28일 '대한민국 정부는 왜 나를 사찰했나'라는 제목으로 김종익의 억울함과 석연찮은 공직윤리지원관실의 해명 등을 집중 보도했다. 불안한 정국은 일대 전환점을 맞았다. 방송에서 김종익은 "한 개인의 삶을 파괴하는 데 동참한 국무총리실의 고급 공무원들을 고발한다"라며 억울함을 호소했다. 해명을 요구하는 취재진에게 이인규는 '할 말 없다'라는 말만 남기고 당황한 표정으로 카메라 앵글 밖으로 사라졌다.

지면이 아닌 전파를 통해 사찰 피해자인 김종익의 육성을 직접 접한 시민들과 정치권은 의혹을 심정적으로 확신하는 단계에 이르렀다. 민간인에게까지 뻗친 불법 사찰에 대해 철저한 조사를 촉구하는 쪽으로 여론이 완전히 돌아선 것이다.

'쥐코' 동영상

이른바 김종익 사찰 사건은 이명박 정부 초기, 정권에 던져진 그 어떤 이슈보다 강력한 '돌직구'였다. 하지만 의외로 사소한 지점에서 사건이 발단했다는 점은 아이러니하다. 당시 촛불 집회 이후 인터넷에선 이른바 '쥐코' 동영상이 유명세를 떨치고 있었다. 이 21분짜리 짧은 동영상을 김종익이 자신의 블로그에 잠깐 올리면서 공직윤리지원관실과의 악연이 본격화됐다. 당시 누구도 21분에 불과한 이 동영상이 향후 VIP가 궁지에 몰리고 '왕차관' 박영준까지 구속되는 계기가 되리라고 예상하지 못했다.

이름도 요상한 '쥐코' 동영상은 2007년 미국의 마이클 무어 감독이 의료 현실을 신랄하게 비판해 유명해진 영화 〈식코(Sicko)〉를 패러디한 동영상으로, 미국 유학생 제이 킴(Jay Kim)이 만든 작품이다. 동영상은 영화 〈식코〉처럼 교차 편집된 자료 화면과 현실을 비꼬는 내레이션으로 구성됐다. 차이점이 있다면, 의료 현실에 집중해 비판 의식을 전달한 〈식코〉와 달리 '쥐코'는 이명박 정부의 4대강 사업과 촛불 집회, 미국산 쇠고기 수입 등의 문제점을 지적하며 조목조목 이명박 정부의 실정을 주장했다는 정도다.

대정부 비판이 대부분인 이 동영상에 김종익이 교감하게 된 이유가 있다. 당시 회사를 운영하던 김종익은 계약직 직원의 복지 문제를 고민하고 있었는데, 'MB 정권이 공기업 50개를 민영화해서 수도세, 전기세를 못 내는 날이 올지 모른다'라는 동영상의 메시지가 고민의 핵심을 파고든 것이다.

'아, 이런 문제도 있겠구나' 생각한 김종익은 2008년 6월 18일 오전 9시 29분 '특별한 동기' 없이, 이 동영상을 자신의 블로그(www.daum.net/goldwise)의 '세상 이야기 코너'에 게시했다. 게시하는 데 걸린 시간은 불과 수 초였다. 하지만 일파만파로 퍼져나간 '쥐코' 동영상이 정권 차원에선 가볍게 웃고 넘길 개그 차원의 소재가 아니었음을 김종익은 그때까지 알지 못했다.

제이 킴과 일면식도 없는 김종익은 결국 동영상을 자신의 블로그에 링크했다는 이유로 정권, 정확히 말하자면 '충성심으로 똘똘 뭉친' 공직윤리지원관실의 레이더망에 걸렸다. 김종익의 블로그와 관련된 첩보를 처음 접한 사람은 김충곤 점검1팀장이었다. 김충곤은 지인으로부터 '국민은행 자회사의 사장인 김종익이 정부 정책을 극렬히 비난하는 동영상을 게시했다'라는 제보를 받았다.

하지만 국민은행은 공기업이 아니었고, 당연히 김종익이 운영하던 KB한마음도 공직윤리지원관실의 사찰 영역에 포함되지 않았다. 국민은행은 1963년 국민은행법에 의해 설립됐지만, 1995년 국민은행법이 폐지되면서 민영화됐으며, 2008년 당시 정부나 정부 관리 기업체가 소유하고 있던 주식은 단 한 주도 없었다.

김충곤은 이후 검찰 수사와 재판 과정에서 "국민은행이 당연히 공기업이라 생각해서 보고했고 (사건이 일단락된) 10월 중순경 KB한마음과 국민은행이 공기업이 아님을 뒤늦게 인지했다"라고 끝까지 주장했다. 하지만 법원이 인정한 진술과 증거에 의하면, 공직윤리지원관실 사무실의 그의 책상 한편엔 버젓이 '2008년도 전국 공공 기관 현황'이 붙어 있었다. 또 수차례에 걸쳐 내부 보고를 하면서 KB한마음이 공기업이 아님을 인지하고 있었던 것으로 드러났다.

백 번 양보해 김충곤이 업무 영역을 꼼꼼하게 챙기지 못했다고 치더라도, 스스로 자신의 행동이 떳떳하지 않다고 생각했던 것은 분명하다. 김충곤은 2008년 9월 10일 이인규, 진경락 등과의 티타임에서 김종익 사건을 처음 보고할 때도 김종익의 신분에 대해 자신 있게 공무원이라 밝히지 못했다. 김종익을 '공공 기관 종사자로 보이는 자'라 표현하면서, 대통령과 정부 정책을 극렬히 비난하는 동영상을 게시했다고 보고했다.

김충곤은 이어 김종익이 이명부 정부의 '눈엣가시'이던 노무현 전 대통령의 추종자로 '노사모'에서 활발히 활동하고 있고, 회사 돈을 빼돌려 촛불 집회에 자금을 대주기도 했다고 과장해서 보고했다. 이것도 모자라 김종익이 친노 세력의 핵심이던 이광재 당시 민주당 의원에게 정치자금을 대줬다는 의혹도 있다고 주장했다. 물론 김종익은 노사모에서 활동한 사실이 없고, 이광재 의원과 개인적으로도 전혀 모르는 사이였다. 회사 자금으로 촛불 집회를 지원한 적이 없는 것은 물론이고 촛불 집회에 참가하지도 않았다.

경찰 출신인 김충곤보다 공기업의 현황을 비교적 자세히 파악하고 있던 노동부 출신의 이인규와 진경락도 어찌된 일인지 국민은행이 공기업이 아닌 점을 지적하지 않았다. 오히려 사건을 점검1팀으로 배당해 즉시 해결할 것을 지시했다.

해결책은 '김종익을 KB한마음 대표이사직에서 물러나게 하고, 보유한 지분도 타인에게 이전해 KB한마음과 김종익의 관계를 단절시키는 것'이었다. 이는 김충곤이 보고한 해결책의 원안 그대로였다. 군사정권 시절도 아닌 2008년이라는 시점에 국가기관이 사기업의 인사에 개입한 것도 모자라 적극적으로 지배 구조를 바꾸는 데까지 개입한 것이다.

점검1팀의 초법적 민간인 사찰

이때부터 사건의 전면에 등장하는 인물은 점검1팀의 팀원 원충연이다. 당시 국민은행에서 직원만족부 팀장으로 근무하던 원문희와는 고려대 노동대학원을 같이 다니면서 친분을 쌓은 사이였다. 원충연은 김충곤의 지시에 따라 국민은행에 공직윤리지원관실의 의중을 전하는 '메신저' 역할을 하기 시작했다.

우선 원충연은 9월 16일 세종문화회관 근처의 찻집에서 원문희를 만나 잔뜩 겁부터 줬다. 진지한 표정으로 "국민은행 계열사인 KB한마음의 김종익 사장이 블로그에 대통령을 비방하는 내용의 동영상을 올렸는데 '위'에서 굉장히 심각하게 보고 있다"라고 운을 뗐다. 또 "그걸 방치하면 국민은행이나 은행장이 자유로울 수 없을 것"이라고 겁을 줬다.

원충연은 다음 날인 9월 17일 점심 내자동 서울경찰청 인근의 식당에서 원문희를 다시 만났다. "김종익은 이광재와도 관련 있고, 노사모의 핵심 인물이며 좌익 성향을 가진 사람이다. 김종익이 동영상에 자막을 입힌 장본인이고, 이 동영상이 촛불 집회를 점화하는 계기가 됐다"라며 김종익을 아주 위험한 인물로 설명했다.

그제야 사태를 파악한 원문희는 무척 당황했다. 원문희에게 소위 '말발'이 먹혀 들어가고 있다고 생각한 원충연은 비장의 카드를 뽑았다. "강정원 국민은행장이 김종익에게 자금을 지원하고 있다면, 강정원 행장도 내사를 해야겠다"라며 "(내사가 진행된다면) 강 행장이 지원한 영화 〈엄마는 울지 않는다〉 부분과 신정아의 기부금도 문제가 돼 굉장히 난처해질 수 있다. 다칠 수 있다"라고 은행장까지 걸고넘어진 것이다. 원문희로서는 "KB한마음은 독립된 기관이라 국민은행이 KB한마음에 자금을 지원하는 것은 불가능하다"라고 읍소하는 방법밖엔 없었다.

원충연은 당황한 원문희에게 당근도 제시했다. 원충연은 "사전에 내가 이런 정보를 줬으니, 잘 대처해서 국민은행장에게 피해가 가지 않도록 하고, (이번 건을 잘 활용해) 조직에 기여할 수 있도록 공을 세워보라"라고 말했다. 원문희는 원충연의 당근을 덥석 물었다. 원문희는 어떻게 하면 사태가 해결되겠느냐고 물었고, 원충연은 기다렸다는 듯 "김종익이 경영 일선에서 물러나면 된다"라고 말했다.

원문희는 그날 오후 공직윤리지원관실의 의중을 상사에게 즉각 보고했다. 그리고 그날 저녁 김종익에게도 전화해 공직윤리지원관실이 동영상을 게시한 경위와 이광재 의원과의 관련성, 촛불 집회에 자금을 댔는지 등을 조사하고 있다는 사실을 알렸다. 또 '상황이 심각하다'고 전했다. 놀라기는 김종익도 마찬가지였다. 전화를 끊고 그는 고민에 빠졌다. 도대체 자신이 왜 정권의 감시를 받는지 이해할 수 없었다. 우선 동영상을 지울 필요가 있겠다는 결론에 도달했다. 김종익은 그날 밤 늦게 자신의 블로그를 폐쇄했다.

9월 18일 오전 원문희는 김종익이 블로그를 폐쇄했다는 사실을 확인하고, 즉시 원충연에게 보고했다. 원충연은 "블로그 폐쇄만으로 일이 해결될 것 같지 않은데……"라며 말꼬리를 흐리고는 전화를 끊었다. 불안한 원문희는 그날 오후 다시 원충연에게 전화했다. "우리가 어떤 조치를 더 취해야 (사태가) 해결되느냐"라는 질문에 원충연은 기다렸다는 듯 대답했다. "김종익이 대표이사직을 사임하고 회사 지분도 포기해 국민은행과 무관한 입장이 돼야 한다"라고 재차 강조했다.

통화하던 당시 원문희와 같은 자리에 있던 김종익은 상황이 쉽지 않음을 직감했다. 원문희도 김종익에게 "아무래도 사장 자리를 내놓고 지분도 포기해야 할 것 같다"라고 조언했다. 이쯤 되자 김종익은 공직윤리지원관실이 자신을 괴롭히는 이유를 따져볼 겨를조차 없었다. 자신이 조직을 떠나는 게 KB한마음과 친정인 국민은행에 좋을 것으로 판단하기에 이른다.

결심이 선 김종익은 9월 19일 마지막 출근길에 평소 알고 지내던 박원순 변호사(현 서울시장)를 만났다. 신중히 저간의 사정을 듣던 박 변호사는 "일단 대표이사직은 사임을 하더라도 절대로 지분 이전을 할 필요가 없다"라며 "워낙 지금은 상황이 안 좋으니 여론이 반전되면 몇 달 후 대표이사직으로 복귀하면 될 것 같다"라고 조언했다.

이에 김종익은 그날 오전 대표이사직을 사임할 뜻을 밝히고, 이틀 뒤인 9월 21일 도망치듯 비행기를 타고 일본으로 떠났다. 대강의 상황을 전해들은 KB한마음 임원들도 서둘러 김종익의 흔적을 지우기에 나섰다. 김종익이 사임한 다음 날인 20일 바로 회사명을 '뉴스타트한마음'으로 바꾸고, 대표이사와 상호 변경등기를 냈다.

상황이 어느 정도 정리됐다고 판단한 국민은행 측은 공직윤리지원관실에 직접 만나기를 요청했다. 그날 오후 국민은행 본사를 방문한 원충연은 인사 담당 부행장을 만나 원문희에게 했던 이야기를 똑같이 들려줬다. 직접 원충연에게 공직윤리지원관실의 의지를 전해들은 국민은행은 9월 22일자로 김종익의 사표를 수리하게 했고, 회사명도 바꾸었다는 사실을 공직윤리지원관실에 공식적으로 알렸다.

하지만 공직윤리지원관실은 오히려 "사표 수리만으로는 부족하다. 뉴스타트한마음의 지분 구조와 김종익이 회사 자금을 횡령했는지를 내사하고 있으니, 김종익이 보유한 회사 지분을 신속히 타인에게 이전하라"라고 계속 국민은행을 압박했다. 그들의 최종 계획은 김종익의 회사 지분까지 완벽히 지우는 것이기 때문이다.

국민은행이 쉽게 움직이지 않자, 김충곤과 원충연은 직접 행동에 나섰다. 9월 29일 국민은행 본사를 찾은 둘은 '국민은행이 김종익을 일본으로 고의로 도피시킨 것 같다'라며 '이를 문제 삼아야겠다'라고 엄포를 놓았다. '도피'라는 말을 듣자, 원문희의 얼굴은 사색이 됐다. 이들은 이때를 놓치지 않고 "(김종익이 촛불 집회에) 자금을 지원했는지를 확인해야겠으니 김종익의 사무실로 안내해라"라고 압박했다.

인도하는 원문희를 따라나서면서, 이들은 점검1팀의 팀원 김화기와 권중기도 남대문로에 있던 뉴스타트한마음의 사무실로 불렀다. 물론 원충연은 국민은행 본사를 떠나면서 "우리들이 왔다 갔다는 말을 아무한테도 하지 마라"며 겁주는 것을 잊지 않았다.

이후 뉴스타트한마음 사무실에서는 법원의 영장에 의하지 않고는 함부로 장소를 수색하거나 물건을 압수할 수 없도록 한 형사소송법을 무시한 초법적 상황이 벌어졌다. 공직윤리지원관실 직원 4명은 김종익의 사무실을 둘러보면서 서재와 책상 서랍을 열어봤다. '사상 서적이 많네'라며 심상치 않은 분위기를 형성하던 이들은 후임 대표이사를 불렀다. "당신이 김종익을 일부러 일본으로 도피시킨 것 아니냐"는 식으로 압박하면서, 김종익으로부터 회사 지분을 서둘러 인계하도록 다그쳤다.

이들은 한술 더 떠 뉴스타트한마음의 경리부장에게 급여 총괄표를 내놓으라고 윽박질렀다. 또 100페이지 분량의 서류를 확보한 뒤 향후 업무추진비 사용 내역도 공직윤리지원관실에 제출하라고 요구했다. 당시 현장에 있었던 직원들의 말에 의하면, 김충곤은 '이석재'라는 가명이 적힌 명함을 직원들에게 주었다. "국무총리실 공직윤리점검반에서 나왔다"고 위압적으로 자신을 소개하면서 자신의 말을 듣지 않으면 큰일 날 것처럼 위력을 행사하기도 했다.

겁먹은 뉴스타트한마음 직원들은 공직윤리지원관실이 하라는 대로 따랐다. 2008년 10월 초순경 김종익이 법인카드로 상품권을 구입한 내역과 법인카드 사용 내역을 추가로 제출했다. 그래도 성에 차지 않은 듯 공직윤리지원관실은 뉴스타트한마음 직원들을 세 차례 더 사무실과 인근 카페 등으로 불러 김종익이 회사 자금을 횡령했는지 등을 반복적으로 조사했다.

공직윤리지원관실의 압박이 심해지는 등 상황이 호전될 기미를 보이지 않자 뉴스타트한마음 경리부장은 일본에 있던 김종익에게 이메

일을 보냈다. '외부 기관이 김 사장님의 지분 정리를 계속 원하고 있습니다'라며 당시 상황을 전달했다. 이후 공직윤리지원관실은 11월 11일 석 달 동안 불법 사찰한 내용을 근거로 대통령에 대한 명예훼손과 공금횡령 등의 혐의로 동작경찰서에 김종익에 대한 수사를 의뢰했다. 김종익을 파국으로 몰았던 것이다.

결국 자신만 회사를 떠나면 끝날 것이라 생각했던 김종익도 압박이 계속되자 2008년 12월 8일 자신이 보유하고 있던 지분 75퍼센트를 후임 대표이사에게 양도했다.

이로써 김종익 사건은 수면 아래로 가라앉았다. 김종익은 2009년 9월 명예훼손 등의 혐의로 검찰에 소환되어 조사를 받았다. 다음 달 검찰이 기소유예 처분한 것에 반발해 처분 취소 청구 소송도 제기했지만, 그때까지는 세상에 그다지 알려지지 않은 개인 '김종익'의 일일 뿐이었다. 김종익은 블로그에 무심코 게시한 동영상 한 편으로 한순간에 모든 것을 잃었지만, 세상 사람들은 그에게 무슨 일이 일어나고 있는지 아직 알지 못했다.

원충연 돈 봉투 사건

이 시점에서 '어떻게 이런 일이 민주주의국가에서 공공연히 그리고 버젓이 일어날 수 있었을까'라는 질문이 떠오를 수밖에 없다. 수사 기록과 법원이 인정한 증거에 따르면, 김종익 사건은 공직윤리지원관실의 전횡을 견제하고 감시할 장치가 없었다는 구조적 한계 때문에 가능했던 일이다. 조직의 하급 공무원까지 사찰 권력을 사적으로 과시할 수 있을 만큼 관리 체계가 부실했던 것이다.

대표적으로 김종익 사건에서 공직윤리지원관실의 메신저 역할을 한 원충연의 행보를 살펴보면 이러한 문제점이 압축적으로 드러난다. 뉴스타트한마음의 압수수색이 끝난 지 얼마 지나지 않은 10월 8일 원충연은 국민은행 부행장의 연락을 받고 따로 만나게 된다. 거대 은행의 부행장이 국무총리실 소속 5급 공무원에게 낮은 자세로 먼저 연락한 것이다.

잔뜩 어깨에 힘을 주고 내자동의 한 식당으로 나온 원충연은 부행장의 하소연을 들어주었다. 부행장의 입장에선 국민은행이 KB한마음과 전혀 관련이 없다는 사실을 충분히 소명했지만, 자신이 모시고 있던 강정원 행장을 공직윤리지원관실이 내사하고 있다는 말이 신경 쓰여 마음을 놓을 수 없었던 것이다.

걱정을 하는 부행장의 모습을 보자 원충연은 '강정원 행장에 대한 내사는 더 이상 진행되지 않을 것'이라는 취지로 말했다. 그에겐 강 행장을 직접 내사하거나, 내사 중인 사안을 종결할 권한이 없었다. 실제로 강 행장에 대한 내사는 본격화되지도 않았다. 하지만 원충연은 "강 행장에 대해 내사했지만, (더 진행할 경우) 민간인에 대한 불법 사찰이라는 문제가 있어 종결했다. 딱히 증거도 없어 그 부분은 접었다"라며 '강 행장은 내가 봐줬다'라는 투로 말했다.

원하던 대답을 들은 부행장은 식당을 나가던 원충연에게 "식사라도 하시라고 밥값을 조금 넣었다"라며 흰 봉투를 하나 건넸다. 당시 자리에는 점검1팀의 김화기도 동석하고 있었다. 김화기는 훗날 검찰 조사에서 "돈 봉투에는 200~300만 원 정도 들었던 것 같고, 원충연이 다음 날 봉투를 돌려준 것으로 안다"라고 진술했다. 하지만 원충연은 검찰 조사에서 100만 원밖에 들어 있지 않았으며, 원래 그 자리에 나오기로 했던 다른 2명의 공직윤리지원관실 직원과 식사라도 하라고 준 돈이었다고 주장했다. 또 경위가 어찌됐든 내사를 무마하려는 의도는 아니었고, 돈도 당일 바로 봉투째 되돌려줬다고 강조했다.

원충연의 금품 수수 의혹은 2009년 2월, 김화기가 경찰로 원대 복귀하라는 명령을 받으면서 불거졌다. 당시 김화기는 원충연과 함께 고생했는데 자신만 인사상 불이익을 받았다고 생각했다. 원충연이 금품을 받은 사실을 진경락에게 보고하면서 그를 긴급체포하겠다고 난리를 피웠다. 이후 김충곤이 김화기를 달랬고, 실제로 원충연이 돈을 받지 않았다는 이유로 사건은 유야무야됐다. 하지만 원충연 사건으로 공직윤리지원관실 구성원 간의 갈등과 하급 공무원에게까지 퍼진 권력의 사적 남용이 드러난 셈이다. 결국 2년도 지나지 않아 공직윤리지원관실은 파국으로 치닫게 된다.

한편 민간인 불법 사찰의 최대 피해자인 김종익은 사건이 일어난 지 5년이 지나서야 국가와 사찰 자행자들로부터 보상을 받을 기회를 얻었다. 서울중앙지방법원 민사합의42부는 2013년 8월 13일 김종익이 국가 및 이영호, 이인규 등 불법 사찰 사건의 실행자 7명을 상대로 낸 손해배상 청구소송에서 "피고들은 4억 2500만여 원을 연대 배상하라"라고 선고했다. 재판부는 "대한민국은 소속 공무원들의 위법한 직무 집행으로 인해 김종익이 입은 손해를 배상할 의무가 있다"라고 밝혔다.

불법 사찰과 관련해 손해배상 판결이 나온 것은 처음 있는 일이었다. 사찰 피해자인 새누리당의 남경필 의원 부부도 2013년 8월 22일 이인규 등 불법 사찰의 실행자 4명으로하여금 2000만 원을 배상하라는 판결을 받았다.

부실했던 검찰의 1차 수사

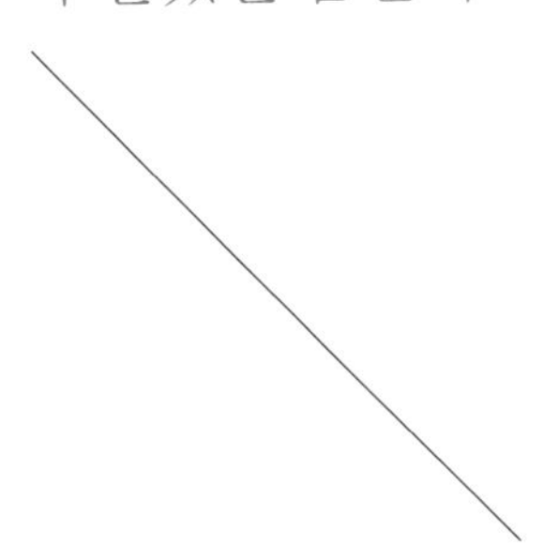

압수수색이 지연되고 있다

신건 의원의 폭로에 이어, 2010년 6월 29일 〈PD수첩〉까지 김종익 불법 사찰 사건을 다루자 '공직윤리지원관실을 수사하라'는 여론이 들불처럼 일어났다.

국무총리실은 7월 3일과 4일 이틀 동안 짧게 공직윤리지원관실의 비리에 대해 자체적으로 진상을 조사했다. 그들에겐 더 긴 시간이 필요 없었다. 공직윤리지원관실의 불법행위는 너무나 명백했고, 내부 경고 조치로 사태를 수습하기엔 저지른 일들이 많았다. 국무총리실은 5일 검찰에 수사를 의뢰했다.

사태를 주시하던 검찰은 당일 오정돈 서울중앙지방검찰청 형사1부장을 팀장으로 선임해 특별수사팀을 가동했다. 신경식 1차장과 노환균 서울중앙지검장이 수사팀을 지휘하는 체계였다.

그런데 사건을 배당받은 검찰의 움직임은 처음부터 어딘지 미적거리는 모습이었다. 국무총리실에서 넘긴 자료를 바탕으로 곧바로 영장을 청구해 사건의 핵심 장소인 공직윤리지원관실 점검1팀에 대해 압수수색을 실시하는 것은 증거인멸을 막기 위한 기본 수순이다. 그러나 언론이 연일 압수수색이 지연되고 있는 점을 문제 삼아도 수사팀은 요지부동이었다. 당시 매일 오전 출입 기자단에게 수사 브리핑을 했던 신경식 1차장은 "무조건 압수수색을 하는 것이 능사가 아니다"라며 "영장 발부 요건을 갖추기 위해 초동수사를 해야 하고, 이 역시 수사의 기본이다"라고 거듭 강조했다.

수사팀이 공직윤리지원관실을 압수수색한 날은 수사를 의뢰받은 후 5일째인 7월 9일이었다. 당시 노환균 서울중앙지검장은 이렇게 해명하고 있다.

"국무총리실에서 넘어온 것은 수사 의뢰서 달랑 한 장뿐이었다. 또 당시에는 법원에서 검찰이 청구한 압수수색 영장을 번번이 기각하던 때였다. 이 사건은 국민의 이목이 집중된 사건이다. 한 치의 실수 없이 치밀하게 수사가 이뤄져야 했다. 압수수색이 늦었다고 하는데, 우리는 수사 의뢰 이후 이틀간 참고인 조사를 통해 영장 청구에 필요한 증거 사실을 모았다. 그리고 7월 8일 압수수색에 들어가기 위해 아침부터 수사팀을 준비시키고 영장을 청구했는데, 하필 법원이 밤 11시 40분에야 영장을 발부해줬다. 그래서 다음 날인 7월 9일 압수수색을 실시한 것이다."

하지만 수사팀이 압수수색에 들어갔을 때는 이미 공직윤리지원관실이 모든 증거를 인멸한 상태였다. 이레이징은 수사가 의뢰된 당일인 7

월 5일 이뤄졌으니 검찰로서는 손 쓸 틈이 없었지만, 압수수색을 서둘렀다면 7월 7일 디가우징으로 증거인멸한 범행은 막을 수 있었을 것이다. 검찰 내부에서조차 '뒷북 압수수색으로 증거물을 인멸할 기회와 시간을 줬다'라는 비판이 나왔다.

검찰이 수사 초기에 왜 이렇게 압수수색을 늦게 했는지는 결국 밝혀지지 않았다. 2년 뒤 진행된 검찰의 재수사에서 '1차 수사팀이 당시 민정수석실로부터 압력을 받아 고의로 수사를 지연한 것 아니냐'라는 지적이 나왔다. 하지만 이번에도 답변은 친절하지 않았다. 최종 수사 결과를 발표하는 자리에서 1차 수사팀의 부실 수사를 언급하며 "최선을 다한 수사였다. 운이 나빴을 뿐이었다"라는 애매한 말로 진실을 역사 속에 묻어버렸기 때문이다.

이유야 어쨌든 공직윤리지원관실은 검찰의 늑장 수사로 수사에 대비할 충분한 시간을 벌 수 있었다. 앞서 살펴봤듯이 공직윤리지원관실의 비선 라인은 검찰이 7월 9일에 압수수색하기 이전에 차명폰으로 연락을 취했다. 하드디스크를 물리적으로 파괴하는 등 증거인멸의 범행을 대부분 이 기간 동안 저질렀다.

검찰의 1차 수사는 2단계로 진행됐다.

1차 타깃은 공직윤리지원관실 점검1팀의 김종익 사찰 사건이었다. 피해자인 김종익의 진술이 명백한 데다, 점검1팀 직원들도 범죄 의도가 없었다는 주장만 할 뿐, 불법 방실 수색이나 직권남용, 강요 등의 범죄 혐의에 대한 사실관계는 대체로 인정했다. 검찰은 수사를 착수한 지

20여 일 만인 7월 23일 이인규와 김충곤을 구속했다.

하지만 중요한 물증을 확보하는 데 실패하고 관련자의 진술에만 의존하다 보니, 1차 수사는 핵심을 파고들지 못하고 주변부에서만 맴돌 수밖에 없었다. 1차 수사팀은 이미 드러난 김종익 사찰 사건 외에 다른 민간인 사찰 사례도 찾았으나, 남경필 의원 내사 사건 말고는 별다른 소득이 없었다. 재수사 때와 비교해보면, 정적과 전 정권 인사를 상대로 한 광범위한 표적 감찰, 비선 보고 체계, 청와대가 포함된 조직적인 증거인멸 같은 사건의 큰 틀은 보지 못한 채 변죽만 울리고 수사를 끝낸 것이다.

2차 타깃은 이레이징과 디가우징을 통한 증거인멸에 대한 수사였다. 공직자들이 수사에 협조는 못할망정 중요 증거물을 인멸한 것이 더 큰 문제라는 게 수사팀의 분위기였다. 하지만 검찰은 이 수사에서도 뼈아픈 흠점을 남기고 만다. 증거인멸의 배후로 최종석 청와대 행정관이 떠올랐지만, 검찰 청사 밖의 양재동 서울교육문화회관에서 참고인 신분으로 조사를 한 뒤 덥석 면죄부를 줬기 때문이다. 장진수가 사용한 차명폰의 통화 내역에서 디가우징한 당일 최종석과 빈번히 통화한 사실이 드러났다. 그런데도 최종석이 면죄부를 받자, 검찰이 청와대를 지나치게 의식한 것 아니냐는 비판이 나왔다. 이에 대해 노환균 지검장은 다음과 같이 해명하고 있다.

"당시 최종석의 신분은 참고인이었다. 현직 청와대 행정관을 조사하려고 하니 청와대에서 무척 부담스러워했다. 그래서 조사는 하되 외부에서 하는 절충안을 낸 것이다. 하지만 수사는 강도 높게 했다. 당시 수사팀 수석이었던 신자용 검사에게 조사를 맡긴 것은 그 때문이었다. 다만 최종석의 행적에 의심은 가나 증거가 없는 것이 한계였다. 최종석도 강하게 혐의를 부인했다. 달리 방법이 없었다. 그래서 최종석 부분은 별도로 사건 번호를 부여해 내사 기록으로 남겨 두었다. 언젠가는 최종석의 개입 여부가 문제가 될 수 있다고 생각했기 때문이다."

그럼에도 불구하고 1차 수사팀은 두 달 동안 수사를 벌이고도 김종익 사찰 사건에 관여한 공직윤리지원관실의 일부 직원만 사법 처리했을 뿐이다. 청와대가 개입한 사실은 전혀 밝혀내지 못함으로써 '반쪽짜리' 수사를 했다는 비판을 피해가기 어려워 보인다. 물론 부실 수사를 한 책임을 모두 검찰에만 돌릴 수는 없다. 대대적인 증거인멸에 성공한 공직윤리지원관실 직원들이 조직적인 말맞추기와 모르쇠 전략을 통해 집요하게 수사를 방해했기 때문이다.

두 사람의 입

검찰의 재수사 기록을 살펴보면, 지금까지 공개되지 않은, 공직윤리지원관실 직원들의 조직적인 진술 맞추기 등 수사 방해 행위가 검찰의 1차 수사를 전후로 은밀히 이뤄진 사실을 알 수 있다. 비록 정황과 진술뿐이라 검찰이 수사 방해 행위에 대해 관련자를 따로 기소하지는 않았지만, 이들이 벌인 수사 방해 행위는 대담할 뿐 아니라 치밀하기까지 했다.

수사 방해 행위는 7월 6일 진경락이 기획총괄과 직원 가운데 최초로 검찰 조사를 받은 날부터 시작됐다. 검사의 집요한 추궁에도 입을 열지 않은 진경락은 검찰 조사를 받고 나온 뒤 자신의 경험을 바탕으로 다른 직원들에게 '말 길게 하지 말라' '모른다, 기억이 나지 않는다고 해라'라고 지시했다.

7월 6일 이후에도 진경락은 검찰 수사에 대처하는 구체적인 방법을 직원들에게 지속적으로 교육했다. "법원이 '조직적인'이란 수식어가 들어가는 범죄에 노이로제가 걸려 있어서 (이 단어가 포함된 진술을 하면) 엄청 중한 형량이 나온다. 가능한 '조직적인'이라는 단어가 드러나지 않도록 진술하라"라는 등 피치 못하게 답변을 하더라도 가려야 할 단어까지 세세히 알려줬다.

직원들의 수사 과정에 법률적 조언을 했던 박 모, 이 모 변호사도 수사 방해를 대놓고 거들었다. 이들 변호사는 진경락이 지시한 것과 같이 '모릅니다. 기억이 안 난다'는 대답을 하도록 했다. "(범죄의) 입증 책임은 검사에게 있으니 부인하는 게 훨씬 유리하다"라고 설명하면서 수사 대상자들을 안심시키기도 했다.

심지어 박 변호사는 장진수에게 "검찰은 수원(디가우징을 해준 업체)을 못 찾아낸다. (장진수 본인의) 전화기를 안 썼기 때문에 통화 내역을 조회해도 못 찾아낸다. 걱정하지 마라"라고 위로하면서 말맞추기를 부추겼다. 진경락의 경주고 후배인 박 변호사는 사건 초기부터 수사에 관여해 디가우징이 어떤 지시와 과정을 통해 이뤄졌는지 정확하게 알고 있는 인물이었다.

진경락의 진술 조작은 일대일로도 진행됐다. 진실을 은폐함으로써 자신의 혐의를 줄이기 위해선 두 사람의 입을 꼭 막아야 했기 때문이다.

다름 아닌 증거인멸을 직접 실행한 장진수와 증거인멸을 지시한 또 다른 루트였던 최종석이었다. 진경락은 우선 하급자인 장진수와 말맞추기를 시도했다. 시간은 촉박했다. 1차 수사팀이 8월 27일 진경락과 장진수에 대해 사전 구속영장을 청구해 발등에 불이 떨어진 상황이었다.

영장이 청구된 다음 날인 8월 28일 진경락과 장진수는 영장실질심사 단계에서 장진수의 변호를 맡기로 한 신 모 변호사의 사무실을 찾아갔다. 신 변호사는 최종석이 장진수에게 소개했다.

변론 대책을 논의하던 중 장진수는 신 변호사에게 이레이징과 디가우징에 얽힌 정황을 있는 그대로 설명했다. 장진수의 이야기를 듣던 신 변호사는 사태가 생각했던 것보다 심각한 것을 깨달았다. "(장진수의 말이 모두 사실이라면) 이건 대형 사건이다. 1시간을 줄 테니 (우선) 둘이서 스토리를 완성시켜라"라고 말한 뒤 자리를 비켜줬다. 서로 말을 맞추라는 의미나 다름없었다.

둘이 남자 먼저 운을 뗀 것은 장진수였다. 그동안 검찰 수사에서 이레이징과 디가우징을 지시한 주체를 밝히지 않고 있었다. 상관들의 지시를 받아 증거를 인멸하고, 시키는 대로 검찰 수사에서 '모른다'는 대답으로 일관했는데도, 자신에게까지 영장이 청구되자 억울하고 당황한 심정이었다. 장진수는 진경락에게 "과장의 지시로 이레이징을 했고, 이레이징 이후 '돈이 들더라도 확실히 하지 그랬느냐'라고 해서 디가우징까지 했다. 그러니 이레이징 부분을 지시했다는 진술을 해달라"라고 말했다. 사실 그대로 진술해줄 것을 요구한 것이다.

진경락은 이때 장진수의 말을 잘못 이해한 채 승락했다고 한다. 모든 증거인멸 지시에 진경락이 관여했다는 장진수의 말을, 이레이징은 어쩔 수 없으니 진경락이 책임지고, 디가우징은 자신이 한 것으로 진술하겠다는 뜻으로 해석한 것이다. 진경락은 2012년 검찰의 재수사 과정에서 "기획총괄과 산하에서 증거인멸이 일어났으니 어느 정도는 책임져야 한다고 생각했지만, (대화 당시에는) 디가우징까지 내가 책임질 것으로 생각하지 못했다"라며 어설프게 말을 맞춘 사실을 인정했다.

'최종석 부분은 숨기는 게 낫다'

최종석과는 영장실질심사가 열린 30일 전날 밤 박 변호사의 사무실에서 만났다. 장진수에게 디가우징을 지시한 또 다른 인물인 최종석을 이번 사건에 연루시킬지 결정해야 했기 때문이다. 고민만 하고 말이 없던 둘을 바라보던 박 변호사는 "둘이 나가서 정하라"고 말했다고 한다. '둘 중에서 누가 책임질지를 정하라'라는 취지로 변호사의 말을 이해한 둘은 변호사 사무실 앞에 있던 놀이터로 나왔다.

서로 하늘만 쳐다보면서 한숨만 쉬었다. 말을 먼저 꺼낸 것은 최종석이었다. 1995년 행정고시 39회 동기로 합격해 줄곧 함께 노동부에서 근무했지만, 진경락이 세 살 많아 평소 형으로 불렀다. 최종석은 한숨을 거두고 "(7월 9일 공직윤리지원관실 압수수색 이후 이틀 뒤 사표를 낸) 이인규 지원관도 없는 상황에서, 기획총괄과장인 형이 아무 책임도 없다고 할 수 있겠느냐"라며 에둘러 자신은 이번 사건에서 빠졌으면 하는 마음을 전했다.

"최종석이 시킨 것(디가우징)은 나한테 이야기하지 말고 빨리 해라.

반드시 물리적 조치를 해라." 진경락은 7월 7일 디가우징을 한 당일 장진수에게 했던 이 말을 떠올리며 아마도 계속 번민했을 것이다. 자신은 디가우징을 우회적으로 지시했을 뿐, 디가우징을 진두지휘한 것은 최종석이었기 때문이다. 둘 다 책임을 뒤집어쓴다고 해서 상황이 나아질 것 같지는 않았다. 사건이 확대될수록 자신에게 오히려 더 불리한 상황이 벌어지리라는 현실적인 예상도 들었다. 공직윤리지원관실이 김종익뿐만 아니라 수많은 민간인에 대해 불법 사찰을 벌여온 것을 그보다 잘 아는 사람은 없었다.

훗날 진경락은 검찰의 재수사 과정에서 자신의 무거운 입 덕분에 1차 수사에서 형사처분을 피한 최종석에 대해 이렇게 설명했다. "(최종석을 살려주자는 마음보다) 청와대로까지 수사가 번지는 것을 막아야 한다는 생각을 먼저 했다. (특별한 역사적 사명이라기보다) 당시에는 (이영호 등 윗선과 협의해) 내가 일단 책임지기로 결론이 내려진 상태였기 때문이다." 이어 그는 당시 자신의 심정에 대해 "공황 상태였다. 내 인생에서 그렇게 극한의 스트레스를 느껴본 적이 없었다"라고 표현했다.

영장실질심사에서 최종석과 관련된 진술을 하지 않기로 한 진경락의 결정은 장진수를 변호하는 신 변호사에게도 전해진 것으로 보인다. 신 변호사는 이 무렵 장진수에게 "이레이징 등에 대해 진경락이 지시한 것을 시인해야 구속되지 않는다"라며 "(대신 디가우징과 관련해서는) 최종석 부분은 숨기는 것이 낫다"라고 조언했다. 장진수는 고민을 거듭했지만 어쩔 도리가 없었다. 큰 그림은 자신이 아닌 '윗선'들이 그리고 있었기 때문이다.

이렇게 해서 공직윤리지원관실이 저지른 증거인멸의 책임에 대해서는 진경락과 장진수가 총대를 메기로 정리가 됐다. 하지만 영장실질심사 전날 밤 자정 무렵, 진경락의 마음이 흔들렸다. 잠자리에 들지 못하던 진경락은 장진수에게 다급하게 전화해 "변호인 의견서대로 가면 큰일 난다"라며 대책을 짜기 위해 자신의 집으로 오라고 했다. 불안해하던 장진수는 택시를 타고 바로 진경락의 집으로 갔다.

그러나 장진수가 도착하자 진경락은 대책이 아닌 진술 조작을 부탁했다. 진경락은 장진수에게 "네가 혼자 (증거인멸을) 다 한 것으로 해주면 안 되겠느냐"라고 간청했다. 대강의 말은 맞추었지만, 그 역시 생각하면 할수록 구속이 두려웠던 것이다. 그러나 장진수의 입장에선 아무리 상관의 부탁이라도 자신이 대신 구속될 수는 없는 노릇이었다. 장진수는 거듭된 진경락의 부탁을 거부하고 집으로 돌아왔다.

8월 30일 열린 영장실질심사에서는 두 사람의 희비가 엇갈렸다. 장진수는 증거인멸의 과정에 개입한 것을 시인하면서도 "진경락의 지시로 어쩔 수 없었다"라고 피력해 구속은 면했다. 진경락은 공직윤리지원관실의 컴퓨터 하드디스크를 훼손한 혐의(증거인멸)를 대부분 짊어지고 구치소로 향했다. 물론 디가우징을 지시한 최종석의 이름은 언급조차 되지 않았다.

차명폰의 흔적

뒤늦은 압수수색으로 수사 의지를 의심받았던 검찰은 증거인멸에 대한 수사로 명예회복을 노렸다. 하지만 진경락과 장진수가 맺은 침묵의

카르텔을 깨는 것은 호락호락하지 않았다. 진경락의 입장에선 썩은 동아줄이라도 자신을 구제해줄 힘과 배경이 필요했다. 당시 그가 유일하게 기댈 사람은 이영호뿐이었다. 이 사실을 잘 알던 이영호도 수사 초기부터 코너에 몰려 있는 진경락을 관리하는 데 집중했다.

실제로 이영호는 진경락이 구속되기 전 1회 피의자 조사를 받고 나오자, 최종석을 보내 진경락을 직접 달래도록 지시했다. 최종석은 당시 진경락에게 '이영호가 전하는 말'이라며 다음과 같은 조언을 했다.

"곧 수사가 끝나니 버텨라. 이인규, 김충곤, 원충연 등에 대한 김종익 불법 사찰 수사가 본류인데, 곧 그 수사가 마무리돼 검찰의 수사 결과 발표가 있을 것이다. (자연히) 증거인멸 사건도 곧 종결될 거다. 그러니 조금만 더 검찰 수사를 버텨라."

진경락은 이영호의 지시대로 1회 피의자 조사를 받은 다음 날인 8월 7일 보라매 정형외과에 돌연 입원해버렸다. 8월 8일 2회 피의자 조사를 앞둔 상황이었다. 고의적으로 수사를 지연시키려는 작전이 분명했다. 진경락은 검찰의 재수사 과정에서 "실제로 몸이 안 좋기도 했지만, 최종석의 말을 듣고 바로 입원을 결정했다. 그때는 버텨야 한다는 생각밖에 없었다"라며 당시 절박했던 상황을 설명했다.

핵심 피의자가 아프다며 병원으로 숨어버리자, 검찰은 다른 돌파구가 필요했다. 그래서 내놓은 카드가 진경락의 입원실에 대한 압수수색이었다. 진경락이 병원에서 증거를 인멸하느라 연락을 주고받는 현장을 급습한 것이다. 실제로 검찰은 8월 11일 보라매 정형외과의 입원실 등 세 곳을 압수수색해, 진경락과 그의 부인, 처제 등의 명의로 개설된 차명폰 4대를 압수하는 성과를 올렸다.

이때 압수된 차명폰에서 7월 7일 디가우징한 날 사용된 차명폰의 흔적을 찾을 수 있는 중요 단서가 발견됐다. 디가우징을 했던 업체의 번호와 장진수가 사용했던 차명폰(9111폰)의 번호가 남아 있었던 것이다. 검찰은 이날 발견한 9111폰의 통화 내역과 발신지 정보 등을 종합해 7월 7일 장진수가 최종석의 지시를 받아 수원에서 디가우징을 하고 돌아온 상황을 완벽하게 재구성할 수 있었다. 차명폰을 이용해 디가우징을 하면, 수사기관의 추적을 완벽하게 따돌릴 수 있다고 믿었던 비선라인의 시나리오는 허무하게 무너져 내릴 위기에 처했다. 검찰이 이렇게 빨리 입원실에까지 들이닥칠 거라고는 아무도 예상하지 못했다. 진경락은 훗날 "그땐 내가 가진 차명폰이 그렇게 중요한 역할을 할 거라고 생각조차 못 했다"라고 회고했다.

이날의 압수수색에서는 차명폰 외에도 사건 처리에 관한 메모가 적힌 조선일보 신문 1장과 A4 용지 1장, 한국일보의 인터넷판 기사 출력물 3장, 친절카드 메모지 2장 등이 발견됐다. 조선일보 신문에는 '끝까지 부인하라'는 취지의 메모가 쓰여 있었다. 김충곤에 대한 한국일보의 기사 출력물에는 "만나지 말고 TEL로, 그것도 써놓은 것 이외엔 하지 말라"라고 적혀 있었다.

당황한 진경락은 검찰의 압수수색이 끝나자 옆 병실 환자의 휴대폰을 잠시 빌려 박 변호사에게 도움을 청했다. 또 최종석에게도 전화를 걸어 상황을 알렸다. 검찰이 차명폰을 압수했다는 이야기를 들은 최종석은 '큰일 났다'며 사색이 됐다. 9111폰의 통화 내역을 조회하면, 디가우징을 지시한 상대는 물론 자신과 이영호, 박영준의 존재도 검찰이 알아낼 수 있기 때문이다.

압수수색으로 검찰에 한방 먹었지만 진경락에겐 다른 길이 없었다. 검찰의 수사 강도에 비쳐볼 때 구속이 불가피하다는 강한 예감이 들었다. 하지만 사건의 전모를 털어놓을 수는 없었다. 자칫 잘못하면 정권이 흔들릴 수 있는 사안이었기 때문이다. 실제로 진경락은 압수수색 이후 실시된 8월 26일 3회 피의자 조사에서도 증거인멸한 범행을 모른다고 버텼다. 진경락은 재수사 과정에서 "차명폰의 통화 내역을 제시하면서 디가우징한 당시의 정황을 물어왔지만, 나로선 모른다는 대답밖에 할 수 없었다. 이영호가 버티라고 지시했던 내용이 계속 유효하다는 생각만 했다"라고 당시 답답했던 상황을 회상했다.

청와대로 향하는 길목에서 주춤

버티던 진경락도 결국 8월 30일 구속되고 나서부터는 증거인멸의 과정에 대해 부분적으로 입을 열기 시작했다. 최종석도 9111폰의 존재가 드러나면서 증거인멸에 관여한 정황에 대해 검찰의 조사를 받았다. 이영호도 참고인 조사를 받았다.

하지만 검찰은 9월 8일 증거인멸 사건과 관련해 진경락을 구속 기소하고, 장진수를 불구속 기소하는 선에서 수사를 일단락했다. 조직적인 증거인멸과 말맞추기 등 숱한 수사 방해 행위를 감안하더라도 너무 허탈한 결과였다.

물론 진경락이 청와대로 이어지는 루트에 대해 굳게 입을 다물고 있는 상황이기는 했다. 그렇다면 검찰은 증거인멸 사건의 핵심 인물인 최종석의 혐의를 밝히는 데 수사력을 집중했어야 했다. 이미 드러난 9111폰의 통화 내역과 증거인멸에 가담한 것으로 의심되는 정황 등 자료가 충분했기 때문이다.

하지만 검찰은 최종석을 애써 외면했다. 특히 2010년 9월 검찰청이 아닌 서울의 한 호텔에서 최종석에 대해 참고인 신분으로 조사를 진행한 사실이 알려지면서 봐주기 수사라는 비판이 쇄도했다. 청와대 직원이라는 신분을 감안해 조사 장소에 특혜를 준 것까지는 백 번 양보한다고 해도, 검찰은 최종석의 해명을 듣는 수준에서 수사를 종결함으로써 부실 수사라는 논란을 자초했다.

실제로 당시 검찰의 안팎에선 민정수석실이 일이 더 커지기 전에 청와대로 통하는 고리를 끊는 차원에서 '최종석 수사를 살살하라'는 신호를 수사팀에 보냈다는 말이 공공연히 흘러나왔다. 검찰이 최종석의 컴퓨터를 확인하려고 시도했을 때 민정수석실에서 '우리가 살펴봤더니 아무것도 없었다'라며 강제 수사를 막았다는 이야기도 돌았다.

장진수는 검찰의 재수사에서 "최종석이 호텔에서 참고인 조사를 받을 무렵 김진모 당시 민정수석실 민정2비서관을 찾아가 '내가 연루돼 들어가면 민정수석실도 멀쩡하지 못할 것'이라고 협박했다는 말을 들었다"라고 진술했다. 이후 김진모가 검찰 관계자에게 전화해 '왜 일을 이 지경으로 만들었느냐'라고 따졌다는 게 장진수의 주장이다.

최종석의 증거인멸 혐의에는 비교적 객관적인 증거가 확보되어 있

검찰은 1차 수사와 재수사 내내 부실수사 논란에 빠졌다. 그만큼 밝혀진 사건의 전모가 불만족스럽다는 방증이었다. 국가인권위원회는 2013년 초 내놓은 조사 결과에서 "공직윤리지원관실의 모든 업무는 (…) 사실상 청와대에 집중적으로 보고해온 사실이 인정된다"라고 밝혔다. 재판을 통해 세상에 속속 드러난 증거들도 윗선이 개입하고 검찰이 부실 수사를 했다는 의혹에 무게를 실었다. 하지만 아직까지 이러한 기록들은 재평가되지 못했다. 압수수색에 늑장을 부리며 부실 수사를 했다는 평가를 받는 검찰 수사팀과 지휘부에 대한 책임도 크다.

었지만, 수사가 이 지경이 되고 보니 마지막 남은 '사찰 지시의 윗선 밝히기' 수사는 하나마나였다. 당시 언론은 '윗선'이자 공직윤리지원관실의 비선 라인 책임자로, 청와대의 실세라 불리던 이영호를 정확히 지목하고 있었다. 하지만 이영호는 만만한 상대가 아니었다. 검찰이 수사를 압박해 들어와도 페이스를 잃지 않고 끝까지 모르쇠 전략으로 밀어붙였다.

우선 이영호는 참고인 조사를 받으면서 이인규를 '업무상 한두 차례 만나 아는 사이'라고 속였다. 이인규와의 연결 고리부터 끊어둬야, 공직윤리지원관실에 대한 추가 질문에 대해 '이인규도 잘 모르는데 공직윤리지원관실이 구체적으로 뭘 했는지 어떻게 알겠느냐'라는 방어 논리로 대응할 수 있었기 때문이다.

핵심 인물과의 연결 고리를 끊기 위해서 진경락에 대해서도 모른다고 딱 잡아뗐다. 이영호를 고용노사비서관실에서 상관으로 모셨던 진경락이었다. 이영호가 지시한 사항을 보고하기 위해 2008년 7월 31일부터 2010년 6월 23일까지 총 83회 청와대를 출입했고, 그중 70회는 고용노사비서관실을 방문했다는 기록이 있었다. 하지만 이영호는 명백한 정황 앞에서도 "진경락이 고용노사비서관실에 왜 들어왔는지 모르고, 내가 부른 적도 없다"라고 주장했다. 오히려 그가 왜 그렇게 자주 드나들었는지 궁금하다는 표정을 지었다.

검찰은 〈PD수첩〉 방송이 나간 다음 날인 6월 30일 오후 6시 52분경에 진경락이 이영호의 휴대폰으로 전화해 470초간 통화한 기록을 보여주었다. '향후 대책을 논의하기 위해 통화한 것 아니냐'고 압박해도 마찬가지였다. 이영호는 "전화를 한 것 자체도 기억이 나지 않는다. 만약 내가 그 사건과 진짜로 관련이 있다면 진경락과 한 100번은 통화를 해야 하지 않겠나? 정말로 기억이 나지 않는다"라고 끝까지 오리발을 내밀었다.

검찰은 공직윤리지원관실에서 이영호는 '이비, 2B, EB'라는 약칭이나 알파벳 이니셜로 불렸다는 주변 인사들의 진술을 내놓았다. 그래도 끈질기게 '모르는 사실'이라고 버텼다. 언론이 '이영호가 사실상 공직윤리지원관실을 지휘했다'라고 보도한 것에 대해선 '근거 없는 의혹 제기'라고 일축했다.

이영호가 참고인 조사에서 끝까지 모르쇠로 나갈 수 있었던 것은 이전에 충분히 사건 관련자들과 말을 맞췄기 때문에 가능했던 것으로 보인다. 통상 사전 준비 없이 나와서 검찰의 압박 수사를 장시간에 걸쳐 받으면 실수를 하기 마련이다. 그는 이미 책임 소재의 범위를 진경락과 장진수까지로 명확히 설정해두었고, 최종석을 통해 그들에게 끊임없이 '버티라'고 지시한 상태에서 실수의 가능성을 줄였다.

검찰이 소극적인 태도로 수사에 임하는 것도 이영호에게는 도움이 됐다. 검찰은 1차 수사 도중 청와대로 향하는 길목에서 늘 주춤거렸다. 이영호의 이메일에 대한 압수수색 영장이 법원에서 기각됐을 때도 재청구를 하려는 별다른 노력을 하지 않았다. 최종석의 휴대폰 통화내역을 조회하기 위해 영장을 청구하고 나서도 법원에서 기각되자 그대로 접었다. 온 국민의 관심이 집중된 특수 수사에서는 흔히 볼 수 없는 검찰의 맥 빠진 모습이었다. '부실'이라는 말이 수사가 끝날 때까지 따라

붙을 수밖에 없었던 이유다.

국민의 계속된 비판과 의심의 눈초리에도 불구하고, 검찰은 60여 일간의 수사를 끝으로 총 7명을 기소하면서 불법 사찰 사건과 증거인멸 사건의 1차 수사를 마쳤다. 윗선을 규명하는 일은 완전히 실패해서 공소장 그 어디에도 그들의 이름은 등장하지 않았다. 김종익 불법 사찰 사건에서는 이인규, 김충곤, 원충연, 김화기 등 4명을 강요, 직권남용 권리행사 방해, 업무방해, 방실 수색 등의 혐의로 기소하는 데 그쳤다. 증거인멸 사건에서도 최종석과 이영호는 기소조차 못 한 채 하부에서 지시를 실행한 진경락과 장진수, 권중기만 증거인멸 등의 혐의로 재판에 넘겼다.

청와대의 '청' 자도 못 꺼낸 재판

불법 사찰 사건과 증거인멸 사건은 모두 서울중앙지방법원 형사합의35부(부장 정선재)에 배당됐다. 검찰은 장기석, 신자용, 최호영 등 불법 사찰 사건을 수사한 검사를 재판에 직접 투입해 공소 유지에 힘쓰는 모습이었다. 부실 수사라는 논란이 기정사실처럼 받아들여지는 분위기에서 일부 피고인에게 무죄 판결이 나면 그야말로 망신이기 때문이었다.

재판 과정에선 공직윤리지원관실 직원들도 조직적으로 대응했다. 두 사건의 핵심 인물인 이인규(불법 사찰)와 진경락(증거인멸)의 변호인으로 법무법인 바른의 조현일, 최병선, 최용찬 변호사를 공동 선임하여, 두 사건을 연계하는 컨트롤 타워를 세운 뒤 검찰의 논리를 반박해나갔다.

두 달여에 걸친 법정 공방에서 피고인들은 검찰 수사에서 취한 행동을 재연했다. 장소만 법정으로 바뀌었을 뿐, 이인규와 진경락은 '공익을 위한 행위였고, 범죄 의도가 없었다'라는 취지를 지켜나갔다. 공직윤리지원관실의 다른 직원들은 '시켜서 어쩔 수 없었다'는 말로 자신들의 행위를 정당화했다. 변호인단은 검찰이 청와대의 '청' 자라도 꺼내면, '공소 사실에 없는 부분에 대해 검찰이 무리한 주장을 펼친다'라며 사사건건 이의를 제기했다. 재판은 그렇게 아무런 반전 없이 흘러갔다.

심심하게 진행되던 1심 재판은 2010년 11월 15일(불법 사찰)과 22일(증거인멸), 일주일 간격을 두고 각각 선고가 이뤄졌다. 먼저 김종익을 불법 사찰한 혐의로 기소된 이인규는 징역 1년 6월, 김충곤은 징역 1년 2월, 원충연은 징역 10월의 실형이 각각 선고됐으며, 김화기만 징역 6월에 집행유예 2년을 받았다. 재판부는 김종익을 불법 사찰한 혐의에 대해선 모두 유죄로 인정했지만, 남경필 당시 한나라당 의원을 불법 사찰한 혐의에 대해서는 무죄로 판단했다.

재판부는 "국민에게 봉사해야 하는 공무원 신분임에도 민간인을 협박해 직권을 남용했으므로 비난받아야 마땅함에도, 자신들의 혐의를 극구 부인하며 국민은행이 민간 기업인 것을 몰랐다고 변명하는 등 반성하는 태도를 보이지 않아 실형을 선고한다"라고 일침을 놓았다. 이인규는 이날 재판부의 주문을 듣는 내내 침통한 표정이었다. 선고가 끝난 뒤 이인규는 끝내 눈물을 흘렸다.

그로부터 일주일 뒤인 11월 22일 진경락, 장진수, 권중기도 피고인석에서 1심 선고를 받게 된다. 끝까지 자신의 죄를 인정하지 않은 진경락만 징역 1년형을 받았고, 장진수는 징역 8월에 집행유예 2년, 권중기도 징역 10월에 집행유예 2년을 받았다. 재판부는 증거인멸 혐의를 모두 유죄로 인정하면서, 특히 진경락의 반성하지 않는 태도에 대해 쓴소리를 남겼다.

"진경락은 수사 및 재판 과정에서 범행을 극구 부인할 뿐 아니라 모든 행위를 장진수의 독자적인 행동으로 미루거나 보안 지침에 따른 정당 행위라고 주장하고 있다. 부하 직원에게 자료 영구 삭제를 지시하는 것에서 더 나아가 확실한 처리를 지시하는 등 증거인멸 행위를 적극적으로 지시하고 주도해 책임이 중함에도 전혀 반성하지 않고 있어 실형이 불가피하다."

검찰과 변호인 모두 항소해 재판은 또 지루하게 이어졌다. 똑같은 논리와 말싸움으로 항소심이 지나간 것이다. 그리고 2011년 4월 12일, 서울고등법원 형사2부(부장 김용섭)는 불법 사찰 사건과 관련해 이인규와 김충곤에게 각각 징역 10월을, 원충연에겐 징역 8월을 선고했다. 이번에도 김화기만 징역 6월에 집행유예 2년을 선고받았다. 1심에 비해 이인규는 징역 8월이 줄었으며, 김충곤은 징역 4월, 원충연은 징역 2월이 감형됐다. 증거인멸 사건과 관련해 진경락은 운 좋게 항소심에서 징역 10월에 집행유예 2년을 선고받고 풀려났다. 장진수와 권중기는 각각 징역 8월에 집행유예 2년형을 선고받았다.

항소심 재판부의 유무죄 판단은 1심과 아무런 차이가 없었다. 구속된 상태에서 재판이 진행된 점이 고려돼 피고인들의 형이 다소 줄었지만, 이들이 지은 죄는 엄중하다고 거듭 강조했다.

"과거 권위주의 정부 시대를 거치면서 비대한 국가권력에 의해 신체와 재산에 대한 국민의 기본권이 중대하게 침해된 경험이 있는 우리 국민들에게, 지금은 정부의 탈권위주의와 민주화가 정착돼 있는 상황이라고 하더라도, 여전히 국가기관에 의한 국민의 기본권 침해에 대해서는 우려와 걱정이 남아 있다. 이런 상황을 고려하면 공직윤리지원관실의 혐의는 결코 가볍다고 할 수 없다."

2011년의 늦가을, 이때까지만 해도 항소심 재판부의 우려와 걱정 어린 선고를 끝으로, 공직윤리지원관실의 불법 사찰 사건은 서서히 잊힐 것처럼 보였다. 대법원으로 사건이 넘어가 확정판결이 나면, 다른 대형 시국 사건들이 그러했듯, 불법 사찰 사건도 부실 수사 논란에도 불구하고 영원히 역사 속으로 사라지리라 예상했다. 하지만 2012년 봄이 채 오기도 전에 겨우내 움츠렸던 꽃이 만개하듯 민간인 불법 사찰 사건은 또 다시 세상에 모습을 드러내게 된다.

비선 라인의 균열

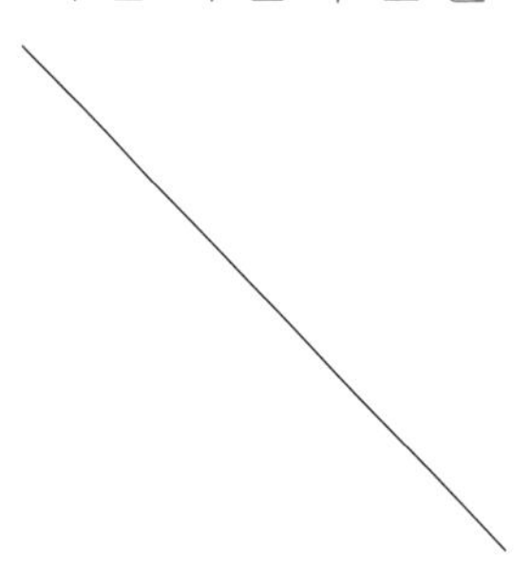

진경락의 옥중 폭로

진경락은 청와대의 비선 라인을 보호하기 위해 불법 사찰과 증거인멸의 책임을 혼자 뒤집어쓰고 검찰의 1차 수사 때 구속됐다. 2010년 8월부터 2011년 4월까지 9개월가량 서울구치소에서 원치 않는 수감 생활을 해야만 했다.

이 기간 동안 그는 변호인은 물론 부인과 친인척, 지인과 직장 동료 등과 100차례 이상 면회했다. 이때 구치소 면회실에서 접견할 때 녹음된 음성 파일은 나중에 검찰의 재수사에서 불법 사찰의 전모를 파헤치는 데 중요한 단서로 사용된다.

검찰이 확보한 접견 녹취록에 따르면, 진경락은 처음에는 주로 가족들의 안부와 과거 사연 등 일상적인 주제를 이야기했다. 진경락도 면회자와의 대화 내용이 녹음된다는 사실을 알고 있었다는 얘기다. 불법 사찰 사건과 관련된 내용은 함께 재판을 받고 있던 이인규 등의 안부를 묻는 것이 고작이었다. 불쑥 불법 사찰과 관련한 이야기를 꺼내더라도 알파벳 이니셜을 사용한다든지 약어를 사용해, 혹시라도 대화 내용을 듣게 될지도 모르는 사람이 누구를 언급하는지 전혀 알 수 없도록 보안을 유지했다.

하지만 진경락은 수감 생활의 중반을 넘기면서 본인이 죄를 뒤집어쓰고 수감돼 있다는 불만을 노골적으로 드러내기 시작했다. 물론 부인이나 지인과 대화하다가 나온 내용이라 아직 작정하고 폭로하는 단계는 아니었다. 하지만 대화하는 도중에 누군가를 실명으로 부르면서 원망하는 말을 쏟아내는 횟수가 잦아졌다.

진경락이 본격적으로 폭발하기 시작한 시점은 검찰이 구형한 직후다. 비교적 차분하게 수감 생활을 하던 진경락은 2010년 11월 1일 검찰이 징역 2년을 구형하자 크게 동요했다. 범죄자로 낙인찍힐지도 모른다는 불안감이 비로소 현실로 다가왔기 때문일 것이다.

그는 이틀 후에 자신을 찾아온 처형과의 대화에서 "2년 구형은 억울하다. 나는 누가 했는지 다 알고 있으면서도 말을 하지 않았다. 수사에 들어가면 자료를 다 없애고, 증거인멸이라고 수사하거나 처벌한 적이 없다. 그러니까 웃긴다는 거야"라고 말했다. 윗선의 존재를 암시했다는 점에서 의미심장한 내용이었다.

진경락은 자신이 모든 책임을 떠안을 마음의 준비가 돼 있지 않았다. 그러기에는 너무 억울한 부분이 많았고 희생에 따른 확실한 보상이 주어진다는 보장도 없었다. 2010년 11월 13일 드디어 그는 폭발했다.

자기들이 해놓고서 숨어서 숨도 안 쉬고 있는 사람이 4명 있어.*
그놈들, 지들이 다 해놓고 알 사람은 다 안다.

마치 윗사람한테 들으라고 하는 말 같았다. 열흘 뒤 그는 "내가 진범을 다 이야기하면 하는 거지. 나는 4명을 다 알고 있으니까. 나는 모든 증거를 다 가지고 있으니까"라며 거듭 윗선을 언급했다.

진경락은 특히 청와대 민정수석실에서 일을 다 저질러놓고 자신과 이인규에게 책임을 떠넘기고 있다며 분노했다. 검찰이 민정수석실의 통제를 받는다고 생각한 진경락은 징역 2년이 구형되도록 내버려둔 민정수석실이 더욱 이해가 안 됐다.

자료를 누가 없앴나. 4명이 나서서 없앴단 말이야. 내가 대신 여기에 왔는데도 검찰이 징역 2년을 구형하도록 내버려두고 있다. 민정에서 저질러놓고 이럴 수 있느냐는 거지.

진경락은 자신의 억울함을 토로하는 과정에서 증거인멸을 하던 당시 상황을 묘사하기도 했다.

나보고 증거인멸을 했다고 하는데 나는 지시도 못 했고, 오히려 지시하는 것을 절대로 하면 안 된다고 완강히 거절했다. 거절을 하

* 이 4명이 누군지는 진경락의 추가 옥중 폭로를 통해 공개된다. 그들은 이영호 고용노사비서관, 최종석 행정관, 김진모 민정2비서관, 장석명 공직기강비서관이다.

니까, 국무총리와 장관이 다음 날부터 날 출근 못 하게 했다. 그사이에 다른 루트를 통해 증거인멸을 다했다.

그의 발언은 점점 더 위험수위로 치달았다.

> 내가 진범을 다 알고 있지만 현 정부에서는 절대로 이야기하지 않겠다. 대선 정국 가면 날 찾는 사람들이 무척 많을 거야. 자기네들 유리하게 하려고. 나는 돈도 관심 없고, 나를 취직시켜 주고 무슨 자리를 주더라도 관심 없다. 파렴치범이 아니라는 걸 밝히고 싶다. 법정에서 장진수를 증인으로 불러 탄핵하면 무죄를 밝힐 수 있지만, 우리 진영에서는 내가 불까 봐 덜덜 떨고 그랬단 말이야. 불지 못하게 하려고 생난리를 친 거야.

진경락은 다른 사람들이 처벌을 안 받도록 수감 생활은 다 하겠지만 나중에 억울함을 밝히기 위해 관련 증거를 모두 수집하겠다는 의사도 피력했다. 자신의 무죄를 입증할 수 있는 증거를 수집한다는 것은, 곧 윗선의 존재를 드러내는 것이나 마찬가지였다. 실제로 그는 병원에 입원했을 때 검찰에게 압수된 휴대폰 4개의 통화 내역을 모두 확보하라고 가족들에게 부탁하기도 했다.

진경락은 11월 22일 서울중앙지방법원에서 증거인멸 혐의로 징역 1년의 실형을 선고받았다. 집행유예나 벌금형 정도를 받아 풀려나리라는 기대가 보기 좋게 빗나간 것이다. 그러자 진경락은 윗선을 직접 겨

냥한 '옥중 폭로'를 본격화한다.

2010년 12월 31일 한 해가 마무리되기 전에 모든 걸 밝히려는 듯 진경락의 발언은 점점 더 노골적으로 바뀌었다. 청와대의 수석비서관을 가리키는 것으로 보이는 AB, BB, CB, DB, EB 같은 약어를 사용하며 대놓고 비판을 하기 시작한 것이다.

> 그런 놈들이 어떻게 수석이라고 한다고 그러는지. CB에게 대놓고 이야기했다. 그렇게 비겁하게 나올 거냐고. 변호사를 통해 전달이 됐을 거야.

이쯤 되면 앞서 언급했던 AB, BB, CB, DB, EB의 실명이 궁금해진다. 진경락은 해가 바뀐 2011년 1월 12일 "내가 약자로 써놓은 거, AB, BB, CB '이거는 누구다' 이런 게 29-29에 있다"라며 지인에게 알려줬다. 자신들만이 아는 서류나 컴퓨터 파일에 그 실명이 적혀 있다는 뜻으로 보였다. 주제에 따라 분류된 것으로 추정되는 앞의 숫자가 '29'에 달하는 점에 비춰볼 때 진경락이 불법 사찰과 관련한 메모를 매우 꼼꼼하고 방대하게 정리해둔 것으로 짐작된다.

진경락이 말로만 윗선을 압박한 것은 아니다. 진실을 폭로하기 위해 구체적으로 실행에 옮기기도 했다. 진경락과 장진수에 대한 1심 재판이 끝나자 열린 중앙징계위원회가 그 무대였다.

진경락과 장진수의 징계 수위를 결정하기 위한 회의였다. 2011년 1월 11일에 열린 1차 회의를 시작으로 같은 해 5월 27일까지 여섯 차례 열렸다. 1심에서 예상과 달리 실형이 선고되자 분노에 차 있던 진경락은 작심하고 사건의 실체를 털어놓기로 결심했다. 진경락을 벌주기 위해 마련된 중앙징계위원회의 자리가 거꾸로 진실을 밝히는 통로가 돼 버린 것이다.

중앙징계위원회 회의가 열린 2011년 2월 10일 구속 상태였던 진경락은 출석하는 대신 서면 진술서를 제출했다. 자신은 이레이징과 디가우징 같은 증거인멸을 지시한 사실이 없는데 억울하게 처벌받게 됐다는 요지였다. 하지만 증거인멸에 대한 부인은 검찰의 수사가 의심할 여지가 없었고 법원에서도 그렇게 판단했기 때문에 주목을 끌지 못했다. 그보다는 서면 진술서에 1심 재판의 과정에서 제대로 밝혀지지 않은 충격적인 내용이 포함돼 있었다는 점이 중요했다. 이영호가 민정수석실의 지시에 따라 증거인멸을 강력히 요구했고, 이를 거부하자 이영호가 입에 담기 어려운 험한 욕을 했다는 내용이 담긴 것이다. 서면 진술서에는 최종석이 이영호의 지시를 받아 장진수에게 차명폰까지 만들어주며 증거인멸을 요구했다는 내용도 포함됐다.

> 민간인 사찰이 텔레비전에 방영된 직후 민정수석실의 김진모 민정2비서관과 장석명 공직기강비서관이 이영호 비서관에게 공직윤리지원관실의 증거인멸을 강력히 요구했고, 구체적인 방법론까지 언급했다. 이영호 비서관이 저에게 증거인멸을 지시했지만, 제가 거부하자 입에 담기 어려운 험한 욕을 했다.

진경락의 주장은 정권의 도덕성을 일거에 무너뜨릴 수 있는 엄청난 후폭풍을 몰고 올 수 있는 내용이었다. 그동안 민간인 불법 사찰과 증거인멸 사건의 최고 윗선은 진경락 과장과 이인규 지원관 정도였는데 진짜 몸통은 따로 있었다는 의미였기 때문이다. 또 이영호 비서관뿐만 아니라 민정수석실의 핵심 인사들까지 조직적으로 증거인멸에 개입했다는 것으로 해석되기에 충분했다.

'제일 위의 어른이 계속 챙기고 있다'

진경락의 '폭탄 진술'은 증거인멸을 지시한 사람들은 따로 있었는데 그 사람들이 자신에게 모든 책임을 미루고 자신을 소홀히 대한 것에 대한 응축된 분노의 표시였다. 청와대가 발칵 뒤집힌 것은 당연했다.

당시 상황은 진경락이 2011년 3월 4일 구치소의 접견에서 말한 다음의 발언으로 유추해볼 수 있다.

> 나를 징계위원회에 올린다고 하기에 사실대로 다 밝히겠다고 편지를 써서 보냈더니, 중간에 민정수석실에서 가로챘다. 그러면서 나보고 철회를 해달라고 요구했다. 그래서 이것은 정부에서 내가 진실을 밝히는 걸 탄압하는 것이라고 했더니 발칵 뒤집어졌어요.

진경락은 중앙징계위원회에 자료를 보낸 것은 폭로를 위한 것이라고 분명히 밝혔다. 또 부인에게 "자료들은 분산해서 3~5부씩 보관하고 USB와 노트북은 그 상태 그대로 잘 보관하라"라고 지시했다. 치밀한 폭로를 계획했던 점에 비춰볼 때 이 무렵 그는 정권과 청와대 인사들에 대한 배신감이 극에 달했던 것으로 보인다. 그는 악에 바친 듯이 절규하기도 했다.

> 날 죽여보라 이거야. 호미로 막을 거 가래로도 못 막고 무궁무진하게 계속 연쇄 폭발할 거야. 내가 유명하기라도 해야 되지 않겠어? 내가 생각해놓은 대로 하면 되니까. 이야기할 루트는 많으니까.

그는 서면 진술서를 제출한 직후부터 구치소의 면회 과정에서도 증거인멸 행위의 배후를 거론하기 시작했다. 2011년 3월 7일의 면회에서는 "권재진 민정수석과 김진모 비서관, 장석명 비서관, 모조리 수갑 채우고, 따라 들어와야 돼, 여기. 이 사건과 관련한 진범들 모두, 다 책임져야 한다. 검찰부터 시작해서 싹 다"라고 폭발했다. 청와대의 핵심 참모들한테 책임의 소재를 물은 것은 물론이고 부실 수사를 한 검찰까지 질타한 것이다.

날이 갈수록 진경락의 분노는 강도를 더해갔다. 그는 3월 12일 면회를 온 지인한테 "우리 진영에서도 안이하게 생각하고, 비겁하기 짝이 없다. 내가 구속된 후 몇 달 동안 사람들이 무서워서 도망 다녔어. 외국 가버리고. 내가 그런 놈을 위해서 왜 이러고 있나 하는 생각도 들어. 그래 놓고서 여기 와서 한다는 말이, '제발 실명을 이야기하지 말아주십시오' 하고 앉아 있어"라고 말했다.

저만 살겠다고 발버둥치는 동료들에 대한 배신감이 뼛속 깊숙이 스

불법 사찰과 증거인멸 사건의 최대 관심사는 이명박 전 대통령이 과연 불법 사찰을 알았는지 여부다. 공직윤리지원관실의 사찰 문건에는 'BH(청와대) 하명' 사건이 적시돼 나온다. 청와대의 어느 라인에서 사찰 지시가 내려왔고, 어느 선까지 사찰의 결과가 보고가 됐는지를 명확히 밝혀내는 것이 급선무다. 이 전 대통령은 퇴임한 직후 YTN 노동조합에 의해 직권남용 혐의로 고소됐다. 민간인 불법 사찰 사건의 머리가 이 전 대통령이라는 것이다. 이는 이 전 대통령이 자연인의 신분으로 돌아간 지 단 9일 만에 벌어진 일이었지만, 이를 이상하거나 특별하게 여긴 언론은 거의 없었다.

며든 것 같았다. 3월 14일의 면회에서는 다음과 같은 얘기도 했다.

> 민정에서 중앙징계위원회에 제출한 서면 진술서를 가로채 철회를 요구했다. 민정수석이든, 아니면 비서관이든 책임을 지란 말이야. 나는 연봉 몇 10억 되는 자리 줘도 다 필요 없다.

그는 폭로를 결심했으면서도 자신의 결단이 몰고 올 파장을 예감했는지 의미심장한 말을 던졌다.

> 내가 마음속에 고민을 하게끔 하는 게 있다. 그게 바로 '대통령 하야' 이런 이야기가 막 쏟아져 나올 것 같아서 마음에 걸려. 그런데 이번 사건은 내가 누구를 대신하고 이런 것도 아니다. 하지 말라고 했던 것을 말 안 듣고 해놓고서. 지가 다 털어놓고, 여기 올 건지 말 건지 그 이야기를 듣고 싶은 거다.

이명박 대통령도 진경락의 옥중 폭로를 보고받은 것으로 보인다. 진경락은 누군가로부터 전해 들었는지 지인에게 "대통령이 화를 많이 냈대. 도대체 이게 뭐하는 짓거리냐. 아무것도 아닌 일을 갖고 이것을 게이트로 만들어 놓았다고"라고 말했다.

진경락의 토로가 통했는지 그의 입을 틀어막기 위한 당근책이 제시됐다. 진경락은 3월 21일의 면회에서 "제일 위의 어른이 계속 챙기고 있다고 들었다"라고 지인에게 말했다. 나흘 뒤 부인에게는 "내가 뭘 요구를 하거나 그런 것은 없지만, 나는 지금 잃을 거 다 잃은 사람이니까 보상하고 싶은 마음이 있으면 한꺼번에 보상해라. 그다음에 내가 상(VIP)을 만나더라도 거기 가서 똑같은 이야기를 할 거다"라고 호언장담했다. 진경락은 한술 더 떠 "상을 만날 때 어떻게 보고됐는지 알아야 하니, 보고서 내용을 최종석한테 좀 달라고 해라"라고 부인에게 부탁하기도 했다.

닷새 후 최종석이 작성한 보고서의 내용이 지인을 통해 진경락에게 전달됐다.

"수감된 사람들이 배신감과 불안감에 힘들어하고 마음이 돌아설 지경이다. 사후 대책까지 내놓을 필요가 있으며 정치적으로 해결해야 한다. 피해자에게 응분의 보상, 사후 관리를 해야 하고, 그렇지 않으면 두고두고 부담이 될 것이다. 그렇게 썼대요."

최종석이 실제로 이명박 대통령에게 진경락과 관련해 보고했는지, 보고했다면 정말로 이런 내용이 포함됐는지는 확인되지 않았다. 최종석이 보고한 내용을 전해 들은 진경락은 자신감이 붙었는지 더 과감해지기 시작했다.

그는 출소를 앞두고 면회 온 부인에게 "나가자마자 곧바로 일단 상을 독대하면, 이번에 쳐내야 할 인간들과 이번 사건의 본질을 말하겠다. 이명박 대통령은 제일 먼저 만나려고 하실 거야. 있는 그대로 이야기할 거다"라고 말했다.

진경락은 갈수록 안하무인이 되어가고 있었다. 대통령과의 독대를 당연시하는 등 다소 현실감이 떨어지는 상상을 한 것으로 미뤄보면, 그는 이 시기에 수감 생활에 대한 엄청난 보상을 기대한 것으로 보인다. 또 자기 말 한마디에 민간인 불법 사찰 사건의 공범으로 내몰릴 수 있고, 사회적 위신이 추락할 수도 있는 상황이니, 고위직 관리라도 자신을 함부로 대할 수 없을 것이라고 생각한 듯하다. 그는 "임태희 실장도 못 들어오게 할 거다. 지가 왜 들어와. 대통령실장, 그런 사람은 보고 싶지 않다. 걔 만나서 뭐하게"라고도 했다.

진경락은 출소하기 직전까지 적개심에 불탔다. 출소하기 8일 전인 2011년 4월 4일의 면회에서도 그는 "내가 나가면 수석들과 비서관들을 모조리 손보겠다"라고 목소리를 높였다.

하지만 진경락은 출소한 후 그동안의 호언장담처럼 누구도 손을 보지 않았다. 왜 그랬을까? 폭로하지 않는 조건으로 거액의 경제적 이익이나 고위직, 국회의원 공천 등의 약속을 받은 것 아니냐는 의문이 2012년 3월 검찰의 재수사가 시작될 때도 제기됐다. 재수사 과정에서 검찰은 구치소의 면회 기록과 서면 진술서의 내용에 대해 추궁했으나 진경락은 침묵으로 일관했다. 김진모와 장석명, 이영호 비서관 3명이 증거인멸을 지시한 부분에 대해 사실을 털어놓거나 증거 자료를 제출할 의향이 없는지 계속 물었지만, 그는 끝내 입을 열지 않았다.

무엇이 이명박 대통령을 독대해 모든 것을 폭로하겠다고 큰소리쳤던 그를 1년 만에 변하게 했을까. 검찰은 폭로를 포기하게 할 만큼 진경락에게 매력적인 조건이 제시됐을 것으로 추정하는 것 같았다. 그러나 실제 그러한 거래가 있었는지, 있었다면 어떤 조건이 제시됐는지는 끝내 밝혀지지 않았다.

비선 라인의 균열은 진경락뿐만 아니라 장진수 쪽에서도 생겨나고 있었다. 구속영장이 기각돼 불구속 기소됐던 장진수는 2010년 11월 22일 집행유예로 유죄 선고를 받았다. 11월 24일부터는 대기 발령 조치가 내려져 업무에서 배제됐다. '나는 아무것도 모르고 시키는 대로 했을 뿐인데 처벌받았다'고 억울해했다. 장진수는 중앙징계위원회 회의에서 있는 그대로 사실을 밝히기로 마음을 먹었다.

장진수는 같은 부서에서 근무했던 전용진과 함께 중앙징계위원회 회의에 직접 출석했다. 장진수는 이 자리에서 증거인멸의 과정에 최종석 청와대 행정관이 연루돼 있다는 사실을 처음으로 밝혔다. 최종석은 이영호의 직속 부하 직원으로 윗선으로 수사가 번지는 것을 막기 위해 그동안 진경락과 장진수가 숨겨왔던 인물이다. 청와대나 이영호의 입장에서는 가장 우려했던 상황이 터져버린 것이다. 장진수는 "디가우징 부분은 대포폰(차명폰)과 연관되는 사안"이라고 운을 뗀 뒤 "1심 법정에서는 하라는 대로 진술했기 때문에 기회가 없었다"라고 전모를 털어놨다. 할 말은 많았지만 다른 사람들이 '알아서 도와줄 테니 가만히 있으라'고 압박하는 바람에 억울하게 처벌받았다는 것이다.

장진수는 징계위원들 앞에서 최종석이 연루된 사실을 소상히 진술했다. 최종석이 2010년 7월 검찰의 압수수색에 대비해 공직윤리지원관실의 컴퓨터를 없애라고 지시했고, "말이 안 된다"고 버텼더니, "망치로 부숴도 되고 강물에 던져도 된다. 민정수석하고 검찰하고 다 얘기가 돼 있고 컴퓨터를 없애도 문제 삼지 않기로 돼 있다. 너는 무조건 하기만 하면 된다"라는 지시를 받았다는 내용이었다.

장진수는 최종석이 하필이면 왜 자신한테 증거인멸을 지시했는지 원망스러웠다. 그 지시 때문에 자신은 지금 역사의 죄인으로 기록될 상황에 놓였기 때문이다. 장진수도 이 점이 가장 억울한 듯 중앙징계위원회의 최후진술에서 "저는 독립적인 직무 권한도 없고 시키는 대로만 일했던 하위직 직원이다. 윗분들의 지시를 잘 모르고 따랐는데 사법 처리되는 점이 많이 억울하다"라고 강조했다.

하지만 이때까지만 해도 장진수의 폭로는 코너에서 빠져나오기 위한 몸부림 정도로 치부됐다. 중앙징계위원회에 참석했던 한 징계위원은 "디가우징 부분, 그게 권총을 들이대고 가라고 한 것은 아니지? 그게 증거가 있을까?"라며 다소 맥 빠지는 소리를 했다. 또 다른 위원은 "지시가 왔을 때 나는 죽어도 못 하겠다. 이건 범법이다. 이렇게 한 것은 아니네요"라며 장진수의 주장에 동조하지 않았다. 2011년 5월 27일 결국 그는 경징계에 해당하는 감봉 1개월의 조치를 받았다.

비선 라인의 입막음 시도

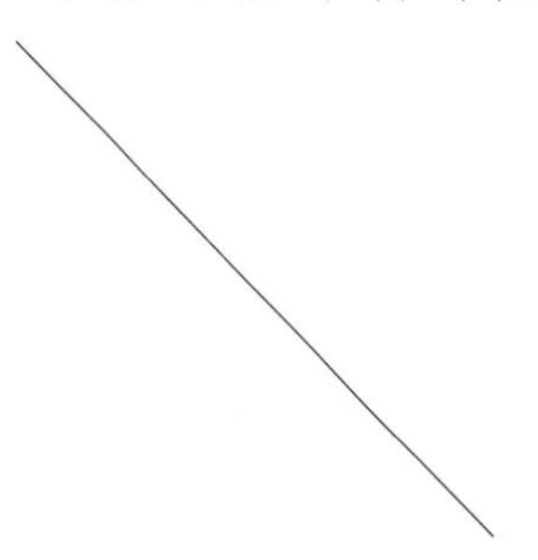

진경락은 앞에서 언급한 것처럼 윗선을 쥐락펴락하며 증거인멸의 배후를 폭로하겠다는 제스처를 지속적으로 내비쳤다. 그 수위가 점차 높아짐에 따라 진경락과 장진수 등의 침묵으로 수사망에서 비껴갈 수 있었던 이영호와 최종석은 속이 바짝바짝 타 들어갔다. 폭로의 파장으로 치면 장진수도 무시할 수 없는 존재였다. 비선 라인은 자신들의 생존을 위해서라도 이들의 입을 막아야 했다.

장진수의 입을 막을 돈

비선 라인은 일찌감치 장진수의 입을 막으려고 서둘렀다. 증거인멸 사건에 대한 검찰의 1차 수사가 개시될 무렵부터 움직였다.

가장 먼저 변호사 선임 비용이 전달됐다. 이영호는 국무총리실이 검찰에 수사를 의뢰한 다음 날인 2010년 7월 6일 진경락을 통해 2995만 원을 장진수에게 보냈다. 딱 떨어지는 3000만 원이 아니라 5만 원이 비는 데는 이유가 있다. 돈을 계산하고 전달하는 과정에서 5만 원이 빠진 것이다. 액수를 헤아려본 장진수는 5만 원이 빈다는 사실을 깨닫고 자신의 돈으로 5만 원을 털어 넣어 3000만 원을 만들었다고 구체적으로 기억했다. 장진수는 이 돈을 검찰의 피의자 신문 때 자신을 변론했던 변호사의 사무실에 가져다주고 영수증을 받아 보관했다.

이영호는 9월 16일에도 변호사 비용 4000만 원을 장진수에게 추가로 전달했다. 이번에는 자신의 측근이자 당시 고용노동부장관의 정책보좌관이던 이동걸을 통해 보냈다. 이 4000만 원은 이우헌이 1000만 원, 열린노무법인 대표인 전씨가 2000만 원, 근로복지공단 이사인 구모 씨가 500만 원 등을 출연해 모은 돈으로 조사됐다. 장진수는 이 중 1500만 원을 자신의 변호사 비용으로 쓰고, 나머지 2500만 원은 법무법인 바른의 사무실에서 최종석을 만나 전해줬다. 최종석은 그 자리에서 2200만 원을 이인규와 김충곤, 원충연의 변호사 비용으로 결제하고, 나머지 300만 원은 이인규와 진경락의 옥바라지 비용으로 썼다.

하지만 변호사 비용으로 장진수의 배신감을 달래기에는 역부족이었다. 1심이 선고되기 직전인 2010년 10월, 집행유예 이상의 형을 선고받으면 공무원직이 박탈되는 상황이었다. 장진수는 이때부터 사건 관계자들과 만나면 그 대화 내용을 녹음하기 시작했다. 이 녹음 기록에는 장진수의 말 한마디에 목숨이 달려 있던 사건 관계자들의 절박한 심정이 생생하게 담겨 있다. 다음은 장진수가 2010년 10월 18일 정부중앙청사의 주차장 옆 벤치에서 자신을 회유하려 나선 최종석과의 대화를 녹음한 내용이다.

"(폭로를 하면 사건에 대한) 전면 재수사가 불가피하고, 그러면 이제 문제는 여기에 관련됐던 모든 사람들이 다 수사선상에 다시 오르고 재수사를 해야 될 거라고. 그러면 우리 민정수석도 자유롭지 못할 테고. 내가 봤을 때는 국감에서 얘기했던 권태신 실장부터 전부 다 위증 문제로 걸릴 테고."

하지만 장진수에게 윗선의 안위는 눈에 들어오지 않았다. 자신은 철저히 수족 노릇만 하고 공직까지 잃게 될 상황이었기 때문이다.

"원하는 게 뭐야?"

장진수가 시큰둥한 반응을 보이자 몸이 단 최종석은 단도직입적으로 물었다. 이때부터 최종석은 장진수에게 거의 매달리다시피 한다.

"내가 검찰에게 (구형을) 벌금형 이하로 구형해주겠다고 약속을 받아주면 그것을 갖다가 자네가……. 사표를 쓸 테니까 그러면 나랑 같이 나가자. 같이 나가서 내가 먹여 살려줄게. 내가 (노무)법인 차려서 먹여 살려줄게. 그러면 되나? 자네, 내가 평생을, 무슨 일이 있더라도 먹여 살려줄게. 그러면 나도 공무원 생활 못 할 거 아냐. 이인규, 죽든 말든 다 죽으라고 하고, 정권이 어찌되든 간에, 특검도 하고 이제 이걸로 난리치는 것 치고, 뭐 뒤 봐줄 사람 없다손 치더라도 내가 공인노무사 해서 내 평생 먹고 살 테니까. 그리고 자네 평생 내가 책임져줄 테니까. 내가 그 정도 능력은 돼."

그러나 장진수는 자기 마음을 잘 모르겠다며 최종석을 애타게 했다. 최종석의 회유는 더 노골적이 되어갔다.

"극단적으로 얘기를 하자면, 나도 패를 까야 될 것 아니야. 캐시로

> 달라고 그러면, 내가 그것도 방법을 찾아줄게. 이인규 국장이 그냥 흘러가는 말로 '돌아가는 정황을 청와대 민정에서 보고 있다'라는 그 한마디에 바로 그냥 이튿날 기사가 대서특필되잖아. 진수 씨가 얘기할 부분의 파장이 어떻다는 것은 본인이 더 잘 알 테고……. 나한테 너무 가혹하게 안 하려면 내게도 할 수 있는 옵션을 한두 가지만 줘봐. 예를 들면 검찰하고 딜 하는 것, 그리고 자네 공무원을 계속하게 해주는 것. 만약 최악의 경우 공무원을 못 한다고 하면, 그다음에 내가 또 다른 옵션을 찾아봐도 수용 가능해? 내가 다른 것, 사지선다형의 다른 것, 뭐 옵션을 하나 찾아와도 그것도 수용 가능해? 그러면 내가 지금 지난번에 얘기했던 것처럼 자네한테 농담처럼 들렸는지 모르겠는데, 현대자동차 기획재정실장, 지금 부사장인데 그 사람이 자네를 취업시키기로 했어. 최악의 경우 현대자동차에. 현대자동차 그룹에. 그러면 수용 가능하나?"

비선 라인의 집요한 회유는 일시적으로 효과는 있었지만, 장진수가 사실상의 마지막 단계인 항소심에서도 벌금형이나 무죄 선고를 받지 못하자 다시 위기를 맞았다. 그러자 이영호는 이번에는 1차 입막음용으로 돈다발 2000만 원을 장진수에게 전달했다. 물론 이번 역시 본인이 직접 나서지는 않았다.

2011년 5월 11일, 장진수는 이우헌으로부터 "진경락 과장이 종로구청 앞으로 갈 테니 한번 만나보세요"라는 전화 연락을 받았다. 약속 장소에 나가보니, 종로구청 앞을 지나 새로 뽑은 검은색 YF소나타 한 대가 장진수 옆에 와 섰다. 창문이 열리자 시트의 비닐도 뜯지 않은 차의 내부가 드러났다. 항소심에서 집행유예로 풀려난 지 두 달밖에 되지 않은 진경락이 앉아 있었다. 장진수가 그와 대면한 것은 항소심 선고가 난 후 처음이었다.

"자, (500만 원) 네 묶음 2000만 원이다."

진경락은 차에서 내리지도, 장진수에게 차에 타라고 권하지도 않은 채 검정 비닐봉지 안에 든 돈다발을 내밀었다. 1심 재판에서 자신은 장진수에게 증거인멸을 전혀 지시하지 않았다는 취지로 진술을 거듭했던 진경락이었다. 번듯해 보이는 진경락의 모습에 장진수는 부아가 치밀었다.

"돈보다는 얘기나 좀 합시다."

장진수는 진경락의 차 문을 열고 조수석에 턱 앉았다.

"돈을 왜 주시는 겁니까?"

"이영호 비서관이 주는 거야. 장 주무관한테 은행연합회나 무역협회 쪽에 (일자리를 알아봐주고 있다는) 이야기가 있던데, 잘 되어 가나. 처벌받더라도 나중에 사면이 꼭 될 것이고, 안 되면 이 정권, 문 닫을 거야."

장진수는 이날 진경락이 주는 돈을 받지 않았다.

"나는 진경락한테 '미안하다'는 이야기를 듣고 싶었을 뿐인데, 결국 미안하다는 이야기는 하지 않았다. 내가 거지도 아니고 검은 비닐봉지에 돈을 담아 툭 던지는 것도 기분 나빴다."

이후 이영호는 검찰의 재조사와 재판 과정에서 장진수에게 전달하려 한 돈다발의 성격을 '선의'라고 끝까지 잡아뗐다. 검찰도 그의 주장을 믿지 않았음은 물론이다.

1차 입막음용으로 건넨 돈을 장진수가 거절하자, 이영호는 약 두 달 뒤인 8월 8일 2000만 원을 다시 보냈다. 이번엔 진경락 대신 이우현이 나섰다.

"전해줄 것도 있고, 간단히 소주나 한잔 합시다."

장진수는 신길역 부근의 한 곱창집에서 이우현을 만났다. 소주잔이 몇 번 오가고 나자 이윽고 이우현이 본론을 꺼냈다.

"이영호 비서관이 주시는 돈입니다."

당시 직장에서 보직 해임된 상태로 월급을 제대로 받지 못했던 장진수는 이번에는 돈다발을 못이기는 척 받아 들었다. 검정 비닐봉지 안에는 헌 돈 5만 원권이 100장씩 묶인 돈 4다발이 들어 있었다. 장진수는 이 돈을 쓰지 않았다. 고민을 거듭하다가 검찰이 재수사에 착수하기 직전인 2012년 3월 12일 종로구에 있는 이우현의 사무실을 찾아가 고스란히 돈을 돌려줬다.

항소심 재판까지 마무리되면서 민간인 불법 사찰 및 증거인멸 사건에 대한 정치권과 여론의 관심은 사그라졌다. 장진수도 윗선이 자신을 구명해주리라는 기대를 버리고 반쯤 자포자기한 심정으로 지내고 있었다.

항소심이 끝나고 난 2011년 4월 15일 재판 때부터 꾸준히 장진수와 접촉해왔던 국무총리실 공직복무관리관 류충렬* 한테서 연락이 왔다. 그는 종로구의 대림정이라는 음식점에서 장진수를 만나 "장석명 공직기강비서관이 마련한 돈"이라며 5000만 원을 건넸다. 그때까지 이동걸, 진경락 등을 통해 받았던 돈다발과는 형태가 조금 달랐다. 빳빳한 5

만 원권 신권이 100장씩 묶인 돈 10다발이 한국은행의 띠지로 둘러싸인 형태였다. 보기 드문 이러한 돈다발은 훗날 한국조폐공사에서 한국은행으로 신권을 전달할 때 쓰는 형태인 '관봉'인 것으로 드러났다.

류충렬은 공직윤리지원관실이 벌인 민간인 불법 사찰과 증거인멸 사건과는 전혀 관련이 없는 인물이다. 그런 그가 왜 장진수에게 거액의 현금을 건넸을까. 4월 항소심에서 선고가 나오기 전에 류충렬과 장진수가 전화 통화한 다음 내용에서 그 이유를 짐작해볼 수 있다.

> 어 그러니까 2심 전에, 2심 전에 끝내자고 했으니까. 그런데 이거 하나하고 지금 우리 김진모, 아, 김진모란다, 아이고. '그거 뭐 그냥 현금 5억 원으로 안 될까?' 또 그렇게 쉽게 이야기를 하더라고. 미니멈 5억에서 10억 원 사이에는 뭐 될 것 같고, 다 그 정도는 이제 할 것 같더라고. 자기들은 아마 얘기 중에 있을 거야. 그래서 자기들이 결심이 서면 올 거고, 아마 그 방향이 제일 심플하고 좋은 것 같다고 생각하는 것 같아.

통화 내용은 민정수석실이 장진수에게 거액의 보상금을 줄 것을 논의했다는 것으로 요약된다. 즉 류충렬이 보낸 5000만 원은 그중 일부

• 이때 관봉을 전달한 류충렬은 검찰의 재수사가 이뤄지기 직전에 1급 공무원으로 승진하여 국가경쟁력강화위원회의 민관합동규제개혁추진단 단장을 맡는다. 그러다가 박근혜 정부가 들어선 이후인 2013년 4월 경제 분야의 요직으로 불리는 국무조정실 경제조정실장으로 자리를 옮겼다.

이며, 류충렬은 단순 전달자에 불과하다는 추정이 가능하다. 실제로 류충렬과 장진수가 나눈 대화의 기록을 보면, 그가 민정수석실의 장석명 비서관과 수시로 장진수 문제를 상의했다는 내용이 적지 않게 나온다. 적어도 류충렬이 민정수석실과 교감하며 움직였다는 얘기다. 다음은 2011년 7월 16일 장진수와 류충렬이 전화 통화한 내용이다.

> 류충렬: 최종석이가 전화가 없어 가지고 통화를 못 했네. 중간에 누구 연락한 사람 얘기를 들어보니까, 해외 나가는 게 8월 말이나 9월 초쯤 되면 갈 수 있지 않겠느냐, 뭐 이런 정도인가 보더라고.
>
> 장진수: (최종석의 미국 파견은) 아마 확정된 것은 맞는 거고, 일단…….
>
> 류충렬: 맞는데 응, 8월 말이나 9월 초가 돼야지. 그래 알았어. 울분 풀어. 별종, 뭐 인간 같지 않은 거에 대해서 너무 그거 뭐 따져봐야 뭐하냐. 지가 교통사고 나도 나겠지. 그런 놈은 아이고. 내비둬버려야지. 그래 믿을 사람은 장(석명) 비서관하고 같은 종씨밖에 없다. 그렇게 생각하고 살면 돼.

이 기간에 이영호는 고용노사비서관에서 물러나 사실상 힘이 빠진 상태였다. 따라서 이영호 외에 청와대의 다른 그룹이 장진수를 관리하려 들었을 가능성이 높다. 이를 뒷받침하는 정황이 하나 있다. 청와대가 장진수에게 경동나비엔과 한국가스안전공사 등 일자리까지 알선한 것이다. 다음은 한국가스안전공사의 안전관리이사와 장진수가 나눈 전화 통화의 녹취록이다.

> 안전관리이사: 장진수 씨 되십니까?
>
> 장진수: 예.
>
> 안전관리이사: 저는 그 한국가스안전공사 안전관리이사입니다. 예, BH에서…….
>
> 장진수: 예예.
>
> (…)
>
> 안전관리이사: 제가 생각해도 그게 조건•이 아니면, 뭐 아마 경동 쪽에서 받아들이기가 조금 힘들 수도 있습니다. 우리하고 거기는 뭐 굉장한 관계가 만들어졌기 때문에.
>
> 장진수: 인사팀장이랑 해보니까, 뭐 어떻게든 해주실 의향은 상당히 강하게 내비쳐주시더라고요.
>
> 안전관리이사: 제가 강력하게 이야기했기 때문에.

이처럼 장진수의 입을 막으려는 비선 라인의 시도는 끊임없었다. 이영호가 청와대에서 나온 뒤에도 상황은 달라지지 않았다. 따라서 이 무렵 장진수의 입을 막기 위해 청와대에서 누가 나섰는지를 확인하는 것

• 조만간 장진수가 출근하는 조건을 의미한다. 장진수는 대법원의 확정판결이 나기 전이라 공무원 신분이었으므로 먼저 사표를 내지 않는 이상 곧바로 입사할 수 없는 상황이었다.

이 이 사건의 배후를 규명하는 '키포인트'가 될 것이다. 과연 5000만 원이나 되는 거액의 돈을, 그것도 관봉으로 조달할 수 있는 청와대의 실세는 누구였을까? 공기업을 동원해 민간 기업에 일자리를 주선하도록 움직일 수 있는 청와대의 실세는 누구였을까?

진경락이 문제다

물이 새는 구멍은 장진수 쪽만이 아니었다. 공직윤리지원관실의 핵심 참모이자 비선 라인의 중간 다리 역할을 한 진경락이 또 하나의 문젯거리였다. 증거인멸뿐만 아니라 불법 사찰한 사례와 윗선의 개입 여부를 장진수와는 비교할 수 없을 정도로 소상히 알고 있었다. 윗선의 입장에선 그야말로 시한폭탄 같은 존재였다. 여러 세력이 진경락의 분노를 막기 위해 애를 쓸 수밖에 없었다.

이영호는 자신의 측근을 수시로 구치소로 보내 진경락을 달래는 데 주력했다. 실제로 노무사 이우헌은 2010년 12월 21일, 2011년 1월 4일, 2월 21일, 3월 24일 등 모두 네 차례에 걸쳐 수감 중인 진경락을 만났다. 또 2011년 3월 18일에는 강 모 의원 등 이영호와 친분이 있는 인사 3명이 진경락을 특별 면회했다. 최종석도 2011년 3월 5일 서울구치소를 찾아가 진경락을 접견했다. 구치소의 접견록에 따르면 최종석은 "가급적 실명은 거론 안 해주셨으면 한다"라면서 "진정하시고 어렵고 힘들어도 좀 더 견뎌달라. 많은 분들이 형님 사후(事後)에 대해 많은 노력을 하고 있다"라며 달랬다.

2010년 9월에는 청와대 대통령실장이었던 임태희도 최종석을 통해

불법 사찰 입막음용 돈 전달 흐름도

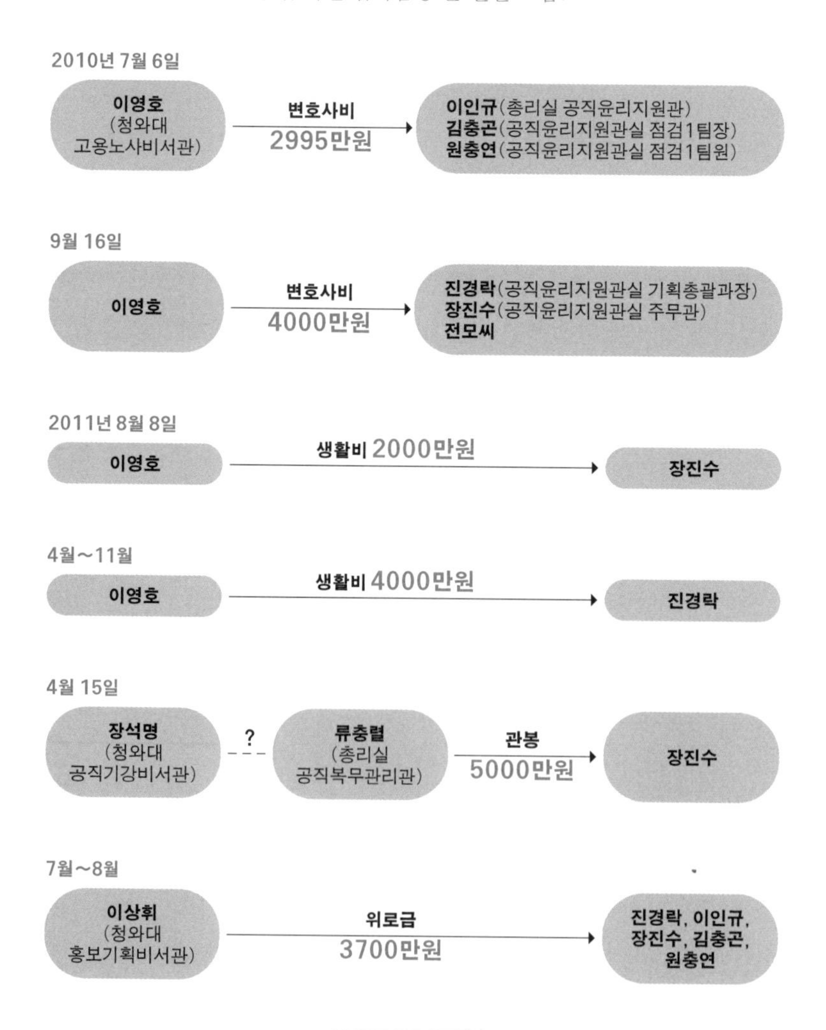

청와대 민정수석실 등 '윗선'이 개입했다는 의혹을 제대로 파헤치지 못했다. 관봉 5000만원의 출처도 파악하지 못했다.

진경락과 이인규에게 100만 원씩 금일봉 2개를 건넸다. 이에 대해 임태희는 "도움을 주려 했을 뿐"이라고 해명했다. 자신은 불법 사찰의 비선 라인과는 무관하다는 얘기다. 하지만 최종석을 통해 진경락 등에게 금일봉을 전달하려 했던 것을 봤을 때, 적어도 임태희는 사건 초기에 비선 라인의 존재를 어느 정도 알고 있었을 가능성이 높다.

이상휘가 움직인 진짜 배경은?

검찰의 재수사에서 청와대 홍보기획비서관인 이상휘도 불법 사찰 사건의 연루자들을 적극적으로 관리한 것으로 드러났다. 2011년 7월 18일 이상휘는 방배동의 '함지박'이라는 중식당에서 최종석을 대동한 채 진경락을 만났다. 이 자리에서 이상휘는 암 투병 중인 부인의 병원비로 쓰라고 진경락에게 500만 원을 건넸다.

8월 중순에는 방배동의 한 커피숍에서 진경락, 김충곤, 원충연을 만나 각각 200만 원이 든 봉투를 또 나눠줬다. 다음 달인 9월에도 삼청동의 한 북카페에서 진경락을 만나 김충곤과 원충연의 몫까지 포함한 200만 원이 든 봉투 3개를 건넸다. 10월 말경에는 경복궁 근처의 커피숍에서 진경락에게 200만 원이 든 봉투 3개를 또 다시 전달했다.

이상휘는 장진수가 진경락과는 사이가 좋지 않은 점을 고려해 장진수는 따로 만났다. 2011년 9월부터 11월까지 매달 경복궁 근처의 커피숍에서 장진수에게 100만 원씩 줬다.

이상휘는 이인규에게도 돈을 주려고 했다. 2011년 7월 반포동 팔레스 호텔에서 이인규를 만나 "포항 선배, 어르신들이 신경 쓰고 있다"라며 200만 원을 주려 했지만, 이인규는 받지 않았다.

검찰은 이상휘가 이처럼 매달 일정 금액을 '상납'하다시피 한 것을 두고 자금의 출처를 추적했다. 하지만 현금으로 전달된 돈 봉투의 출처를 찾기는 쉽지 않았다. 이상휘는 3000만여 원에 달하는 돈의 출처에 대해서 자신의 돈 1000만 원과 막역한 지인으로부터 지원받은 돈이라고 주장했다.

이상휘는 왜 이들에게 돈을 줬을까. 이상휘는 2012년 5월 30일 검찰의 재조사에서 "제가 진경락, 원충연 등의 상황을 이야기하면서 '소외감을 느끼는 것 같다. 이 사람들을 잘 챙겨주지 않으면 대통령을 욕하게 생겼다'고 말하자, 박영준이 '너라도 남아서 진경락 등을 잘 챙겨줄 수 있어서 다행이다'라는 취지로 말했다"라고 진술했다.

이상휘는 고민을 거듭한 끝에 임태희의 이름도 거론했다. 그는 검사가 임태희가 관련됐는지를 묻자 잠시 휴식을 요청했다. 당시 상황을 지켜본 검사는 이상휘의 특이한 행동을 수사 기록에 남겼다.

"오후 6시 5분쯤 진술인(이상휘)의 요청으로 휴식을 취하기로 하다. 휴식 중 진술인은 검사실 내에 머물겠다고 해서, 문답은 하지 않은 채 휴식을 취하도록 했다. 진술인은 잠시 의자에서 일어나 거닐면서 물을 마시고, 또 한숨을 쉬기도 했다."

이상휘는 검사와 함께 서울중앙지방검찰청 3층에 있는 하늘정원에 가서 바람을 쐬고 오기도 했다. 그는 오후 7시쯤 입을 열었다.

"말씀드리겠습니다. 2011년 민간인 사찰 재판이 끝나고 여러 소문이 많이 돌았습니다. 그때 여러 가지 PI(President's Image) 측면에서도 문제가 발생된다는 판단이 섰습니다. 민간인 사찰을 했던 친구들이 청와대를 욕하는 것이어서, 대통령 PI가 전체적으로 흔들리는 문제가 있었습니다. 그래서 최종석을 청와대 체력단련실에서 만났을 때 어떻게 된 것인지 여러 차례 물어봤습니다. 최종석은 장진수와 진경락에 대해 '위험하다, 문제가 많다'라고 했습니다. 장진수는 민주당에서 상당히 접촉을 많이 하고 있고, 진경락은 '다 까발린다'부터 시작해서 업무 중에 생긴 일들, 디스크 파손 관련 부분, '내가 이렇게 열심히 공부해 성공했는데 이렇게 당해야 하느냐'는 한풀이 등 거의 청와대를 협박하고 있다는 이야기였습니다. 청와대 내부에서도 '진경락이 문제다. 진경락이 민정에 노골적인 압력을 가한다'라는 소문이 있었는데, 그 소문은 청와대 내에 공공연히 퍼져 있었습니다. 그래서 임태희 실장에게 한번 만나보겠다고 보고했고, 임태희가 '이 비서관이 한번 만나봐라. 이야기를 들어보고 다독거려주면 좋지 않겠느냐'라고 말했습니다."

임태희는 이상휘의 건의를 수동적으로 받아들였을 뿐, 입을 막으라고 지시한 것은 아니라는 주장이었다. 하지만 이게 다일까? 당시 상황에 대한 진경락의 해석은 조금 다르다. 다음은 진경락이 2011년 7월 8일 이상휘와 만난 뒤에 받은 인상을 일기에 남긴 것이다.

> 이상휘 비서관이 자기가 나를 만난 것은 김희중 부속실장, 임태희 실장만이 안다고 말했는데, 이는 上의 지시에 의해 왔다는 것을 직감할 수 있었다. 上의 지시 이외에는 부속실장이 알 필요도 없는 데다가 나를 만나기 전에 빨리 만날 것을 독촉했고, 그것을 무슨 회의

> 스케줄을 잡듯이 이인규, 장진수(19일), 김충곤, 원충연(20일)을 만나기로 돼 있었고, 이상휘 비서관은 평소 스타일이 上의 지시가 있지 않고서는 절대 나서지 않음.

이상휘가 움직인 진짜 배경에는 임태희가 아니라 이명박 대통령이 있을 거라고 추정한 것이다. 진경락이 2011년 8월 1일 오후 1시 52분 이상휘에게 전화를 걸어 다음과 같은 노골적인 요구를 한 것도 입막음 시도의 배후에 이 대통령이 있다고 믿었기 때문이다.

> 말이 나온 김에 저의 소원이랄까, 희망 사항을 얘기하고 싶다. 요구 사항은 두 가지로 요약됩니다. 첫째는 실추된 명예의 회복인데, 나나 내 주위 외가를 비롯한 친척 모두가 나의 사회적 지위와 명성 내지 명예를 위해 올인 했다는 것은 이미 얘기한 바와 같습니다. 그러다 보니 명예 회복이 나의 필생의 과업이 됐습니다. 이명박 정부가 나의 명예 회복을 위해 해줄 수 있는 유일한 일이 내년 총선 때 한나라당의 비례대표 15번을 주는 것입니다. 이를 위해 금년 연말에 사면을 해주는 것이 당연히 전제돼야 합니다. 그다음은 사후 보장인데, 내가 공직 생활이 16년 남았고 중도 하차하게 됐으니까, 잃어버리게 된 봉급과 연금을 합치면 20억이 넘습니다. 이를 보전하려면 삼성전자의 전무급으로 5년 이상은 보장돼야 합니다. 내년 총선에 비례대표로 가게 되면 사후 보장책으로 요구하는 것은 당연히 포기합니다. 나에게는 명예 회복이 시급합니다.

이상휘는 당시 "알겠다. 그 일은 내가 결정하는 것이 아니니까. 알겠다"라고만 답변했다. 이러한 이상휘의 태도에 대해 진경락은 일기에 "지극히 당연한 반응이라고 생각되는데, 그 이유는 최근에 우리 사건과 관련해서 대통령의 지시로 관여하게 됐고 파악한 내용을 보고해왔으며, 이 일도 오직 한 분 말고는 어느 누구도 결정할 수 없기 때문에 정확하게 보고 드리겠다는 취지로 보임. 이상휘 비서관의 답이 시원스러웠는데, 그것은 본인이 미션을 처리하는 첫걸음이 순조롭다는 희망과 의욕이라는 감을 받음. 즉 上이 이상휘 비서관에게 준 미션이 있을 것이라는 예감. 그렇지 않고서야 지금껏 급히 일정을 잡아서 사람들을 만나고 나한테 다시 자주 만나자고 했으며(창구 역할을 해달라는 취지), 또 최종석을 통해 이번 주에 술을 하자고 했을 리가 없기 때문"이라고 적었다.

4부

재수사
2012–2013

검찰의 재수사, 불법 사찰의 전모

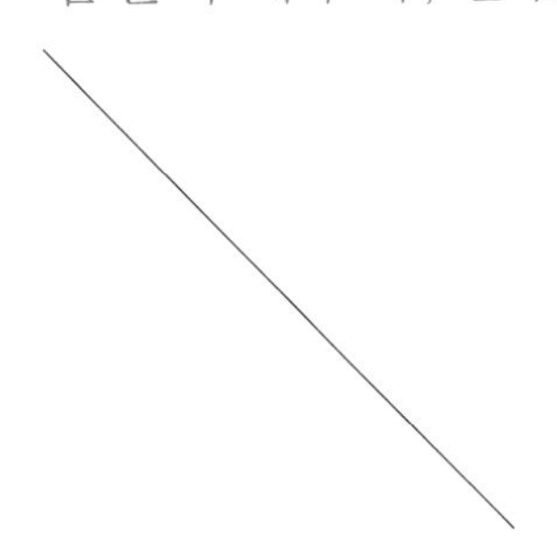

장진수의 녹음 파일

2012년 3월 2일 서초동 서울중앙지방검찰청의 기자실은 공습을 받은 것처럼 분주히 움직이기 시작했다. 장진수가 오마이뉴스의 팟캐스트 방송 〈이슈 털어주는 남자〉(이하 이털남)에 출연해 검찰의 1차 수사에서 밝혀지지 않은 윗선의 개입 의혹을 전격적으로 폭로했기 때문이다. 1심과 2심 재판을 거치며 증거인멸의 주범으로 몰리고도 입을 꾹 닫고 있던 그가 드디어 말문을 연 것이다.

장진수는 이날 방송에서 증거인멸을 지시한 인물은 청와대 행정관 최종석이라고 밝혔다. 이후 장진수는 여러 언론 매체와 접촉하며 윗선이 증거인멸에 개입한 사실을 적나라하게 폭로했다.

장진수의 폭로는 단계적으로 이뤄졌다. 〈이털남〉 측과 사전에 협의된 사항으로 이슈를 길게 가져가며 영향력을 극대화하려는 전략의 일환이었다. 당시 장진수가 〈이털남〉에서 일곱 차례에 걸쳐 폭로한 주요 내용은 다음과 같다.

1) 최종석 전 청와대 행정관이 진술인(장진수)에게 증거인멸을 지시했다.
2) 2011년 4월 15일 국무총리실의 류충렬 국장이 '청와대 민정수석실의 장석명 공직기강비서관이 마련한 돈'이라며 현금 5000만 원을 줬다.
3) 2010년 9월 16일 고용노동부 간부(이동걸)로부터 4000만 원을 받아 1500만 원은 변호사의 성공 보수로 쓰고, 2500만 원을 최종석에게 줬다.
4) 2010년 10월 18일 최종석이 장진수를 상대로 진실을 은폐하도록 회유했고, 장진수는 그 내용을 녹취했다.
5) 2011년 5월 11일 최종석이 진경락을 만나보라고 하여 진경락을 만났더니, 진경락이 이영호 전 청와대 고용노사비서관이 주는 돈이라며 2000만 원을 주었으나 받지 않았다.
6) 2011년 8월 8일 전임자(김경동)를 통해 소개받은 사람(이우헌)으로부터 2000만 원을 전달받았는데, 그 사람이 이영호 전 비서관이 주는 돈이라고 했다.
7) 진경락이 매달 공직윤리지원관실의 특수활동비 400만 원 중에서 200만 원은 이영호에게, 50만 원은 조재정, 30만 원은 최종석에게 주었다.

언론은 그의 한마디 한마디를 대서특필하며 세간의 이목을 집중시켰다. '부실 수사', '꼬리 자르기 수사'라는 여론의 빗발치는 비난에 직면한 검찰은 결국 한 달을 채 버티지 못하고 재판까지 마친 사건을 재수사하기에 이른다.

검찰의 재수사에서 장진수가 폭로한 내용은 상당 부분 진실인 것으로 밝혀졌다. 장진수의 폭로가 재수사를 이끌어낼 정도로 큰 파장을 불러온 것은 장진수의 '녹음' 때문이었다.

1심 판결이 나기 직전 장진수는 유죄 선고를 받을 게 확실하다고 느끼면서 더 이상 윗선을 신뢰할 수 없었다. 그는 2010년 10월 11일부터 2012년 3월 12일까지 사건 관련자들과 전화 통화하고 대화한 내용을 모조리 녹음해 기록으로 남겼다. 장진수가 자발적으로 검찰에 제출한 녹음 파일 4개에 검찰이 압수수색을 통해 강제로 확보한 녹음 파일까지 합치면 모두 69개나 됐다. 의미 있는 대화 내용은 대체로 장진수가 언론에 제보한 뒤 검찰에 자발적으로 제출한 녹음 파일에서 발견됐다.

이영호의 '호통' 기자회견

장진수의 잇따른 폭로로 민간인 불법 사찰 사건의 전모가 드러나는 건 시간문제가 돼버렸다. 이런저런 회유로 간신히 틀어막았던 거대한 둑이 장진수의 폭로로 일시에 터져버린 것이다.

검찰은 1차 수사가 부실했다는 여론의 뭇매를 한참 맞은 뒤인 2012년 3월 16일 특별수사팀을 꾸려 석 달 동안 재수사에 나섰다. 서울중앙지방검찰청 박윤해 형사3부장을 팀장으로 하고 형사부 검사들을 주축으로, 특수부 검사들을 보강해서 전면적으로 재수사하겠고 발표한 것이다.

하지만 수사팀의 구성을 두고 뒷말이 나왔다. 불법 사찰 사건은 특수수사라는 성격이 강해서 전담 부서인 서울중앙지방검찰청 3차장 산하의 부장검사를 팀장으로 두고 특수부 검사들을 대거 투입했어야 하는 것 아니냐는 주장이 제기됐다. 대내외에 수사 의지를 보여줄 수 있다는 측면에서 고려해볼 만한 카드였지만, 어떤 이유에서인지 수사 초기에는 반영되지 않았다.

그러나 수사를 하면 할수록 들여다볼 내용이 급증하자, 검찰 수뇌부는 결국 수사 검사를 14명까지 늘렸다. 수사 초기에 형사부 검사를 중심으로 조직한 수사팀도 중반으로 넘어가면서, 형사부 검사 4명에 특수부와 금융조세조사부 등 인지 부서의 검사 9명으로 구성되어 비율이 역전됐다. 또 검찰 수사관과 대검찰청의 자금추적팀, 예금보험공사 직원 등 수사를 지원하는 인력도 46명이나 투입됐다.

수사팀이 출범한 지 나흘 후 이영호가 아무 예고도 없이 기자회견을 하겠다고 언론에 통보했다. 기자회견 장소는 도심 한복판인 한국프레스센터였다. 이영호 스스로의 표현대로 '몸통'이 모습을 드러내는 순간이었다. 기자회견이 시작되기 2시간 전부터 한국프레스센터는 취재기자와 카메라 기자가 뒤섞여 발 디딜 틈이 없었다. 그는 언론의 집중 취재 대상이었지만 그동안 모습을 전혀 드러내지 않았기 때문에 기자회견에 대한 관심은 더 증폭될 수밖에 없었다.

기자회견 당일인 2012년 3월 21일 카메라 플래시가 쉴 새 없이 터지는 가운데 상기된 표정으로 연단 앞에 선 이영호는 몰려든 취재진을 좌우로 훑어봤다. 약간은 놀란 듯한, 약간은 원망 섞인 듯한 표정이었다. 그는 마이크에 대고 한숨을 몰아쉬면서 기자회견을 시작했다.

"국민 여러분, 청와대 고용노사비서관을 지낸 이영호입니다. 먼저 민주통합당이 주장하는 민간인 불법 사찰과 관련하여 국민 여러분께 걱정과 심려를 끼쳐드려 죄송하다는 말씀을 드립니다."

그는 잠시 연설을 중단하고, 단상 오른쪽으로 나와 허리를 굽히고 고개를 숙였다. 하지만 이후부터 그의 목소리는 떨리기 시작했고 급격히 높은 톤으로 올라갔다.

"현재 언론에서 집중 보도되고 있는 소위 민간인 불법 사찰 사건은 2008년 9월경 공직윤리지원관실에서 국민은행 자회사인 KB한마음의 대표 김종익 씨의 개인 비리를 조사하는 과정에서, 김종익 씨를 공기업 자회사의 임원으로 오인하여 우발적으로 빚어진 사건입니다. 하지만 김종익 씨 사건은 공직윤리지원관실 직원들의 업무 미숙에서 일어난 사건이며, 청와대나 제가 민간인 불법 사찰을 지시한 적은 '결코' 없습니다."

기자회견장은 이영호의 큰 목소리 때문에 마이크에 하울링이 생길 정도였다. 낮술을 하고 호통을 치는 듯 같은 단어를 여러 차례 반복했다. 말끝을 흐리거나 어떤 단어는 틀리게 발음하기도 했다. 그의 앞에 앉아 있던 기자들 사이에서 '아……' 하는 탄성이 새어 나왔다. 이영호는 계속해서 다짐하듯 자신의 혐의를 강하게 부정했다.

"민간인 불법 사찰이란 용어는 현 정부를 음해하기 위한 음모이고 정

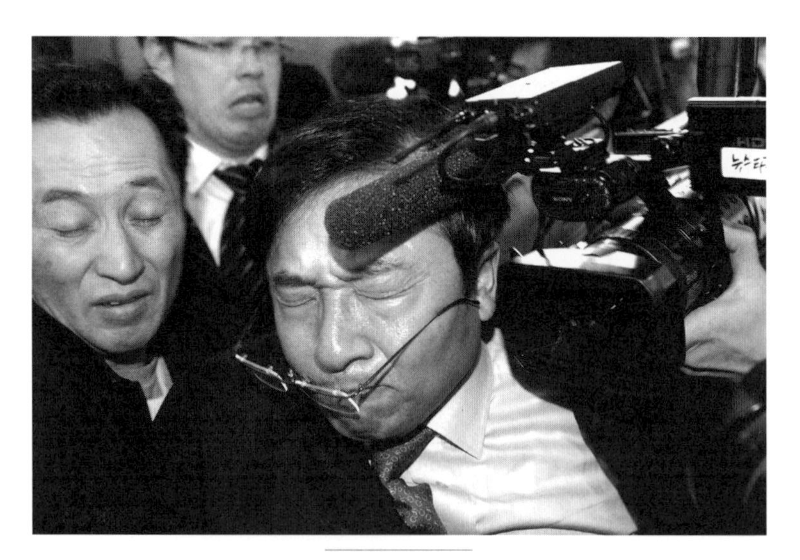

이영호 고용노사비서관이 서울프레스센터에서 '호통' 기자회견을 마치고 나갈 때다. 스스로를 민간인 불법 사찰의 몸통이라고 주장했다. 그가 자신의 입장만 일방적으로 밝힌 뒤 자리를 뜨자 기자들이 쫓아가며 질문 공세를 폈다. 기자회견장은 취재 기자와 사진 기자들이 뒤섞여 발 디딜 틈이 없었다. 이 와중에 그는 취재진과 뒤엉켰다. 떠밀려 안경이 벗겨지고, 카메라에 머리를 부딪치고, 바닥에 넘어지는 등 곤욕을 치렀다.

치 공작입니다. 청와대와 저는 민간인을 불법 사찰한 사실이 없습니다. 청와대와 저 이영호는 다시 한 번 KB한마음 대표 김종익 씨 사건과는 아무런 관련이 없음을 명백히, 명백히 밝히는 바입니다. 아울러 민정수석실도 무관합니다."

마침내 이날 기자회견에서 가장 유명한 대목이 회견장에 울려 퍼졌다.

"자료 삭제에 관한 모든 문제는 바로 제가 몸통입니다. 몸통입니다. 저에게 모든 책임을 물으시기 바랍니다."

그는 그러면서도 하드디스크의 삭제를 지시한 것은 그 안에 불법 자료가 있어서가 아니라 외부로 유출됐을 경우 악용될 가능성을 차단하기 위함이라고 주장했다. 이영호는 이날 마치 여당의 국회의원이라도 된 것처럼 야당에 대한 공격을 서슴지 않았다.

"민주통합당의 한명숙 대표께서는 이러한 사실을 잘 알고 있음에도 불구하고, 여론을 이용하고 민간인 불법 사찰로 사실을 왜곡하며 폭로전을 하는 것은 진실을 은폐하고 현 정부를 음해하기 위해 각본에 의한 정치 공작이라고 할 수밖에 없습니다. 민주통합당의 한명숙 대표와 박영선 의원께 생방송 공개 토론을 제안합니다."

시종일관 취재진과 국민을 향해 호통을 치며 일방적인 기자회견을 한 그는 취재진의 질문도 받지 않고 도망치듯 기자회견장을 떠났다. 취재진에 둘러싸여 수백 미터 추격전을 벌인 그는 카메라에 부딪혀 안경이 떨어지기도 했고, 바닥에 넘어지기도 했다.

이날 이영호의 '호통' 기자회견은 한때나마 청와대에 몸담았던 고위공직자의 모습이라고는 도저히 믿기지 않는 광경이었다. 궁지에 물린 이영호가 기자회견이라는 방식을 통해 정면 돌파를 시도했지만 상황은 더욱 악화됐다. 후일담 하나를 소개하자면, 이영호는 검찰에 구속된 후 피의자 조사를 받는 과정에서 "기자회견 문구는 혼자 다 썼다. 노조위원장 출신답게 기자회견을 했다"라고 자화자찬했다고 한다.

이영호, 철창에 갇히다

이영호가 자신을 공직윤리지원실의 증거인멸을 지시한 몸통이라고 밝히자 검찰 재수사의 다음 수순은 예고된 것이나 다름없었다. 기자회견이 있고 난 사흘 뒤인 3월 23일 검찰은 이영호의 자택 등 사건과 관련된 네 곳을 압수수색한 데 이어, 4월 4일에는 증거인멸을 지시한 혐의로 이영호와 최종석 전 행정관을 함께 구속했다.

하지만 이영호는 철창에 갇힌 신세가 됐는데도 기자회견에서 예고한 대로 검찰 조사에서 자신의 주장만 강변할 뿐 대부분의 사안에 대해 끝까지 변명과 모르쇠로 일관했다. 실제로 검찰의 진술 조서를 보면, 대부분의 답변이 '기억나지 않는다' '모른다' '다른 사람한테 물어보세요' '저와 관련 없습니다' '진술 거부하겠습니다' '언론 보도를 다 믿습니까' 등으로 채워졌다.

2010년 7월 당시에 자료를 삭제한 배경에 대해 질문을 받자, 이영호는 "국무총리실에서 검찰에 수사를 의뢰하고 압수수색이 나오는 것이 기정사실화된 상황에서 이에 대비해야 하는데, 공직윤리지원관실 직원들이 우왕좌왕하고 청와대에서도 아무도 안 나서고 해서 내가 최종석 행정관을 불러 철저히 자료 삭제를 하라고 지시했다"라고 주장했다.

이렇게 중요한 결정을 청와대 대통령실장이나 적어도 수석비서관에게 보고도 하지 않고 비서관 선에서 결정했다는 게 납득이 되지 않았다. 하지만 그는 모든 것을 혼자 안고 가겠다는 듯이 독자적 결정이었음을 거듭 강조했다. 검찰은 '청와대 민정의 김진모, 장석명 비서관이 이영호 비서관에게 증거인멸을 강력히 요구하며 구체적 방법론까지 언급했다'라는 진경락의 진술을 토대로 윗선을 추궁했다. 이영호는 "누구에게도 자료 삭제를 요구받거나 지시받은 적이 없다"라고 버텼다. 윗선을 추궁하는 질문이 이어지면 그는 '내가 몸통'이라는 말만 되풀이했다. 다음은 2012년 4월 4일의 검찰 조사에서 나온 내용의 일부분이다.

> 검사: EB(이영호)라는 용어 들어봤나요.
>
> 이영호: 처음 들어보는 용어입니다.
>
> 검사: 피의자는 '기억나지 않습니다'라는 답변만 되풀이하고 있는데.
>
> 이영호: 너무 오래돼서 기억이 잘 나지 않습니다.
>
> 검사: 최종석, 장진수 등 이 사건 관련자들은 당시 상황에 대해 구체적이고 사실과 부합되는 진술을 하고 있는데, 어떻게 피의자만 당시 상황을 기억 못 할 수가 있나요.
>
> 이영호: 기억나지 않습니다.

이영호는 진경락과의 대질심문에서도 이러한 입장을 고수했다. 진경락은 솔직히 모든 것을 털어놓은 상태였지만, 이영호는 여전히 발뺌

했다.

검사: 진경락을 통해 공직윤리지원관실에 특정 국회의원 후원회의 자금원 조사를 지시하도록 했다는데.

이영호: 그런 적 없습니다. 제가 왜 그런 지시를 합니까. 그리고 자금원을 어떻게 확인합니까.

검사: 자료 삭제 관련해서는?

이영호: 저는 기억도 안 날 뿐만 아니라 진경락에게 자료 삭제를 지시한 사실이 없습니다.

검사: 진경락이 없는 말을 꾸며대고 있다는 말인가요.

이영호: 모르겠습니다.

검사: 기억 못 할 수는 없을 것 같은데.

이영호: 저는 그런 말을 안 했습니다.

검사: '사내 새끼가 쫄기는'이라고 했다는데.

이영호: 그런 말은 하지 않았습니다.

검사: 진경락이 꾸며낸 얘기란 건가요.

이영호: 모르겠습니다. 약간 언성을 높인 사실은 있지만 욕을 한 사실은 없습니다.

검사: 장진수가 최종석에게 '검찰이 가만히 있겠느냐. 그렇게는 못하겠다'고 했더니, 최종석은 '검찰이 문제 삼지 않기로 민정과 얘기가 됐다'는 취지로 말했다는데.

이영호: 모릅니다.

검사: 최종석이 이런 말을 꾸며낼 수는 없는 것 아닌가요.

이영호: 민정수석실은 전혀 관계가 없습니다.

검사: 진경락에게 '다른 사람은 모르겠는데 내가 너한테는 죽을죄를 지었다'고 말하지 않았나요.

이영호: 술에 취해 있었기 때문에 잘 기억이 안 납니다.

검사: 지시 안 했으면 미안할 게 뭐가 있나요.

이영호: 제가 진 과장에게 자료 삭제는 지시하지 않았습니다.

검사: '평생 먹여 살리겠다'는 말을 한 적 있나요.

이영호: 돈을 벌면 저 때문에 고생한 사람들을 평생 책임져주고 싶습니다.

이영호의 '모르쇠 진술'은 이번이 처음이 아니다. 그는 2010년 8월 검찰의 1차 수사 당시에도 철저하게 거짓말로 조사에 임했다. 당시에는 진경락과 장진수, 이인규 등에게 모든 죄를 뒤집어씌운 상황에서 참고인 신분으로 조사를 받았기 때문에 검찰을 상대하기가 훨씬 수월했다. 그해 8월 6일 검사는 '당신이 공직윤리지원관실을 사실상 지휘했고, 공직윤리지원관실의 업무와 관련한 보고를 받아왔다고 하는데, 어떻게 생각하느냐'라고 질문했다. 이영호는 그때도 '근거 없는 의혹 제기'라고 태연히 거짓말을 했다. 검사는 진경락이 수십 차례 청와대를 출입한 기록을 근거로 진경락으로부터 수시로 비선 보고를 받지 않았느냐고 추궁했지만, 그는 강하게 부인했다. 민간인 불법 사찰과 자신과의 관련성을 묻는 다른 질문에도 대부분 모른다는 취지로 답변했음은 물론이다.

'키 맨' 진경락의 심경 변화

4월 4일 검찰이 이영호를 구속하자 다음 타깃은 진경락이었다. 장진수의 폭로로 진경락이 이번 사건의 키 맨이라는 사실이 만천하에 드러난 상황이었다. 이 역시 예고된 수순이었다. 검찰은 4월 13일 그를 체포했다. 진경락이 수사에 협조함에 따라 검찰의 재수사는 이영호의 모르쇠 진술에도 불구하고 탄력을 받게 됐다. 하지만 처음부터 수사가 순탄했던 것은 아니다.

진경락은 체포된 직후인 4월 13일과 14일 두 차례 피의자 신분으로 조사를 받았다. 처음에는 진술을 완강하게 거부했다. 그는 질문하는 검사 앞에서 눈을 감고 있거나 바닥을 쳐다보며 작정하고 대답을 회피했다. 심지어 본인이 직접 작성한 공직윤리지원관실의 문건을 검사가 들이대며 다그쳐도 묵묵부답이었다.

이영호가 모르쇠로 일관하는 상황에서 '키 맨'으로 불리던 진경락마저 입을 다물자 검찰은 매우 난감해했다. 하지만 검찰의 1차 수사 당시 억울하게 죄를 뒤집어썼다고 생각한 진경락은 이영호보다는 마음속에 맺힌 것이 많았다. 결심만 서면 입을 열 수 있는 인물이었다.

4월 16일 진경락의 구속영장이 발부되면서 변화의 조짐이 보이기 시작했다. 구치소에 수감되자 옴짝달싹 못 하는 현실을 실감했는지, 검찰이 피의자 조사에 들어가자 그는 작심한 듯 자백을 하기 시작한다. 이번에는 절대 희생양이 되지 않겠다는 태도였다.

"저는 정말 억울하다. 제가 구속돼 재판을 받으면서 너무 괴로웠고, 참기 어려웠다. 저를 이렇게 만든 사람이 이영호이기 때문에 이영호에 대한 원망과 적개심이 컸다. 더군다나 이영호가 자기와 권력을 놓고 경쟁을 벌였던 민정에 대해서는 보호하면서도, 자기를 위해 개처럼 일했던 저를 희생양으로 삼은 것에 대해 정말 울분이 컸다."

한번 말문이 트이자, 그는 공직윤리지원관실이 저지른 불법 사찰의 실태와 증거인멸 사건의 실체에 대해 진술을 쏟아냈다. 공직윤리지원관실이 이영호에게 비선 보고를 하게 된 과정도 소상히 밝혔다.

"이영호가 공직윤리지원관실의 조직 창설을 주도하고 주요 보직도 인선했다. 이영호에 대한 비선 보고는 내가 담당했다. 물론 이인규 지원관의 지시로 이영호한테 보고했던 것이고, 내가 직접 이영호를 찾아가 대면 보고도 했지만 3분의 2 정도는 보고서를 밀봉해 보내주는 방법으로 보고했다. 모든 건들을 민정에 보고하지만, 민정에 보고하는 것은 '정선 보고', 이영호에게 보고하는 것은 '비선 보고'라고 할 수 있다. 이영호가 관심을 가질 사안에 대해서는 비선 보고를 하고 나머지는 민정에 정선 보고를 한다. 2010년 문제가 됐던 김종익 씨 민간인 불법 사찰 사건도 비선 보고에 포함돼 있었다."

진경락은 이영호가 불법 사찰의 몸통임을 뒷받침하는 구체적인 진술도 쏟아냈다.

"이영호는 특정 공직자의 뒤를 캐보라고 지시하거나, 나아가 뒤를 캐서 그 사람을 잘리게 하라는 등의 지시도 했다. 그리고 특정 공무원이나 지방자치단체장 등 특정 인물의 동향을 파악해서 보고하라는 지시도 있었다. 사실 제가 듣기에도 좀 심한 것들은 곤란하다고 말하면서 지시를 철회하도록 하기도 했다. 이영호는 저를 불러 직접 구두로 지시하는 경우도 있었고, 메모를 해주는 경우도 있었고, 전화로 지시하는 경우도 있었고, 다른 기관에서 생산된 자료를 주면서 확인해보라고 지시하는 경우도 있었다. 아무튼 다양한 방법으로 지시했다."

진경락은 공직윤리지원관실을 움직인 핵심 세력은 영포 라인이라는 사실도 털어놓았다. 그가 구치소에 면회 온 이들에게 자주 말했던 소위 '우리 진영'이란 표현에 대해서도 설명했다.

"증거인멸 사건으로 구속됐을 때 접견 내용을 보면 내가 '우리 진영'이라는 표현을 썼는데, 이영호가 그런 표현을 자주 써 저도 그런 표현을 썼던 것이다. 내가 아는 우리 진영은 저를 포함해 박영준, 이영호, 이강덕(전 민정수석실 공직기강팀장), 이인규, 조재정, 최종석 등이다. 우리 진영 인물들은 고향이나 출신 고교가 포항 지역인 이른바 '영포 라인' 인맥이었다."

진경락의 협조로 공직윤리지원관실의 운영 실태와 불법 사찰의 전모를 파악하게 된 검찰의 다음 수순은 민간인 불법 사찰이 또 있었는지 일일이 확인하는 것이었다. 1차 수사 때는 증거나 정황이 부족해 어물쩍 넘어갔던 부분이었다. 사즉생의 각오를 밝힌 재수사에서는 철저히 진상을 규명한다는 방침 아래 업무 처리 목록에 나오는 모든 사건을 스크린했다. 이 과정에서도 진경락의 진술은 여러모로 도움이 됐다. 그의 기억을 통해 목록에 이름만 나와 있던 내사 사건들은 하명한 주체와 내사한 경위, 처리한 결과 등이 복원되기 시작했다. 다음은 2012년 5월

1일 검사와 진경락이 주고받은 문답의 일부다.

> 검사: 외장 하드에 기재된 '민주노총 돈줄 확인'은 무슨 의미인가요.
> 진경락: 이영호 비서관이 '민주노총이 우리나라 노사 관계를 개판으로 만들고 있는데, 그것도 다 돈이 있으니까 그러는 거 아니냐'라고 하면서 그 돈줄을 확인해보라고 지시했습니다.
> 검사: 공직윤리지원관실의 업무와 무슨 상관인가요.
> 진경락: 무관합니다.
> 검사: 무관한 업무를 피의자가 지시했나요.
> 진경락: 안 했을 수도 있습니다.
> 검사: '민선 지자체장 손발 견제'라는 문구도 있는데 공직윤리지원관실의 임무인가요.
> 진경락: 아닙니다.
> 검사: 지자체장의 약점을 잡아 정치적 필요 등에 따라 이용하겠다는 취지 아닌가요.
> 진경락: (진술 못 함)
> 검사: 모두 불법행위 아닌가요.
> 진경락: 적절치 못하다고 생각합니다.

진경락의 외장 하드디스크 / 김경동의 USB

재수사에서는 심경 변화를 일으킨 진경락의 진술도 파급력이 컸지만, 공직윤리지원관실의 불법 사찰을 입증할 여러 증거물이 새로 발견됐다. 그중에서도 진경락의 여동생의 집에서 발견한 외장 하드디스크는 최대의 수확물로 꼽힌다. 검찰 수사가 급진전하게 된 데에는 압수수색을 통해 확보한 진경락의 외장 하드디스크와 김경동의 USB가 결정적 역할을 했다. 검찰은 2012년 4월 13일 대전에 사는 진경락의 여동생의 자택에서 외장 하드디스크를 압수했다. 거기에는 진경락이 일하면서 느꼈던 바를 메모 형식으로 꼼꼼히 저장해둔 기록물이 잔뜩 보관돼 있었다.

외장 하드디스크를 확보하는 데에는 운이 따랐다. 진경락은 중요한 자료를 저장한 USB가 여러 개 생기자 편의를 위해 외장 하드디스크 한 곳에 복사해 모아뒀다. 그러다가 여동생에게 사진 파일을 보내는 과정에서 실수로 업무 자료들을 보관한 폴더까지 같이 전달했다고 한다. 검찰 수사가 시작되자 진경락은 업무 자료를 저장한 본인의 외장 하드디스크는 없애버렸지만, 같은 내용을 저장한 또 다른 외장 하드디스크가 여동생의 집에 남아 있을 줄은 모르고 있었다.

외장 하드디스크에는 진경락이 사적으로 적어놓은 메모가 많은데 대부분 당시 상황과 인물평을 가감 없이 묘사했다. 예를 들어 외장 하드디스크에는 공직윤리지원관실이 감사원이나 민정수석실과 갈등을 일으키는 대목도 나오는데, 그 내용은 다음과 같다.

2010년 3월 15일. 경북 영양군수의 비리와 관련해 업무 협조를 위해 공직윤리지원관실의 이기영, 원충연 감사가 감사원을 찾아갔다. 그런데 감사원의 유○○ 기동감찰과장이 다소 고압적인 태도를 보였다고 한다. 이에 공직윤리지원관실 박○○ 감사가 3월 26일 감사원 최○○

감찰담당관을 만나 '원장과 사무총장의 기본 인적 사항을 알려달라'고 했다. 그러자 감사원의 김영호 특조국장이 이인규에게 "감사원도 감찰 대상이냐"라고 항의했다는 것이다.

또 3월 29일에는 배건기 청와대 공직기강비서관실 감찰팀장이 김진모 민정2비서관을 통해 '공직윤리지원관실에서 나를 미행한다'라고 항의했고, 4월 2일에는 장석명 공직기강비서관이 이인규에게 '공직윤리지원관실은 작년에 VIP께서 가르마를 타준 것(공직윤리지원관실의 업무에서 EB는 손을 떼라고 上이 지시하셨다는 것)을 위반했다'라며 항의했다는 내용도 나온다. 검찰이 '이인규-이영호-박영준'으로 연결되는 P-Group이 존재하며, 비선 라인의 최정점에 박영준이 있다고 판단한 것도 외장 하드디스크에 저장된 자료가 있었기 때문에 가능했다.

재수사 과정에서 확보한 김경동의 USB에도 의미심장한 내용들이 저장돼 있었다. 김경동은 장진수의 전임자로 공직윤리지원관실 주무관으로 일하다가 2012년 3월 23일 검찰이 압수수색을 나온 당일에는 행정안전부에서 근무하고 있었다. 검찰은 김경동이 보관하던 USB를 찾아냈다. 그 안에서 공직윤리지원관실의 현황이나 운영 방향과 관련해 이인규가 지시했던 내용을 적은 문건들이 나왔다. '민선 지자체장 손발 견제' '민주노총 돈줄 등 확인' '내부 감청 장치 구비' 등 민감한 내용들이 수두룩했다. 공직윤리지원관실의 조직도, 근무자 명단, 추진 실적, 과제 등은 물론 이른바 'VIP 충성 문건'도 여기서 발견됐다. 대부분 진경락이 작성한 문건들이었다.

□ **당면과제 <별첨 2>**

ㅇ 새 정부의 **국정철학이** 조속히 **뿌리를 내릴 수 있도록 공직기강 확립**

- **무능 · 복지부동**한 공직자에 대해 一罰百戒 차원에서 단호히 **인사조치**

- 추석 · 2학기 교직원 인사철 전후로 **금품수수·향응 제공행위 적발(9월중) 등 집중 감찰**

ㅇ 각 부·처에 대해 국정과제 · VIP 지시사항 관련 **정책점검 실시(9월)**

- 특히, **'공기업 선진화'**가 원만히 추진되도록 **다각도 지원(선진화 완료시까지)**

ㅇ 전 정권 말기에 **대못질한 코드인사** 중 MB 정책기조에 부응하지 못하거나 저항하는 인사에게 **사표제출 유도(9월, 공기업 임원 39명)**

※ 필요시 각 부처 감사관실 동원

□ **향후 중점 추진방향**

◈ **매년 상 · 하반기 '전부처 감사관회의'를 개최, 「공직기강 확립 업무추진 지침」 시달**

◈ **주요 현안 발생 및 취약 시기별 '관계부처 감사담당관회의' 개최, 효율적인 대응방안 강구**

ㅇ **정부 주요정책**을 지속적으로 **점검 (분기별 7개 과제)**

- 각종 제도운영과 정책추진상의 불합리한 사항을 개선하여 주요국정의 합목적성과 효율성을 제고

ㅇ **공직사회의 부조리 · 비리 척결**을 통해 국민으로부터 **'신뢰받는 정부' 구현**

- 업무추진의 합리성과 절차의 투명성을 제고하여 업무와 관련된 공직 비리 등 사전 차단(**특명 · 첩보 접수시 상시 추진**)

ㅇ **공직사회 사기 진작, 애로사항 개선**을 통해 '일하는 분위기' 조성도 병행

- 맡은 소임을 묵묵히 수행하는 **우수 공무원, 공기업 임직원을 발굴,** 표창상신 등 격려(6월 · 12월)

7957

- 2 -

일명 'VIP 충성 문건'. 당면과제.

그런데 김경동의 USB에 어떻게 그런 문건들이 저장되어 있었을까. 김경동이 검찰에서 진술한 내용에 따르면, USB에 저장된 파일들은 진경락의 컴퓨터에서 복사한 파일이었다. 주로 진경락이 김경동에게 청와대에 가져다주라고 지시했던 파일들이다. 김경동의 USB에서 발견된 문건 중에서 가장 눈에 띄는 것은 단연코 'VIP 충성 문건'이다. 이 문서는 공직윤리지원관실이 신설된 목적과 활동 방향을 일목요연하게 정리한 완결판이다. 권위주의 정부 시절에서나 있을 법한 소름 끼치는 문구를 통해 이명박 대통령에 대한 그들의 충성심을 어렵지 않게 느낄 수 있다.

> 조직 신설 목적
>
> –새 정부 출범에도 불구, 노 정권 코드 인사의 음성적 저항과 일부 공직자들의 복지부동으로 인해 VIP의 국정 수행 차질
>
> 추진 실적 중
>
> –조직적 반MB, 반정부 흐름 차단
>
> –무능 특정 지역 출신 모임 등 부적절한 공직 사회 동향 파악(촛불 집회 무능 서울청 경비부장, 적십자 총재 교체 관련 동향 보고서 사실 확인 없이 작성 보고한 복지부 간부, 이무영 의원 중심으로 결집하는 특정 지역 출신 경찰관 모임)
>
> –참여정부 공기업 임원 사표 제출 독려(8월 현재 60명 중 21명 사표 제출)
>
> –야당의 정치 공세 빌미가 될 사건 사전 차단(인천 한들택지개발지구 지정 사건)
>
> 당면 과제 중

-전 정권 말기에 대못질한 코드 인사 중 MB 정책 기조에 부응하지 못하거나 저항하는 인사에게 사표 제출 유도(9월, 공기업 임원 39명). 필요시 각 부처 감사관실 동원. 근무 요원 명단이 있고, 이 중 이인규 추천자가 다수이고 BH 추천자도 두 명
-지휘 체계 검토안(국무총리안과 민정비서관안 검토) 결과 통상적인 공직기강 업무는 국무총리가 지휘하되, 특명 사항은 VIP께 일심으로 절대 충성하는 친위 조직이 비선에서 총괄 지휘
-VIP 보고는 지원관→BH 비선→VIP로 하고, 총리 보고는 지원관→총리로 함. 감찰 결과 조치는 이강덕 BH 공직기강팀장과 사전 조율

김기현의 USB와 '하명 사건 처리부'

진경락의 외장 하드디스크와 김경동의 USB는 불법 사찰 사건 수사의 '스모킹 건(범죄나 사건의 결정적 단서)'이 됐지만 외부에는 거의 공개되지 않았다. 반면 경찰청 김기현 경정의 USB는 민간인 불법 사찰의 심각성을 언론을 통해 대외적으로 알리는 계기가 됐다.

김기현은 경찰청 감찰담당관실 소속으로 2009년부터 2년 동안 공직윤리지원관실에 파견되어 근무했다. 그때 얻은 감찰 자료와 민간인 사찰 문건 등을 USB에 보관해오다 검찰에게 압수됐다.* 김기현의 USB를 맨 처음 입수한 언론사가 KBS 파업을 주도했던 전국언론노동조합 KBS본부가 꾸린 '리셋 KBS팀'이었다.

* 김기현은 감찰 자료를 무단 반출해 보관한 행위가 문제가 돼 경찰청으로부터 정직 3개월의 징계를 받았다.

이들은 1차 수사의 기록에 편철된 김기현의 USB에 민간인 불법 사찰 사건과 관련된 내용이 있으리라고 예상했다고 한다. 하지만 수사 기록은 사건 당사자와 담당 변호사만 열람할 수 있게 되어 있어 접근이 쉽지 않았다. 이들은 장진수 측과 조율해 함께 수사 기록을 열람했고, 마침내 김기현의 USB에서 나온 파일들이 저장된 CD를 복사하는 데 성공했다.

김기현의 USB에는 파일만 2619개가 들어 있었다. 이 파일 중 일부에는 2008년 7월부터 3년 동안 공직윤리지원관실 산하의 점검1팀이 사찰한 내역과 구체적인 결과 보고서가 포함돼 있었다. 특히 눈길을 끌었던 것은 소문으로만 돌던 청와대 〈하명 사건 처리부〉 문건이었다.

2008년 하명 사건 처리부

- 접수: 15 건
- 완료: 8 건
- 진행중: 7 건

연번	접수일	건명	대상자	내용	진행상황	비고
1	08.7.	대한적십자사 총재 관련	이○○	대한적십자사 총재	완료	
2		국가시험원 (복지부 산하)	김○○		완료	
3		한국조폐공사 감사	김○○	공기업 임원 사표 거부	완료	12.1 사표
4		소방검정공사	박○○	〃	〃	
5		충남도청	이완구		〃	
6		한빛산부인과		송파구 방이동 소재	〃	

연번	접수일	건명	대상자	내용	진행상황	비고
7		촛불 집회 검거 수범 사례 보고			완료	
8		문제 단체 현황		문제 단체에 대한 현황 파악	〃	
9		인터넷 VIP 비방글		인터넷 대통령 비방글 처리 대책 건의	〃	
10		불법 시위 근절 대책 건의			〃	
11		장훈학원 이사장	박○○	학원 사유화 등 사학재단 비리	진행중	
12		서울대병원 비방 벽보		서울대 병원 비방벽보 사건 진상 파악	완료	
13		남○○ 의원		妻관련 수사시 외압 행사	진행중	
14		KBS 이사 선임		KBS 이사 선임 부적격 여부 확인	완료	
15		KB한마음		다음 블로그에 명예훼손 비방글 게재	진행중	
16	08.11.13 (총리실)	남양주시청	홍○○	공사 대금 횡령 및 승진 청탁	완료	
17	〃 (총리실)	구리시청	신○○	기자재 대금 횡령 및 설치비 횡령	완료	
18	08.11.17 (BH)	뉴라이트기업 연합	김○○	기업 대출 관련 사기	완료	
19		안산도시개발	김○○	민영화 반대 시위 주도	완료	
20	총리실		임○○	(진천서장) 대운하 반대 등 국정 철학 배치 언행	완료	
21	총리실		김○○	(8사단장) 부적절한 비위 행위	완료	
22	총리실		신○○	불우 이웃 돕기 성금 횡령 및 업추비 횡령	완료	
23	총리실		이○○	각종 이권 개입	완료	
24		성매매 관련	불상	경기 광주 일대 성매매 업주 및 여성	완료	
25		국무총리실 국장 물의 야기	이○○	음주 후 경찰관 폭행 등 공무방해(방배서)	완료	

2009년 하명 사건 처리부

연번	접수 일시	하명 관서	피내사자	소속 및 직책	하명 내용	담당자	진행 상황
1	2.26	BH (민정)	인천교육청 장학사		학력평가 담당 13개 교육청의 장학사들 10박 11일 동안 이집트 등 관광성 외유 관련	최영호	종결
2	3.12	BH (민정)	신○○	방송통신 위원회 통신정책국장	민간 기업 인사 청탁 및 방통위 내부 정보 민간 기업에 유출	권중기	종결 (방통위 통보)
3	3.20	BH (민정)	김○○	前대한토지신탁 사장	前대한토지신탁 사장 관련 보고	이기영	종결
4	3.27	BH (민정)		경찰청 특수수사과	경찰청 특수수사과 확대개편 관련 보고	권중기	종결
5	3.31	BH (민정)	김○○	국립청소년 수련원	국립청소년 수련원 이사장이 편파 인사 및 문제 인사를 단행하는 비리	김기현	종결
6	4.2	총리실	환경부 등		좌파 환경 단체 보조금 중단 관련 공문	1팀 전체	종결
7	4.22	BH (민정)	환경부 등		'댐을 세우면 수질 되레 악화' 제하 조선일보 기사(박○○기자)와 관련 환경부 내 정보 유출자 색출	1팀 전체	종결
8	4.27	총리실	환경자원 공사		HID가 환경자원공사에 난입하여 부렸고, 그 배후에 최시중 방통위원장의 동생이 있다는 첩보가 있어 확인 필요	이기영	종결
9	6.24	BH (민정)	윤○○	행정안전부 중앙공무원 교육원	중앙공무원교육원 기획부장이 업무를 태만히 하고 있어 확인 필요	김기현	종결
10	7.27				KBS, YTN, MBC 임원진 교체 방향 보고	원충연	종결
11	7.27	BH (민정)	○○물산, ○○물산	상이군경회	고철, 폐변압기 처리 사업권 사업권 관련 비리	권중기	종결

연번	접수 일시	하명 관서	피내사자	소속 및 직책	하명 내용	담당자	진행 상황
12	9.7	BH (민정)			임진강 인명 사고 대응 및 지연 보고 관련 조사보고	김기현 이기영	종결
13	9.16	BH (민정)		방송통신 위원회	방통위 내부 자료 유출 관련 조사 결과	1팀 전체	종결
14	9.18	BH (진정)	한국석유 관리원		○○ 주유소 경유 검사 결과에 대한 진정 건에 대한 결과 보고	이기영	종결
15	9.29	총리실		국무총리실 행정심판위원회 위촉자 스크린	국무총리실 행정심판위원회 위촉자들에 대한 세평 및 여론 동향 수집	1팀 전체	종결
16	9.7	BH (민정)		김○○ 등	고위공직자 중 아파트의 펜트하우스 분양받는 등 비위 행위 내사	김기현	종결
17	9.7		소청심사 위원회		지난 10년간 중한 범법 행위를 해 당초 징계를 받은 사람 중에 소청심사위원회를 통해 경미하게 빠져나온 사례	권중기	종결
18	11.18	총리실 (진정)	전○○	국무 총리실	이혼하면서 처제를 성폭행하려다 미수에 그치고, 세금 문제로 인천세무서장에게 부정한 청탁을 하였다는 내용	권중기	종결 (총리실 통보)

이 처리부에는 민간인 불법 사찰 피해자였던 KB한마음 대표 김종익 이외에도 노무현 정부 시절 임명된 공기업 임원에 대한 적나라한 사찰 내용, 시민단체의 대표나 문화계 인사 등 사회 각 분야 인사들과 고위 공직자에 대한 감찰 보고, 장차관의 복무 동향 파악 등 베일에 가려 있던 공직윤리지원관실 업무의 실체가 맨얼굴을 드러내고 있었다.

리셋 KBS팀은 보도의 영향력을 극대화하기 위해 다른 언론사 네 곳, 즉 한국일보, 경향신문, 서울신문, 한겨레신문 측과 극비리에 접촉해 파일을 공유했다. 그러자 파장은 걷잡을 수 없이 커졌다. 이는 검찰 수사의 흐름이 단순히 증거인멸의 배후를 캐는 수사에서, 그동안 밝혀지지 않았던 민간인 불법 사찰의 추가 사례를 찾아내는 것으로 확대되는 계기가 됐다.

이튿날인 4월 1일 오후 3시 대검찰청은 긴급 기자회견을 열었다. 서울중앙지방검찰청 산하의 특별수사팀에서 맡고 있는 사건에 대해 지휘 부서인 대검찰청이 직접 기자회견을 열어 설명한 것이다. 그만큼 김기현의 USB를 공개한 파장이 컸다는 의미다. 당시 대검찰청 차장검사였던 채동욱이 브리핑을 맡았다.

"이 사건과 관련한 각종 의혹에 대해 진상을 조속히 규명해 엄단하라는 것이 국민 여러분의 여망임을 겸허히 받아들이고 있다. 국민의 관심이 집중된 매우 중차대한 사안임을 직시하고 있다. 그동안 수사 과정에서 아홉 곳에 대한 압수수색과 최종석 전 청와대 행정관과 이영호 전 청와대 고용노사비서관 등 10여 명의 관련자들에 대해 폭넓은 소환 조사 등 엄정하고 철저한 수사를 진행해오고 있다. 그 결과 범죄 혐의가 인정되는 관련자들에 대해 신분이나 지위의 고하를 막론하고 법과 원칙에 따라 엄단할 방침이다."

1차 수사팀이 김기현의 USB 파일을 확인했었다는 사실이 드러나자 검찰이 수사를 축소했다는 의혹이 또 다시 불거진 것은 자연스러운 귀결이었다. 그러자 이미 해체된 1차 수사팀(당시 팀장 오정돈)의 구성원들은 4월 1일 이례적으로 '소위 사찰 문건 축소·은폐 의혹에 대한 입장'이라는 제목의 해명 자료를 발 빠르게 발표해 비난 여론을 진화하려고 했다.

"검찰이 압수한 문서 파일 2600여 개 가운데, 공직윤리지원관실 점검1팀이 2008년부터 2010년까지 진행한 내사와 관련된 파일은 모두 121건(문서 수 450여 건)이 전부다. 자료를 숨기거나 소홀히 하는 등 축소·은폐한 것이 아니다. 당시 121건에 대해 불법 여부를 수사한 결과 김종익 KB한마음 전 대표와 남경필 부부에 대한 내사 등 2건은 범죄 혐의가 인정돼 기소했다. 나머지 대부분은 공직윤리지원관실의 직무 범위에 속함이 명백한, 공무원이나 공공 기관 임직원의 비위 관련 사항이다. 또 대한적십자사 총재, 한국조폐공사 감사, 촛불 집회 조기 종식을 위한 정책 보고 등 23건에 대해 심층 조사한 결과, 관련 법규상 지원관실의 직무 범위에 속하는 공공 기관으로 확인됐다. 산부인과 등 공공 기관과 전혀 무관하게 보이는 사찰은 관할 보건소 공무원에게 금품을 공여했다는 첩보를 확인한 것이기 때문에, 결국 공무원의 비위에 관련된 것이었다. 그 외에는 일반적인 동향 내지 풍문을 수집해 보고하거나 정책에 참고할 자료를 파악한 것으로 외부에서 자료를 수집했어도 자발적인 협조 수준에 불과한 것이어서, 직권남용 권리행사 방해 등 범죄 혐의를 인정하기 어려웠다."

몸통과 깃털

'몸통' 놓치고 '깃털'만 잡은 재수사 결과

검찰은 2012년 6월 13일 석 달간의 수사를 마치고 수사 결과를 발표했다. 박영준과 이영호, 이인규, 최종석, 진경락 등 5명이 재판에 넘겨졌다. 검찰은 공직윤리지원관실이 정식 보고 대상인 국무총리실장과 청와대 민정수석실 이외에 비선 보고 체계를 구축한 사실을 밝혀냈다. 이인규나 진경락이 이영호에게 비선 보고를 마치면, 이영호는 다시 박영준에게 보고한 사실이 드러났다. 2011년 이인규와 김충곤 등을 처벌하는 선에서 마무리됐던 검찰의 1차 수사가 부실 수사였음이 입증된 셈이다.

하지만 당시 살아 있는 권력인 윗선, 즉 이명박 대통령과 청와대가 개입했는지는 제대로 밝히지 못했다. 검찰은 "청와대 민정수석실이 불법 사찰과 증거인멸에 개입했다고 인정하기는 어렵다"라고 밝혔다.

검찰은 불법 사찰일 가능성이 있다고 판단된 500건의 사례 중 겨우 3

공직윤리지원관실 보고체널 변경사항

☐ 외형상 보고라인

구 분	E B	민 정	총리실
장·차관 스크린	×	○(요구시 2순위)	○
특 명 감 찰	특감활동 하지 않음	특감활동 하지 않음	특감활동 하지 않음
일반 기강점검	×	○(요구시 2순위)	○
정 책 점 검	×	○(요구시 2순위)	○
기 타	×	○(요구시 2순위)	○

⇩

구 분	E B	민 정	총리실
장·차관 스크린	×	×	○
특 명 감 찰	특감활동 하지 않음	특감활동 하지 않음	특감활동 하지 않음
일반 기강점검	×	○(요구시 2순위 보고)	○
정 책 점 검	×	×	○
기 타	×	×	○

☐ 사실상 보고라인

구 분	E B	민 정	총리실
장·차관 스크린	○	○(2순위)	×
특 명 감 찰	○	×	×
일반 기강점검	○	○(2순위)	○(선별 2순위)
정 책 점 검	○	○(2순위)	○(2순위)
기 타	○	○(2순위)	○(2순위)

⇩

구 분	E B	민 정	총리실
장·차관 스크린	○ * 외부에서 비밀보고	×	○(2순위)
특 명 감 찰	○ * 외부에서 비밀보고	×	×
일반 기강점검	○ * 외부에서 비밀보고	○(요구시 2순위 보고)	○(2순위)
정 책 점 검	○ * 외부에서 비밀보고	×	○(2순위)
기 타	○ * 외부에서 비밀보고	×	○(2순위)

⇒외형상 민정(국회에는 총리실장 보고를 원칙으로 하되 민정 요구시 보고한다고 답변)→총리실장 보고로 바꾸되, 사실상 보고는 EB께는 종전 그대로이며(다만 BH대면은 안함), 민정에는 통상적인 공직기강 점검을 요구할 때만 하고 총리실장께 보고하는 것으로 함

8739

외형상 보고 라인과 사실상 보고 라인. 이영호(EB)는 비선 지휘 체계를 통해 조직을 장악했다.

건만 형사처분이 가능하다고 결론 내렸다. 공무원과 공공 기관 임직원에 대한 적법한 감찰 활동(199건)과 단순 일반 동향 보고(111건)가 많았다는 것이 이유였다.

하지만 검찰은 대규모의 수사 인력을 투입해 석 달 동안 재수사를 하고도 청와대 수뇌부 등 윗선이 불법 사찰과 증거인멸에 개입했다는 증거를 확보하지 못했다. 또 장진수에게 입막음용으로 전달된 관봉 5000만 원의 출처 등 의혹의 실체를 속 시원히 규명하지 못했다는 비판이 나왔다.

장진수의 녹취록과 진경락의 구치소 접견 기록 등에는 김진모 전 청와대 민정2비서관과 장석명 공직기강비서관, 당시 청와대 민정수석이었던 권재진 전 법무부장관, 임태희 전 대통령실장 등이 공직윤리지원관실의 비선 활동에 관여했을 가능성을 암시하는 대화 내용 등이 들어 있었다. 그런데도 검찰은 추가 증거를 확보하는 데 실패하고 말았다.

또 청와대 관계자들이 장진수에게 돈을 전달한 명백한 증거를 확보하고도 그 출처와 건넨 목적 등을 파고드는 데 실패해 국민적 의혹을 해소하지 못했다. 이른바 'VIP 충성 문건'까지 발견됐는데도, 검찰이 권재진, 임태희 등 청와대의 고위 인사 12명에 대해 서면 조사만 했을 뿐 적극적으로 수사하지 않았던 것도 한계로 꼽힌다.

2012년 10월 17일 서울중앙지방법원 형사38부(부장 심우용)는 이영호 등 주범 5명에게 모두 실형을 선고했다. 이영호는 징역 2년 6월, 박영준은 징역 2년과 추징금 1억 9478만 원, 이인규는 징역 1년을 선고받았다. 진경락과 최종석은 몸통인 이영호의 지시를 따랐다는 점과 검찰 수사에 성실히 임했던 점이 감안돼 각각 징역 1년과 징역 10월이 선고됐다. 1차 수사 때와 비교하면 이영호와 박영준, 최종석이 새롭게 사법처리의 대상에 오른 셈이다.

1심 재판부는 양형 이유에 대해 다음과 같이 밝혔다.

"우리 헌법은 대한민국 주권은 국민에게 있고, 모든 권력은 국민으로부터 나오며, 공무원은 국민 전체에 대한 봉사자이고, 국민에 대하여 책임을 지며, 국가는 개인이 가지는 불가침의 기본적 인권을 확인하고 이를 보장할 의무를 져야 함을 선언하고 있다. 이러한 헌법 정신에 근거하여 국가공무원법은 공무원에게 성실 의무, 친절·공정의 의무, 청렴의 의무 등을 규정하고 있다. 공무원은 위와 같이 헌법과 법률에 따라 국민에 봉사하고 인권을 보장하여야 할 막중할 책무를 지고 있다. 한편 정부조직법에 근거한 '국무총리실과 그 소속 기관 직제'에 의하여 설치된 국무총리실 공직윤리지원관실 역시 위와 같은 헌법 정신 및 그 설치 목적에 따라 행정기관의 공직 윤리 확립 업무 등 공직자 및 공직윤리와 관련한 일정한 권한을 필요한 범위 내에서 적정하게 행사하여야 하고, 더욱이 공직윤리지원관실은 공직 사회의 기강을 확립하기 위한 공직 윤리 업무의 일환으로 공직자의 비리에 관한 첩보 수집, 조사 등의 막대한 권한을 행사하고 있어 그 권한 행사의 남용을 막기 위해 상급 기관인 국무총리 등을 통해 절차적으로 투명하게 통제되어야 함은 당연하다. 그럼에도 피고인들은 공무원으로서 자신의 기본적인 책무를 망각하고 국가기관인 공직윤리지원관실의 권력을 남용하여 국민의 기본권을 침해하는 불법행위를 자행하였는 바, 이러한 불법행위에 대하여는 법적 절차에 따라 그에 상응하는 엄정한 책임을 지게 하는 것이 그와 같은 불법이 다시 일어나는 것을 예방하고 개인의 기본권 보장이라는 국가 본연의 임무에 충실하게 할 수 있다고 할 것이다."

재판부는 민간인 불법 사찰을 주도한 5명의 양형에 대해서는 각각 다음과 같이 설명했다.

–진경락

"공직윤리지원관실 기획총괄과장으로서 이영호의 지시를 공직윤리지원관실에 전달하고 지시에 따른 조사 결과를 다시 이영호에게 보고하는 역할을 담당하면서 사건의 배당, 각 점검팀에서 조사한 내용의 총괄 및 보안 지시, 자체 조사한 사건 중 이영호에게 보고할 사건의 선별 등의 업무에 있어서 이인규를 보좌하면서 영향력을 행사하였고, 민간인 불법 사찰 사건에 있어서도 피고인이 이영호의 지시를 전달하고, 지시에 따른 조치를 보고하였으며, 후속 지시를 다시 전달하는 등 일련의 과정에서 상당한 역할을 한 것으로 평가할 수 있다. 또 예산 집행 계획의 수립, 집행 등 예산 관련 업무를 총괄함을 기화로 특정활동비로 배정된 예산 중 일부를 횡령하여 공직윤리지원관실의 비선 지휘 라인에 있는 이영호 등에게 상납하였고, 그 과정에서 예산 집행의 적법성에 의문을 제기하는 실무자에게 자신의 모든 것을 책임지겠다고 하면서 집행을 관철시키기도 했다."

—최종석

"행정고시에 합격한 후 1996년경부터 국가공무원으로 성실하게 근무하여 왔고, 주미 한국대사관 고용노동관으로 파견 근무하는 중 자진 귀국해서 이 사건 및 관련 사건에 관하여 수사를 받았으며, 이 법정에서도 잘못을 인정하면서 진지하게 반성하고 있고, 나이 어린 자녀들을 포함하여 부양할 가족이 있다. 또한 이 사건의 범행은 상급자인 이영호의 지시에 따라 저지른 것으로 그 경위에 다소 참작할 바가 있다. 하지만 피고인은 범행 당일 개설한 차명 휴대폰을 장진수에게 지급하면서 진행 상황을 보고하도록 하는 등 조직적, 계획적으로 범행을 저질렀다."

—이인규

"공직윤리지원관실의 총 지휘·감독자로서 공직윤리지원관실 소속 직원들이 직무를 행함에 있어서 불법적인 행위를 하지 않도록 지휘·감독할 의무가 있음에도 오히려 진경락이 특수활동비로 배정된 예산 중 일부를 횡령하여 공직윤리지원관실의 비선 지휘 라인에 있는 이영호 등에게 상납을 하는 데 승인하였고, 비선 지휘 체계를 통해 이영호의 지시를 받고서 공직윤리지원관실을 동원하여 산업단지 인허가를 담당하는 공무원에게 압력을 가하고 그 과정에서 직권을 남용한 점 등에 비추어보면 형사상 책임이 결코 가볍지 않다."

—이영호

"이인규, 진경락으로 이어지는 비선 지휘 체계를 구축하여 실질적으로 공직윤리지원관실 조직을 장악하여 지휘·감독하면서 공직자를 비롯한 사회 각계각층 주요 인사들의 동향을 파악하고, 그 정보를 이용하여 자신의 정·관계 내 영향력을 강화해나가는 등 불법적인 목적으로 국가기관인 공직윤리지원관실을 이용하였다. 나아가 피고인은 공직윤리지원관실의 비선 지휘 체계를 이용하여 민간인인 김종익에 대한 사찰을 보고받고 지시하는 등 소위 '민간인 불법 사찰 사건'을 실질적으로 지휘·감독하였고, 박영준의 지시를 받고 공직윤리지원관실을 동원하여 산업단지 인허가를 담당하는 공무원에게 압력을 가하였으며, 지인의 사적인 부탁에 공직윤리지원관실을 이용하는 등 직권을 남용하였다. 더욱이 피고인은 민간인 불법 사찰 사건에 대한 수사가 진행되는 상황에서 자신의 범행을 은폐하기 위해 부하 직원들에게 지시하여 중요 증거 자료들이 저장된 공직윤리지원관실의 컴퓨터들에 대해 자료삭제 및 하드디스크의 영구 훼손을 교사하였다."

—박영준

"정치적·사회적 영향력이 큰 인물로서 일반 국민들에게 모범을 보이면서 사회 지도층의 도덕성에 대한 국민의 기대에 부응하여야 함에도, 오히려 공무원의 직무에 속하는 인허가 알선에 관하여 청탁을 받고 1억 9478만 원에 이르는 거액의 금품을 받았을 뿐만 아니라 사업의 인허가 알선 과정에서 공무원을 소개해주거나 담당 공무원을 찾아가 부탁하는 등 사업의 인허가에 적극적으로 영향력을 행사하였다. 나아가 피고인은 자신의 사적 이해관계에 불과한 사업 인허가 청탁을 들어주기 위해 이영호의 비선 지휘 체계를 이용하여 공직윤리지원관실 조직을 동원하였고, 공직 감찰을 빙자하여 담당 공무원을 압박하는 등 직권을 남용하였다."

2013년 9월 대법원 확정판결

2013년 5월 24일에 열린 항소심에서도 이영호와 박영준은 1심과 같은 형량을 선고받았다. 다만 이인규, 최종석, 진경락은 집행유예로 감형됐다. 항소심이 선고된 뒤 4개월 만인 2013년 9월 12일 대법원은 이들 5명에 대해 원심 그대로 형을 확정했다. 이로써 2010년 6월 세상에 처음 알려진 민간인 불법 사찰 사건은 사건 발생 3년여 만에 그 실체가 법적으로 인정됐다.

박영준의 몰락

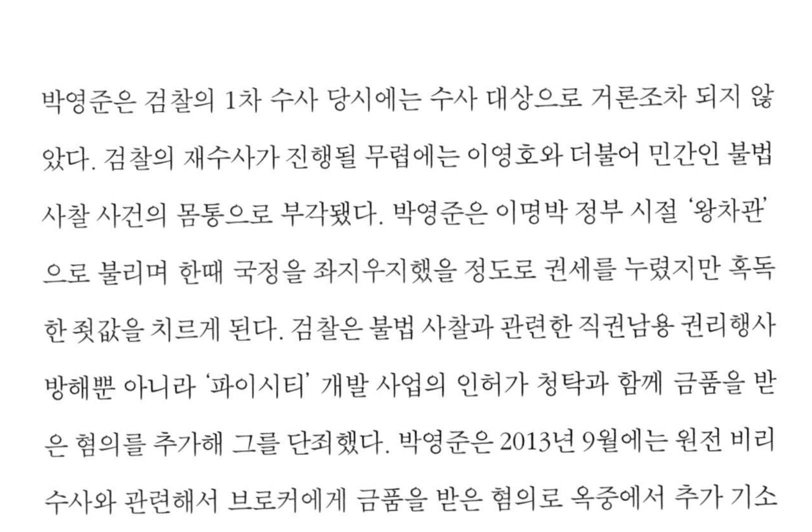

박영준은 검찰의 1차 수사 당시에는 수사 대상으로 거론조차 되지 않았다. 검찰의 재수사가 진행될 무렵에는 이영호와 더불어 민간인 불법 사찰 사건의 몸통으로 부각됐다. 박영준은 이명박 정부 시절 '왕차관'으로 불리며 한때 국정을 좌지우지했을 정도로 권세를 누렸지만 혹독한 죗값을 치르게 된다. 검찰은 불법 사찰과 관련한 직권남용 권리행사 방해뿐 아니라 '파이시티' 개발 사업의 인허가 청탁과 함께 금품을 받은 혐의를 추가해 그를 단죄했다. 박영준은 2013년 9월에는 원전 비리 수사와 관련해서 브로커에게 금품을 받은 혐의로 옥중에서 추가 기소되는 등 순탄치 않은 행보를 이어가고 있다.

'PV' 혹은 '박차' 하명 사건

2008년 12월 22일 울산시청의 소감사장에 공직윤리지원관실 점검4팀의 직원들이 들이닥쳤다. 행정안전부나 감사원이 아닌 국무총리실이

지방자치단체를 상대로 특별 감사를 하는 것은 전례가 없는 일이었다. 이날 오전 10시 소감사장에 나타난 공직윤리지원관실 직원들은 울산시청 공무원들에게 '울주군 두서면 활천리 일반 산업단지' 사업에 입찰한 민간 사업자인 삼원테크와 TS산업개발의 사업 추진 현황 자료, 각 회사가 신청한 계획상의 위치도 등 입찰 관련 자료를 내놓으라고 요구했다.

또 사전에 연락해서 요구한 서류들, 즉 삼원테크가 입찰했다가 반려된 사유, 산업단지 개발과 관련해 중앙 행정 부처와 협의한 내용, TS산업개발 관련 사항 등도 이날 울산시로부터 제출받아 검토했다. 이들은 명목상 울주군 산업단지 사업이 추진되는 상황을 점검하기 위해 나왔다고 했다.

하지만 제출받은 서류에는 별다른 관심이 없는 듯했다. 이들은 감사를 벌이던 중 느닷없이 "삼원테크가 TS산업개발보다 늦게 산업단지 계획 승인 신청서를 제출했지만, 승인받을 수 있는 방법이 있느냐. 후발업체가 투입한 돈도 있을 텐데 승인이 반려되면 경제적인 손실이 클 수 있고, 법적 분쟁이 일어나면 사업도 지연될 수 있다"라며 속내를 드러냈다.

점검4팀 직원들은 "삼원테크가 승인을 받을 수 있도록 도와줄 방법이 정말 없느냐"라고 대놓고 묻기까지 했다. 울산시청의 공무원들은 공직윤리지원관실이 사실상 삼원테크가 산업단지 승인을 받게 해달라고 압력을 넣기 위해 특별 감사를 나왔다고 느꼈다. 울며 겨자 먹기로 따르는 수밖에 없었다.

앞서 산업단지 조성 사업에 TS산업개발이 사업자로 선정된 것은 이들이 투자의향서를 먼저 제출했기 때문이다. 뒤늦게 입찰을 신청한 삼원테크는 규정상 자격 요건을 갖추지 못하고 탈락했다.

나중에 검찰 수사에서 밝혀지지만, 사실 이날의 특별 감사는 이명박 대통령의 최측근 실세였던 박영준의 입김에 따른 것이었다. 박영준이 2008년 10월 중순 이영호에게 '삼원테크가 산업단지 인허가를 받을 수 있도록 조치해달라'라고 지시하자, 공직윤리지원관실이 TS산업개발과 울산시 공무원들 사이의 유착 관계를 캐기 시작한 것이다.

울산시청 특별 감사는 박영준이 사적인 이해관계를 위해 공직윤리지원관실을 어떻게 이용했는지를 잘 보여주는 사례다. 청탁과 함께 금품을 수수한 뒤 로비를 성사시키기 위한 압박 수단으로 이 조직의 감찰 기능을 활용한 것이다.

검찰 수사에서 드러난 전말은 다음과 같다. 박영준이 대통령실 기획조정비서관에서 물러나 야인으로 지낼 때인 2008년 7월 14일쯤이었다. 창원시의 인터내셔널호텔에서 사업가 이○○의 소개로 알게 된 삼원테크 이○○ 대표이사로부터 1억 원을 전달받았다. 그 사업가와 이 대표는 친척 관계다. 당시에는 별다른 청탁이 오고 가지 않았다. 하지만 박영준은 2008년 8월 23일쯤 서초동의 일식당 하림에서 이 대표를 만나 본격적으로 사업상 청탁을 받는다. 이 대표는 이 자리에서 "경북 울주군 두서면 활천리에 산업단지를 개발하려고 하는데, TS산업개발이 먼저 투자의향서를 제출했다는 이유로 산업단지 인허가를 받지 못하고 있다"라며 "울산시 공무원들과 TS산업개발이 유착돼 있는 듯하다"라고 표적 감사를 부탁했다.

이 대표는 검찰에서 당시 자신의 얘기를 들은 박영준이 "잘 알겠습니다. 그런데 울산시의 누구한테 부탁을 해야 합니까"라고 되물었다고 진술했다. 이 대표는 "울산시의 경제통상실장 최병권이 거의 부시장과 같은 레벨의 주 책임자인데, 최병권이 TS산업개발의 신청서를 자격 요건 미달로 빼서 없애주기만 하면 삼원테크가 산업단지 승인을 받을 수 있다. 울산시에 압력을 행사해서 삼원테크가 산업단지 승인을 받을 수 있도록 해달라"라고 말했다. 그러자 메모를 하며 설명을 듣던 박영준이 "제가 알아서 해 드릴 테니 걱정하지 말고 돌아가셔서 기다리고 계십시오"라고 답했다.

이후 박영준은 2008년 9월, 10월쯤 청와대 민정수석실의 행정관 김○○를 통해 최병권에게 '삼원테크가 산업단지 인허가를 받을 수 있도록 해달라'라고 청탁을 넣었다. 하지만 최병권은 이후 자신을 찾아온 삼원테크의 이 대표에게 'TS산업개발에 우선권이 있다'라며 부탁을 들어줄 수 없다고 거절했다.

박영준을 믿고 최병권을 만났다가 일언지하에 거절당한 이 대표는 박영준을 소개해준 그 사업가를 다시 찾아갔다. "산업단지 조성을 담당하는 울산시청의 기술직 공무원들이 TS산업개발로부터 돈을 받은 게 틀림없다. 박영준에게 연락해서 응분의 조치를 취해달라"라고 말했다.

이 내용을 전달받은 박영준은 이번에는 공직윤리지원관실을 이용해

박영준 전 지식경제부 2차관이 파이시티 인허가 청탁 대가로 거액을 수수한 혐의로 구속되었을 때다. 구속영장이 발부된 후 서울구치소로 향하는 차량에 탑승하며 고개를 숙이고 있다. 그는 정권의 비리 의혹이 제기될 때마다 빠지지 않고 등장했다. 민간인 불법 사찰 사건도 예외는 아니었다. 공직윤리지원관실의 비선 라인을 이끈 이영호 고용노사비서관으로부터 줄곧 보고를 받았고, 공직윤리지원관실을 '주군의 친위대'로 만든 설계자로 지목되었다.

울산시청에 압력을 넣기로 계획을 바꾼다. 박영준은 2008년 10월 중순 당시 이영호에게 '삼원테크가 산업단지 인허가를 받을 수 있도록 조치해달라'라고 지시한 뒤, 이 대표가 제기했던 TS산업개발과 울산시 공무원 사이의 유착 관계 의혹을 전달했다.

이영호는 박영준의 지시 사항을 2008년 10월 17일 진경락을 통해 이인규에게 전달했다. 이인규의 지시를 받은 점검4팀장 김화영이 자신의 팀원들을 울산시청에 보내 감사하게 된 것이다.

나중에 검찰은 박영준이 공직윤리지원관실 조직을 동원해 삼원테크가 산업단지 승인을 받을 수 있도록 압력을 행사한 이 특별 감사 건과 관련해 박영준을 알선 수재 혐의로 기소했다. 법원도 이를 유죄로 인정했다.

울산시청 특별 감사 건은 공직윤리지원관실의 사찰 지시와 비선 보고가 작동하는 기제를 전형적으로 보여준다는 점에서 수사상 의미 있는 성과로 평가받는다. 진경락이 검찰에 제출한 〈공직윤리지원관실 업무 처리 현황〉 문건에는 '사건별 보고 자료 검토 결과 보고처' 난이 있다. 여기에 '박차' 혹은 'PV'로 기재된 것이 있는데, 이게 박영준이 하명한 사건이었다.

박영준이 하명한 사건으로는 TS산업개발 사건 외에도 한국학술진흥재단 사무총장과 경북 칠곡군수의 사찰을 지시한 것이 대표적이다. 검찰이 〈공직윤리지원관실 업무 처리 현황〉 문건을 분석한 결과에 따르면, 이영호는 260여 건, 박영준은 40여 건의 사찰 결과를 보고받았다. 하지만 검찰은 "진경락이 '이영호에게 보고하면 이영호가 박영준에게 전화로 보고한다'라고 진술했기 때문에, 박영준이 실제로 보고받은 건수는 이영호와 비슷할 것으로 보인다"라고 밝혔다.

'왕차관'의 몰락

언론 보도로 공직윤리지원관실의 민간인 불법 사찰 실태가 최초로 폭로된 직후인 2010년 7월 5일, 배후로 지목되던 박영준 당시 국무총리실 국무차장이 기자간담회를 열었다. 그는 자신은 공직윤리지원관실의 신설에 관여하지 않았고 보고도 받지 않았다고 주장했다. 당시 1차 수사를 했던 검찰은 박영준을 조사조차 하지 않은 채 수사를 끝냈다.

박영준은 이 외에도 CNK 주가 조작 사건, SLS조선 로비 의혹 등으로 이명박 정부 시기에만 세 차례나 검찰의 수사선상에 올랐으나, 사법 처리를 모두 피했다. 그랬던 그가 공직윤리지원관실의 민간인 불법 사찰에 대한 검찰의 재수사로 기소돼 마침내 징역 2년을 선고받았다.

박영준은 이명박 대통령의 친형인 이상득 전 국회부의장의 보좌관으로 11년간 활동한 뒤 이명박 대통령이 서울시장을 할 때 서울시 정무국장을 지냈다. 이명박 정부에서는 지식경제부 2차관 자리에 올라 '실세 차관' '왕차관'으로 불렸다. 그의 몰락을 재촉한 것은 공직윤리지원관실의 민간인 불법 사찰 사건뿐만이 아니었다.

대검찰청 중앙수사본부는 서울중앙지방검찰청 특별수사팀이 재수사한 민간인 사찰 사건과 별도로 박영준을 기소했다. 양재동의 복합물류단지인 파이시티의 개발 사업과 관련해 2006년 8월부터 2008년 10월까지 건설업자 이정배로부터 브로커 이 모 씨를 통해 서울시 등 주관 부서에 인허가 절차가 신속하게 처리되도록 해달라는 청탁과 함께 9회에 걸쳐 1억 6478만 원을 수수한 혐의(알선 수재)였다.

검찰에 따르면, 박영준은 서울시 정무국장으로 재직 중이던 2005년 서울시 교통국장에게 이 사건과 관련한 청탁을 했으며, 서울시청에서 퇴직한 후인 2007년 당시 서울시 홍보기획관 강철원에게 브로커 이씨를 소개하고, 청와대 기획조정비서관으로 재직 중이던 2008년에도 강철원에게 '파이시티 인허가 건을 챙겨달라'고 청탁한 것으로 조사됐다.

이 사건은 박영준이 삼원테크로부터 울주군 산업단지 인허가와 관련된 청탁과 함께 1억 원을 받고 공직윤리지원관실에 울산시청 특별감사를 지시한 혐의(직권남용)를 받은 사건과 함께 법원에서 병합됐었다. 이 두 사건으로 기소된 박영준은 2012년 10월 17일 1심에서 징역 2년, 추징금 1억 9478만 원을 선고받았으며, 2013년 9월 12일 대법원에서 형이 확정됐다.

관봉의 출처?

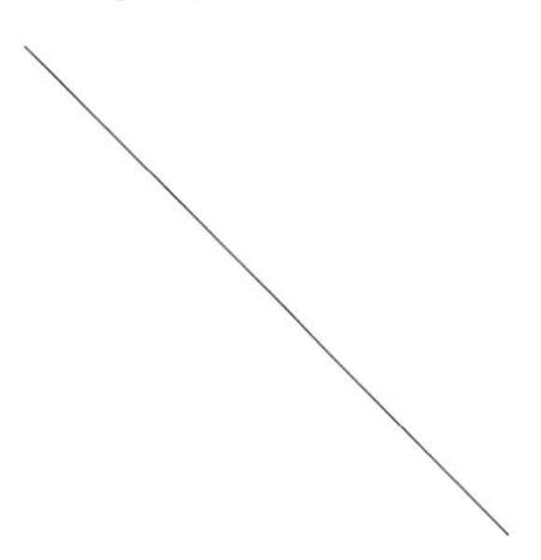

미완의 과제

공직윤리지원관실의 불법 사찰 사건에 대한 재수사에서 가장 미완의 과제로 손꼽히는 것은 바로 관봉의 출처를 밝혀내지 못했다는 점이다.

장진수의 폭로로 세상에 존재가 알려진 관봉은, 계좌 추적에 능숙한 특수부 검사나 수사관들도 못 들어봤을 정도로 처음 본 형태의 돈다발이었다. 관봉은 현금이나 다름없지만 유통 경로가 제한돼 있다. 따라서 그 출처를 따라가면 장진수를 회유한 배후 세력의 실체가 드러날 것이라는 기대를 모았다. 하지만 수사는 성과 없이 마무리됐다. 이미 몇 년이 지난 돈 거래여서 자금의 출처를 역추적하는 데 기술적인 한계가 있었기 때문이다. 그래도 관봉을 만지작거릴 수 있는 사람은 매우 제한적일 수밖에 없어 관봉의 출처에 대한 궁금증은 여전히 풀리지 않고 있다.

우선 이 사건에서 관봉이 어떻게 등장하는지 살펴보자.

2011년 4월 12일 항소심 선고에서도 구명받지 못한 장진수는 윗선에 대한 배반감으로 이후 폭로를 할지 저울질하고 있었다. 그러던 중 항소심 재판 때부터 꾸준히 장진수와 접촉해왔던 공직복무관리관 류충렬이 선고가 난 사흘 뒤에 장진수에게 '직접 만나서 이야기를 하자'고 연락을 해왔다.

약속 장소는 공직윤리지원관실 직원들이 회식 장소로 자주 이용했던 종로구 효자동에 있는 대림정이라는 고깃집의 구석진 공간이었다. 당시 약속 장소에 먼저 나와 기다리던 장진수의 증언에 따르면, 류충렬은 노란 바탕에 갈색 격자무늬가 들어간, 공무원들이 흔히 쓰는 사무용 쇼핑백을 들고 왔다. 쇼핑백의 위쪽은 스테이플러로 두어 번 봉해진 상태였다. 장진수는 쇼핑백 안에 든 것이 회유용 돈일 거라고 짐작했다. 둘 사이에 소주잔이 한두 번 오간 뒤 류충렬은 "장 비서관이 마련한 돈이니 받아두라"라며 쇼핑백을 테이블 너머로 장진수에게 건넸다. 장 비서관은 장석명 청와대 공직기강비서관을 의미했다.

그런데 돈다발의 형태가 조금 이상했다. 장진수가 집에 와서 쇼핑백을 열어보니, 5만 원권 지폐를 100장씩 묶은 돈 10다발이 비닐로 압축 포장돼 있었다. 장진수는 그때부터 '류충렬의 개인 돈은 100퍼센트 아니다'라는 확신이 들었다고 한다. 처음에는 공직복무관리관실의 특수활동비 예산을 빼내 가져왔나 싶었다. 하지만 그렇게 큰돈을 현금으로 집행하는 일은 공직복무관리관실의 전신인 공직윤리지원관실이 운영될 때도 없었던 일이었다.

이게 바로 한국조폐공사가 한국은행에 신권을 납품할 때 쓰기 위해 만든 관봉이다. 장진수가 받은 5만 원권 관봉에는 황토색 바탕에 한국

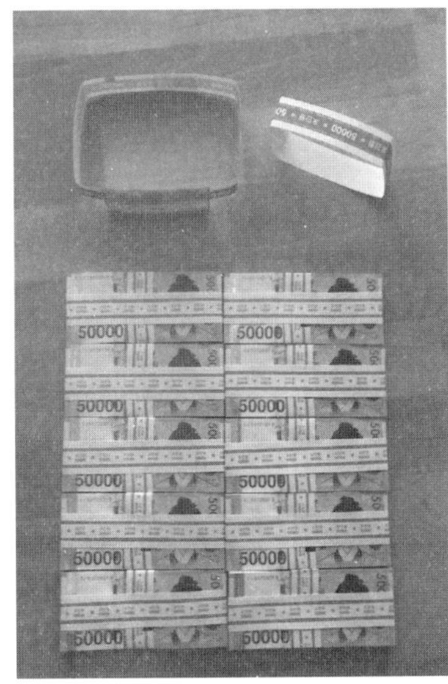

5만 원권 지폐를 100장씩 묶은 돈 10다발. 한국조폐공사가 한국은행에 신권을 납품할 때 쓰는 관봉이다. 관봉의 출처를 따라가면 장진수를 회유한 배후 세력의 실체가 드러날 것이었다. 미완의 과제로 남았다.

은행 마크와 액면가가 선명히 찍힌 띠지가 지폐 100장을 묶은 다발마다 가로세로 이중으로 둘러져 있었다. 또 관봉의 기호와 포장 번호 등이 명시된 확인서가 부착된 두꺼운 띠지가 돈다발 전체를 다시 가로세로 둘러싸고 있었다. 지폐의 일련번호도 순차적으로 인쇄돼 있었다.

한국조폐공사에서는 통상 지폐를 100장씩 띠지로 묶은 뒤 10다발을 모아 비닐로 압축 포장한 것을 '소묶음', 이를 다시 10다발로 묶은 것을 '대묶음'이라고 부른다. 장진수가 받은 5000만 원은 5만 원권 소묶음(1000장) 관봉인 셈이다.

장진수는 이 5000만 원 관봉을 한 달 동안 자택에 보관하다가 주택자금 등으로 쓰려고 비닐 포장을 뜯었다. 이때 빳빳한 새 돈이 일련번호 순서대로 쌓여 있는 돈다발의 형태가 너무 특이해 증거를 남기자는 차원에서 휴대폰의 카메라로 찍어뒀다. 세상에 관봉의 존재가 처음 드러나게 된 것은 바로 이러한 배경에서다.

추적의 실마리

우여곡절도 있었다. 장진수는 5000만 원을 다 써버리고 난 뒤 휴대폰에 저장된 사진을 지웠다. 만약 5000만 원이 부정한 돈이라면, 돈을 받아 쓴 자신도 책임을 면하기 어려울 것이라는 생각에서다. 이렇게 조용히 증발하는 듯했던 관봉은, 장진수가 공직윤리지원관실의 증거인멸 사건에 청와대가 개입했다고 폭로한 이후 가까스로 세상에 나왔다. 자신의 주장을 뒷받침하기 위해 파일 복구 프로그램인 '파이널 데이터'를 이용해 휴대폰 속 사진을 완벽히 복원한 것이다. 앞서 장진수의 휴대폰을 압수하고도 삭제된 사진을 복구할 필요를 못 느꼈던 검찰은 이후 휴대폰을 돌려받은 장진수가 먼저 사진을 복구해 언론에 공개하자, 그제야 부랴부랴 휴대폰을 다시 압수해 사진을 복구했다.

관봉 사진이 복원되자 검찰 수사의 돌파구가 열릴 것이라는 기대감이 무성했다. 장진수에게 5000만 원을 전달한 부분에 대해 류충렬이 해명을 했지만 석연치 않은 대목이 많았기 때문이다.

당초 장진수에게 5000만 원을 건넨 사실이 장진수의 녹음 파일로 만천하에 공개되자, 류충렬은 "공직복무관리관실이 공직윤리지원관실의 후신이고, 겹치는 직원들도 많아 십시일반으로 도와주려는 뜻으로 돈을 줬다"라고 해명했다. 그러나 5000만 원이 관봉으로 전달된 사실이 밝혀지자, 말이 바뀌었다. 류충렬은 언론과의 인터뷰에서 "아는 분이 마련해준 돈으로, 그분이 시중은행에서 돈을 찾아왔다"라고 주장했다. '아는 분'이 누구인지는 밝히지 않으면서 "청와대의 돈도, 기관의 돈도, 기업의 돈도 아니다. 이상한 돈이 아니다"라고 강조했다.

이후 검찰에 소환된 류충렬은 이번에는 5000만 원에 대해 "장인이 마련해준 돈"이라고 둘러댔다. 류충렬의 장인은 공교롭게도 검찰에 소환되기 석 달 전인 2012년 1월에 이미 세상을 떠났다. 돈의 출처를 말이 없는 고인에게 떠넘긴 것이다. 장인이 어떻게 관봉을 조달했는지를 묻는 질문에 류충렬은 자신도 모른다고 버틴 것으로 알려졌다.

하지만 새로운 팩트가 나올 때마다 달라지는 류충렬의 해명을 곧이곧대로 믿는 사람은 드물었다. 검찰조차도 '류충렬의 진술은 100퍼센트 거짓'이라고 못 박는 분위기였다. 실제로 석연찮은 부분이 많았다. 장진수가 녹음한 2011년 1월 13일자 대화의 내용을 보면, 류충렬은 "미니멈 5억에서 10억 원 사이에는 뭐 될 것 같다"라며 보상을 암시한 뒤 "어쨌든 (돈이) 나오는 건 청와대에서 나오는 거"라고 말한다. 류충렬이 민정수석실의 메신저를 자처해 자신의 상관인 장석명의 이름을 팔면서, 있지도 않은 5억 원에 대한 얘기를 장진수에게 꺼낸다는 것이 상식적으로 가능할까?

그러나 공직기강비서관 장석명도 관봉의 전달에 연루됐다는 의혹을 강하게 부인했다. 그는 "5000만 원은 나와 전혀 관계없는 돈으로, 언론에 나온 사진을 통해 관봉이라는 돈다발을 처음 알았다"라고 주장했다.

당사자들이 연관성을 부인하자 이제 기댈 것은 객관적인 자금 추적이라는 방법밖에는 없었다. 알다시피 현금 거래는 추적이 어렵다. 관봉도 결국은 현금이라는 점에서 크게 다르지 않다. 다만 포장된 상태로 유통된 관봉의 성격상 추적의 실마리는 남아 있었다.

장진수가 찍은 사진에 나온 관봉 기호 00272와 포장 번호 0404, CJ0372001B로 시작하는 지폐 일련번호가 그것이다. 검찰은 관봉의 띠지에 적힌 관봉 기호와 포장 번호에 마지막 기대를 걸었다.

한국조폐공사에서 만든 관봉 형태의 돈은 한국은행의 창고에 보관돼 있다가 시중은행과 특수은행, 지방은행 등을 통해 시중에 풀린다. 한국은행에서 관봉 형태의 돈을 받은 은행의 본점 영업지원센터나 출납실 등은 통상 그 형태 그대로 영업점에 제공한다. 한국조폐공사와 한국은행 사이의 거래 과정에서 관봉 기호를 적은 관봉 출납 대장이 있다

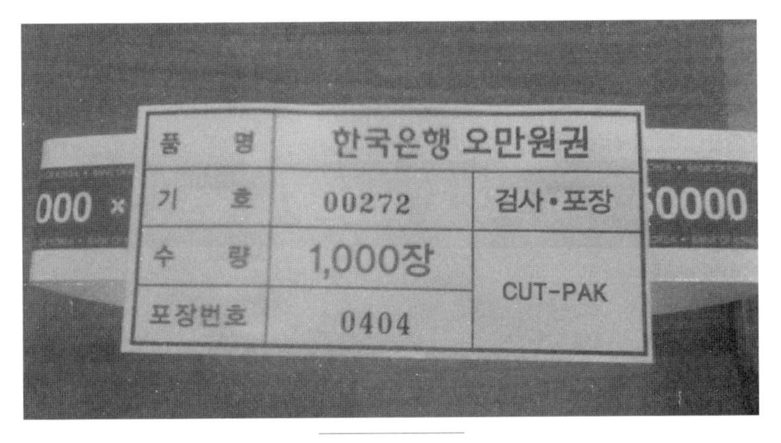

관봉 추적의 실마리. 관봉 기호와 포장 번호.

면, 관봉이 어느 은행, 어느 지점에서 인출됐는지 확인할 수도 있다는 전망이 나왔다.

하지만 검찰 수사에서 한국은행은 한국조폐공사로부터 납품받은 관봉을 시중은행에 무작위로 지급하기 때문에 관봉 기호나 포장 번호, 지폐의 일련번호만으로는 어느 금융기관으로 보냈는지 추적할 수 없는 것으로 조사됐다. 한국은행이 한국조폐공사에서 관봉 형태의 돈을 넘겨받을 때는 일련번호를 기록해두지만, 시중은행에 유통되는 시점부터는 일련번호를 관리하지 않는다는 것이다.

진실은 언젠가 수면 위에 드러난다

비록 검찰이 관봉 자금의 출처를 확인하는 데 실패했으나, 대략이나마 관봉이 어디서 왔는지 추정할 수 있는 단서는 몇 가지 있다.

먼저 관봉이 발행된 연도가 2009년이라는 점이다. 검찰에서 공식적으로 발표한 내용은 아니지만, 여러 검찰 관계자는 "장진수가 받은 관봉은 5만 원권이 최초 발행됐을 당시인 2009년 무렵 찍은 돈"이라고 말했다. 5만 원권은 2009년 6월 23일 처음 발행돼 시중에 유통되기 시작했다.

실제로 장진수가 받은 관봉 기호는 00272이다. 5만 원권 소묶음 관봉(1000장)을 272번째로 찍었다는 의미다. 즉 발행된 첫 해 136억 원(=5000만 원×272)어치를 찍어냈을 즈음이니, 한국은행의 2013년 1분기 5만 원권 발행액이 5조 7593억 원인 점을 감안하면, 장진수가 받은 관봉은 사실상 5만 원권 신권이 처음 세상에 나왔을 때 확보한 것으로 봐야 한다.

그런데 이 관봉이 장진수에게 전달된 시점은 2011년 4월이다. 정리하자면 문제의 관봉은 2년 가까이 묵혀 있던 돈인 셈이다. 그렇다면 5만 원 신권이 처음 발행되자마자 바로 관봉 형태로 구입해서 2년 가까이 사용하지 않다가, 입막음 용도로 쓰기 위해 꺼낼 수 있는 기관이나 사람은 누구일까. 적어도 관봉의 출처가 류충렬의 장인 같은 일반인이 아닌 것만은 분명하다.

이러한 추론을 뒷받침하는 근거는 또 있다. 일반인도 이론상으로 관봉을 구할 수는 있지만, 5만 원권 신권을 100장씩 묶은 돈 10다발이 비닐에 포장된 채로 그대로 고객에게 지급되는 경우는 극히 드물다는 게 금융계 관계자의 설명이다. 실제로 일선의 작은 은행 점포에서는 명절 때와 같은 특수한 시기가 아니라면 5만 원권 신권을 5000만 원어치씩 보유하는 경우가 많지 않고, 기껏해야 5만 원권 100장 묶음으로 한두

다발 정도만 유통하고 있다. 헌 돈을 충분히 보유하고 있기 때문이다. 따라서 5000만 원어치씩 거액으로 관봉을 요구할 수 있는 고객은 정부 기관이나 대기업 같은 특수 거래처나 VIP 고객일 거라고 금융계 관계자들은 설명했다.

주목할 만한 사실은 청와대가 특수활동비를 인근 은행 지점에서 관봉으로 조달하고 있다는 점이다. 노무현 정부에서 청와대 비서실장을 지낸 문재인 민주당 의원은 "특수활동비는 현금 수요가 있어 연락하면 관봉 형태로 가져다준다"라면서 "우리 때는 국민은행 청운동 지점이었고, 지금은 농협 청와대 지점"이라고 밝혔다. 이 경우 청와대가 2년씩이나 특수활동비를 묵혀두는 것이 가능한지 의문을 설명하기 어렵지만, 가능성 자체를 완전히 배제할 필요는 없어 보인다. 만약 청와대가 특수활동비를 비밀 용도에 쓰기 위해 별도로 보관해왔고, 사실상 청와대 직속이었던 공직윤리지원관실의 불법 사찰 의혹에 대한 입막음용으로 그 돈이 사용됐다면, 그 자체로 불법 사찰 사건을 뛰어넘는 스캔들로 비화될 것이다.

남은 가능성은 관봉의 출처가 대기업일 경우다. 5만 원권이 발행된 첫 해에 관봉을 구입해 2년간 사용하지 않아도 무방한 자금력을 갖고 있는 곳은 어디일까? 2000만 원 이상의 현금을 거래하는 경우 곧바로 금융정보분석원(FIU)에 보고된다. 그런데 5000만 원이나 되는 거액의 현금을, 그것도 관봉 형태로 인출할 때 외부의 시선에 부담을 갖지 않아도 될 정도로 거액의 현금을 자주 인출하는 곳은 어디일까? 대기업이 첫손가락에 꼽힐 수밖에 없다. 대기업이 여러 용도로 사용하기 위해

5만 원권 신권이 발행된 당시 대규모로 매입해 보관하던 관봉이 권력의 실세에게 전달되었고, 이 중 일부가 장진수에게 흘러갔을 가능성도 있는 것이다. 만약 이러한 시나리오가 사실로 증명된다면, 공직윤리지원관실이 자행한 불법 사찰의 책임을 물을 대상도 지금보다는 더 명확해질 것이다.

현재도 정치권에서는 여전히 관봉의 출처와 관련해 '썰' 수준의 첩보들이 나돌고 있다. 이명박 정부의 모 권력 기관장이 굴지의 대기업한테 받은 돈 중의 일부라는 얘기도 끊임없이 흘러나왔다. 하지만 검찰이 수사를 착수할 정도로 구체성을 갖고 있지는 못했다.

'진실은 언젠가 수면 위에 드러난다.' 모든 사건에 해당하는 말은 아니지만, 우리는 영원히 묻히는 듯했던 사건의 진상이 어느 날 운명처럼 세상에 나와 빛을 보는 대형 스캔들을 많이 보아왔다. 관봉의 진실도 언젠가는 수면 위에 전모를 드러낼까, 아니면 시간이 지날수록 세인의 관심에서 점차 잊힐 운명일까?

나가는 글

사찰 정보의 최종 보고처는?

국가 공권력으로부터 내 사생활이 모두 감시의 대상이 됐다고 생각하니, 나 같은 민선 도지사도 상황이 그럴진대 '일반인들은 어떻겠는가'라는 생각과 함께 공포감이 들고 분노를 느꼈다. 이 일은 국가 공권력이 사사로이 작동한 것이고, 정체불명의 공권력에 의해 헌법적 가치가 훼손된 상황으로 민주주의국가에서 있을 수 없으며 헌법상 보장된 사생활 보호, 통신 비밀의 보호 등 기본권이 침해됐다고 생각하는 바, 관련자들에 대한 엄정한 책임을 물어주길 바란다.

—이완구 새누리당 의원(전 충남도지사)

누군가 도청을 하고 있는 것은 아닌가 하는 막연한 의심이 든 적이 있고, 이후에 외부에 전화를 할 때에는 공중전화를 이용하기도 했다.

—이석현 민주당 의원

2009년부터 전철을 타거나 이동을 할 때 누군가 미행을 하는지 여부를 파악하기 위해서 주위를 둘러보거나 전화를 할 때 가급적 유선전화를 피하게 되는 등 일상적인 생활을 영위하는 순간순간 확인하게 됐다. 최근 국무총리실의 민간인 불법 사찰 사실을 알고 나서는 정권에 대한 분노가 치밀어 올라 가슴이 답답해지곤 한다.

—한 노동조합 수석부위원장

국가인권위원회가 공직윤리지원관실의 불법 사찰 사건을 직권 조사하면서 결과와 함께 내놓은 피해자들의 진술 중 일부다. 그뿐만 아니다. 사찰 피해도 모자라 횡령 혐의까지 뒤집어썼던 김종익은 최근까지도 심각한 정신적 고통을 호소하고 있고, KB한마음 대표에서 물러난 탓에 자원봉사, 번역 등에 매달리고 있다.

이처럼 '도덕적으로 완벽하다'라고 자부하던 정권이 국민들에게 안긴 상처는 트라우마 이상의 것이었다. 한 개인의 인생을 파탄 내고 민주주의를 후퇴시킨 민간인 사찰이라는 괴물은 장진수를 비롯한 공무원들에게도 만만치 않은 고통을 안겼다. 숱한 공무원이 이영호와 박영준의 사적 이해관계에서 비롯된 감사에 시달렸다. 상관의 지시를 성실히 따른 장진수는 정권의 초법 행위에 앞장선 '죄인'이라는 낙인이 찍혀 고통받았다. 그는 대기발령 상태로 마음을 졸이며 대법원 판결에 한 가닥 기대를 걸었지만, 2013년 11월 28일 징역 8월에 집행유예 2년의 형이 확정돼 공무원 신분을 잃게 됐다. 청와대의 증거 인멸 개입 정황을 폭로하며 검찰의 재수사를 이끌어냈고, 불법 사찰의 실체를 밝히는

데 결정적 역할을 했지만 법원은 장진수의 공로를 인정하지 않았다.

정권의 한가운데에서 벌어진 이 국기 문란 범죄는 우리에게 적지 않은 타산지석의 교훈을 준다. 특정 지역 위주의 인사, 지역주의를 기반으로 한 패거리 문화, 대통령 친위 조직의 빗나간 공명심, 사회경제적 갈등을 공권력을 동원해 봉합하려 하고, 정치적 반대자를 억압하기 위해 비민주적이고 손쉬운 수단을 쓴 수하들의 불법행위, 또 이를 방조·묵인한 최고 권력자, 수사 의지 없이 정권의 눈치를 살핀 검찰 수뇌부. 이것들이 맞물렸을 때 우리 사회와 국민이 얼마나 큰 대가를 치러야 하는지, 이렇게 민주주의가 뿌리째 흔들려 초래되는 결과가 얼마나 비극적인지 알게 해준다.

이 사태가 얼마나 엄중한지 잘 알고 있기 때문에 우리 사회의 각계각층은 적잖은 시간과 노력, 사회적 비용을 감수하고서라도 반드시 민간인 불법 사찰 사건을 둘러싼 의혹을 명명백백히 규명하고 책임자를 가려내야 한다고 주장해왔다. 정부가 직접 철저한 수사를 통해 이 범죄의 또렷한 실체적 진실을 국민 앞에 드러내고 책임자를 벌하는 것만이 이미 벌어진 국기 문란 사태의 재발을 방지하고 국민의 용서를 구할 수 있는 방법이기 때문이다.

하지만 검찰의 1차 수사는 물론, 사즉생의 각오를 내걸었던 재수사의 결과도 초라했다. 검찰이 재수사를 통해 밝힌 사건의 전모에는 '사찰 정보의 최종 보고처'라는 가장 중요한 정보가 누락돼 있었다. 공직윤리지원관실이 이명박 전 대통령의 측근인 박영준과 이영호의 민원을 해결하는 데 동원되고, 사설 흥신소처럼 움직이며 초법적 권한을 행사한 정황은 물론, 민정수석실, 대통령실장, 대통령이 사찰의 내용을 보고받았다는 것을 시사하는 진술과 문건이 곳곳에서 발견됐다. 하지만 수사는 박영준과 이영호에서 멈추고 한 발짝도 더 나가지 못했다.

가장 핵심적인 의혹, 즉 청와대가 불법 사찰과 증거인멸에 개입했는지 그리고 이명박 전 대통령한테 사찰 정보가 보고됐는지를 밝혀내기 위해서는 민정수석실과 대통령실장, 대통령으로 연결되는 '윗선'에 대한 조사가 필수적이었다. 이 의혹들은 모두 미제로 남겨둔 채 실무자들만 법의 심판대에 올린 것이다.

이영호와 박영준은 모두 이명박 전 대통령과 직접 대면 접촉이 가능했던 인물들이다. 박영준은 이명박 대통령의 형인 이상득 전 국회부의장의 보좌관으로 11년간 재직한 인물로 서울시 정무국장을 거쳐 이 대통령과 함께 청와대에 입성한 최측근이다. 포항 출신인 이영호 역시 이 전 대통령의 측근으로 공직윤리지원관실의 문건에는 두 사람이 독대했다는 기록까지 등장한다. 이러한 인물들이 민간인 사찰의 비선 보고의 꼭짓점에 서 있었다. 그 이상의 윗선이 개입했다는 것을 '입증할 증거가 없다'라는 수사 결과에 고개를 끄덕일 국민은 많지 않다.

특히 진경락의 외장 하드디스크에 들어 있던 문건에는 "(공직윤리지원관실이) 외형상으로는 총리실장에게 보고하는 형식을 취하지만, 실제로는 여전히 이영호를 비롯한 소위 P-Group이 비선 라인을 구축하여 보고하고, 나아가 범 P-Group인 C대군(최시중), SD(이상득)에게도 보고하고 있다는 사실을 알 수 있다"라는 대목이 나온다. 그런데도 검찰이 이명박 정부의 최고위 실세인 최시중과 이상득 두 사람을 조사한 흔적은 전무하다.

민정수석실이 사찰과 증거인멸에 개입했음을 시사하는 듯한 기록도 적지 않았다. 하지만 검찰은 사실상 이를 외면했다. 공직윤리지원관실의 증거인멸을 부추기고 1차 수사 때 검찰에 압력을 행사했다는 의혹을 받아온 김진모 당시 민정2비서관은 비공개로 불려가 단 몇 시간 조사를 받는 데 그쳤다. 당시 민정수석이었던 권재진에 대한 조사는 자진 제출한 진술서로 대체됐다. 아예 조사 대상에서 제외한 것이나 다름없는 조치였다. '민정수석실의 김진모, 장석명 비서관이 증거인멸의 핵심'이라고 주장한 진경락의 면회 기록은 "직접 들은 것이 아닌 전해들은 말에 불과하다"라는 이유로 애써 무시됐다.

2010년 1차 수사 당시 장진수 등에게 건너간 금품 전달에 민정수석실이 관여했다는 의혹에 대해선 '확인되지 않았다'는 게 검찰의 결론이었다. 당시 민정수석실 비서관들의 진술이 모두 받아들여진 것이다. 이상휘 당시 청와대 홍보기획비서관이 진경락과 장진수에게 전달한 3000만여 원은 "청와대의 이미지가 손상"되지 않도록 자진해서 사비를 털어 전달한 것으로 결론 냈다.

국가인권위원회가 "청와대 민정수석실이 업무 범위가 아닌 지방자치단체장 및 지방위원, 그리고 사립학교의 비리에 관한 내사를 지시하는 등의 방법으로 사찰에 직접 관여했을 뿐만 아니라, 국가정보원으로부터 해외 정보 및 방첩 정보 외에 그 직무 범위를 벗어난 국내 정치인 및 민간인들에 대한 내사 결과를 보고받고, 이를 공직윤리지원관실에 이첩하여 처리하도록 했고, 공직윤리지원관실이 자체 첩보로 불법 사찰한 사건 등 105건의 결과를 보고받아 이를 업무에 활용해왔다"라며 민정수석실의 역할을 중요하게 판단한 것과는 대조적인 태도다.

검찰은 증거인멸의 배후를 규명할 핵심적 단서인 관봉 5000만 원의 출처도 찾지 못했다. 장진수는 민정수석실이 사건 관련자들의 입을 막기 위해 류충렬을 통해 관봉 5000만 원을 건넸고, 그 출처가 장석명 공직기강비서관이라고 폭로했다. 하지만 검찰은 결국 출처를 확인하는 데 실패했다. 수사가 끝난 이후 한상대 전 검찰총장 등 검찰 수뇌부가 수사를 조직적으로 방해했다는 의혹도 쏟아져 나왔다. 꼬리 자르기 수사, 면죄부 수사라는 말이 나올 수밖에 없는 상황인 셈이다.

이명박 전 대통령은 퇴임한 직후 YTN 노동조합에 의해 직권남용 혐의로 고소됐다. YTN 노조는 "민간인 불법 사찰 사건의 '머리'가 이 전 대통령"이라며 이 전 대통령을 고소하고, 2000만 원의 손해배상도 청구했다. 이 전 대통령이 자연인의 신분으로 돌아간 지 단 9일 만에 벌어진 일이었지만 이를 이상하거나 특별하게 여긴 언론은 거의 없었다. 그만큼 밝혀진 사건의 전모가 불만족스럽다는 방증이었다.

국가인권위원회는 2013년 초 내놓은 조사 결과에서 "공직윤리지원관실의 모든 업무는 위임전결 규정에 따라 국무총리실의 내부 결재 라인에 보고를 해야 하나, 국무총리실 내부 보고는 지원관의 재량에 따라 보고가 이루어졌고, 사실상 청와대에 집중적으로 보고해온 사실이 인정된다"라고 밝혔다. 재판을 통해 세상에 속속 드러난 증거들도 윗선이 개입하고 검찰이 부실 수사를 했다는 의혹에 무게를 실었다. 하지만 아직까지 이러한 기록들은 재평가되지 못했다. 압수수색에 늑장을 부리며 부실 수사를 했다는 평가를 받는 검찰 수사팀과 지휘부에 대한 책임도 따져 물어야 했지만 유야무야됐다.

여야가 어렵게 꾸린 국정조사 특위가 공전됐기 때문이다. 검찰의 수사 결과에 대한 여론의 비난이 쏟아지자 여야는 2012년 7월 19대 국회 개원 협상 과정에서 국정조사를 합의했다. 하지만 여야는 조사 범위에 대한 이견을 좁히지 못했다. '조사 범위에 김대중·노무현 정부의 민간인 불법 사찰을 포함시켜야 한다'라는 새누리당의 입장과, '이명박 정부의 잘잘못을 가리는 일에 과거 정권을 끌어들이는 것은 물타기 시도'라는 민주통합당의 입장이 맞부딪치면서 국정조사는 기약 없이 미뤄지고 있다.

정권의 핵심부인 청와대와 국무총리실에서 대통령의 측근들에 의해 민간인에 대한 불법적인 사찰이 벌어졌지만, 이명박 대통령은 성의 있는 사과를 한 번도 내놓은 적이 없다. 이 전 대통령은 2012년 7월 24일 발표한 다섯 번째 대국민 사과에서 친인척 비리와 측근의 사법 처리에 대해 국민에게 고개를 숙였지만, 민간인 불법 사찰 사건에 대한 내용은 쏙 빼놓았다. 2013년 퇴임 연설에서마저 민간인 사찰 등에 대해 "도덕적으로 흠결 없는 정부를 간절히 바랐지만, 제 주변의 일로 국민들께 심려를 끼쳐드린 점에 대해서는 송구스럽다는 말씀을 드린다"라며 사과 아닌 사과만 했다. 사찰의 후유증 속에 고통받는 피해자들과 제대로 된 사과의 말 한마디 없이 퇴임한 이명박 전 대통령의 모습을 바라보는 국민들에게 민간인 불법 사찰 사건은 여전히 '현재 진행형'이다.

민간인 불법 사찰 사건은 국가가 공권력을 동원해 섬김의 대상으로 삼아야 할 국민들을 도리어 감시하고 미행함으로써 민주주의를 유린한 중대 범죄이며 상식을 넘어선 국기 문란 사건이다. 다른 사건처럼 시간이 흐른다고 절로 진실이 규명될 수 있는 성질의 사건도 아니다. 그만큼 책임을 물을 일이 있으면 빠른 시일 내에 철저히 진상을 규명하고 한 점의 의심도 남기지 않는 것이 상식적 대처다. 냉철하게 조사하고 정점에 있는 책임자를 뼈아프게 반성시키고 참회 어린 자세로 국민에게 용서를 구하도록 해야 마땅하다. 그래야 다시는 정권이 법과 국민 위에 군림하고 민주주의를 짓밟는 비극의 궤적이 반복되지 않을 것이다.

부록 1

공직윤리지원관실 기획총괄과가 작성·관리한 〈공직윤리지원관실 업무 처리 현황〉 문건

부록 2

불법 사찰 사건과 증거인멸 사건 1차 수사와 재수사 일지

부록 1

공직윤리지원관실 기획총괄과가 작성 · 관리한 〈공직윤리지원관실 업무 처리 현황〉 문건

순번 | 사건명 | 출처 | 보고처

1. 공기업 임원의 사직서 미제출 명단 / 하명 / EB
2. 문체부 최○○ 체육국장, 국민체육협의회 회장 선출 관련 비난 여론 / 자체 / 미상
3. 서울경찰청 경비부장 관련 동향 / 하명 / EB
4. 대한적십자사 총재 교체 관련 동향 / 하명 / EB, 민정2
5. 서울경찰청의 불법 촛불 집회 대응 수범 사례 / 하명 / EB
6. 한국조폐공사 감사 건 / 미상 / 미상
7. 소방검정공사 감사 건 / 미상 / 미상
8. 남○○ 의원 관련 / 미상 / 미상
9. 곽○○ ○○발전 사장 관련 / 하명 / 미상 / 미상
10. 한국항공우주산업(KAI) 납품 비리 / 미상 / 미상
11. 조준웅 특검 동향 관련 / 미상 / 미상

12. 안○○ 인천시장 인천타이거항공 준비 / 미상 / 미상

13. 허○○ 학술진흥재단 이사장 사퇴 / 하명 / 미상

14. 교과부 2차관 동향 보고 / 미상 / 미상

15. 맹○○ 강남구청장 관련 비리 / 자체 / 내부보고

16. 포천시 바이오가스 플랜트 관련 비리 / 미상 / 미상

17. 금감원 임직원 금품 수수 의혹 / 미상 / (빈칸)

18. 교과부 산하 기관 감사 사퇴 / 하명 / 미상

19. 문체부 체육국장 최○○ 동향 보고 / 하명 / 미상

20. 한국체대 이○○ 총장, 교수 채용 관련 비리 / 자체 / 미상

21. 사채업자 오○○, 민주당 이광재 의원 형사 고발 검토설 / 자체 / 미상

22. 국정원 이○○ 충남지부장, 태안군민 축제 주관 관련 비난 여론 / 자체 / 미상

23. 민주당 양○○ 의원, 민주당 충남도당 조직국장 성폭행 사건 축소 의혹 / 자체 / 미상

24. 여○○ 전 조달청 차장 관련 비위 조사 / 하명 / 미상

25. 총리 동서 사칭 사건 / 하명 / 미상

26. 국정원 이○○ 강원도지부장, 민주당 정보 제공 의혹 등 비난 여론 / 자체 / 미상

27. 강원도지사 스캔들 보도 관련 동향 / 자체 / 미상

28. 한국수력원자력 김○○ 사장 교체 / 자체 / 미상

29. 주택공사 성○○ 감사 사퇴 거부 관련 동향 / 자체 / EB

30. 김태호 경남지사 동향 보고 / 미상 / 미상

31. KBS 드라마 1,2국장 비위 사실 파악 / 미상 / 미상

32. 부산항만공사 운영본부장 추○○ 관련 / 자체 / 미상

33. 지경부 황○○ 과장 비리 조사 관련 / 미상 / 미상

34. 농협중앙회 정○○ 사장 비리 파악 / 미상 / 미상

35. 포스코회장-언론회장 회동 경위 파악 / 미상 / 미상

36. 대구, 경북 지역 지자체장 동향 파악 / 미상 / 미상

37. ○○○병원 ○○○ 감사 사퇴 / 미상 / 미상 *직권면직

38. ㈜광주요 조○○ 회장 조사 / 미상 / 미상

39. 서울시 교육청 행정지원국장 양○○ 관련 / 하명 / (빈칸)

40. 인천 한들택지지구 관련 동향 / 자체 / EB

41. 서울대병원 노조 VIP패러디 홍보물 관련 보고 / 하명 / EB

42. 인터넷 대통령 비방글 대응 방안 / 하명 / EB

43. 인천도시개발공사 입찰 관련 불법행위 / 미상 / 미상

44. 서울도시개발공사 입찰 관련 불법행위 / 미상 / 미상

45. 불법폭력 집회·시위 근절 대책 / 미상 / EB

46. 구리농산물유통공사 사장 외 1명 금품 수수 행위 / 미상 / 미상

47. 새만금 청장 이○○ 임명 관련 / 미상 / 미상

48. 국가임상시험사업단 사무총장 임명 경위 / 미상 / 미상

49. (재)중앙자활센터 사무처장 임명 경위 / 미상 / 미상

50. 적십자사 총재(이○○) 교체 관련 동향 보고 및 조치 / 하명 / 민정2

51. 새만금 청장 임명 동의 배경과 지경부 조직 분위기 / 미상 / 미상

52. 환경부 물환경정책국 권○○ 사무관의 특정 업체 편향 업무 처리 /

하명 / 내부보고

53. 박○○ 장훈학원 이사장 비리 관련(추가 자료) / 하명 / EB, 민정2
54. 영등포구청 인센티브(포상금) 비리 관련 대책 / 자체 / EB, 민정2
55. 국방부 BLT 사업 관련 특혜 의혹 / 자체 / 미상
56. 건설 관련 공제조합 이사장 거취 관련 / 자체 / EB
57. 국립해양조사원장 우○○, 청사 부지 내 실외 골프 연습장 설치 운영 관련 / 자체 / 미상
58. 금융위원회 양○○ 사무처장 관련 / 하명 / EB
59. 성매매 방지 민간단체 '이룸'의 포럼 포스터 사진 관련 보고 / 하명 / EB
60. 충남 금산축협 전무 최○○ 뇌물 수수 동향 / 자체 / EB, 민정2
61. 마산시장 황○○ 뇌물수수 및 공금횡령 관련 비리 첩보 / 자체 / EB, 민정2
62. 박○○ 대한전문건설협회장 내사 보고 / 하명 / EB, 민정2
63. KT&G 곽○○ 사장 거액 비자금 조성설 / 하명 / EB, 민정2
64. ㈜다음 블로그 '동자꽃' 허위 사실 유포 / 하명 / EB, 민정2
65. 광주광역시장 박○○ 비위 자료 / 하명 / EB, 민정2
66. 경기도시공사 사장 권○○ 비위 자료 / 하명 / EB, 민정2
67. CMB 회장 이○○ 비위 자료 / 자체 / EB, 민정2
68. 강금원 창신섬유회장, 시그너스골프장 매입 관련 의혹 / 자체 / 미상
69. MBC 엠씨티 건립, 참여정부 실세 개입 의혹 / 자체 / 미상
70. 인사 비리 첩보(총무비서관) / 자체 / 미상

71. 국가생산성대상 포상자 선정 실태 점검 결과 / 자체 / EB
72. 총리실 김○○ 차관 수사 관련 보고 / 하명 / EB, 총리
73. VIP 비방 유인물 살포 관련 보고 / 자체 / EB
74. 조○○ 전기가스공사 감사 해외 도피 배후 관련 / 하명 / EB
75. KB한마음 대통령 명예훼손 관련 미상 / 미상 · 민정
76. 이○○ (일산경찰서장) 관련 비위 행위 / 미상 / 미상
77. 토지공사, 인천자유구역 사업 시행자 선정 관련 비리 첩보 / 미상 / 미상
78. 한○○ 전 서울지방국토관리청 비위 관련 / 자체 / 미상
79. 이○○ 에머슨퍼시픽그룹 회장 비리 관련 / 하명 / 미상
80. 김○○ 기업대출 사기사건 / 하명 / 미상
81. 김○○ 제주도지사 비리 혐의 / 하명 / 민정2
82. 정○○ 외교안보연구원 직원의 부적절한 처신 관련 / 민원 / 미상
83. 한국에너지기술연구원 원장 비위 관련 / 하명 / 미상
84. 권익위 국회 자료 유출 조사 / 미상 / 미상
85. 전남 해남 화원관광단지 조성 사업 건 / 자체 / 내부보고
86. 부산항만청 감천항 의장안벽공사 비리 관련 / 하명 / EB, 민정2, 총리
87. 국토부 산하 단체장 및 임원 교체 동향 / 자체 / 미상
88. 노○○ 수도권 매립지 사업본부장 관련 / 자체 / 미상
89. 이○○ 울산상공회의소 회장 비리 관련 / 하명 / 미상
90. TS산업개발 관련 전·현직 공무원 유착 비리 사건 / 하명(박차) / EB, 박차

91. 아시아투데이, 현대기아차 출입 기자단 성매매 관련 협박 / 자체 / 민정2

92. 조○○ 교과부 과장 비위 관련 / 민원 / 내부보고

93. 군인공제회 조○○ 이사장, ㈜워터비스 투자 비리 관련 / 자체 / 민정2

94. 한국환경자원공사 고○○ 사장 비위 관련 / 하명(EB) / EB

95. 서울고검 차○○ 검사 비리 사건 / 자체 / 민정2

96. 성매매 업소 형식적 단속 관련 / 민원 / 미상

97. 광운학원 최○○ · 홍○○ 비리 관련 / 하명 / EB

98. 환경관리공단노조, 공기업선진화 반대 투쟁 관련 / 자체 / 미상

99. 항공우주연구원 비리 관련 / 하명 / 미상

100. 강남 귀족계 모임 관련 동향 / 자체 / 미상

101. 어○○ 경찰청장 동생 불법행위 / 자체 / 미상

102. 시흥시청 공무원 이○○ 관련 뇌물 수수 및 도박 제보 건 / 자체 / EB, 민정2

103. 토지공사, 고양 삼송지구 도시지원시설 용지 공급 비리 / 자체 / 내부보고

104. 철도시설공단, 하도급 관련 비리 첩보 건 / 자체 / (빈칸)

105. 조○○(부산지방경찰청장) VIP인사권 부담 등 부당 행위 적발 / 자체 / 미상

106. KT · 포스코, 검찰 수사 관련 동향 / 자체 / 미상

107. 남○○ 인천 연구구청장 비위 관련 / 국정원 / 미상

108. 박○○ 달성경찰청장 비위 관련 / 국정원 / 미상

109. 구○○ 서울 중부경찰서장 비위 관련 / 국정원 / 미상

110. 박○○ 전 부산시 환경국장 비위 관련 / 국정원 / 미상

111. 충남도청(도지사 이완구) 부적절한 징계 처분 / 국정원 /내부보고

112. 김○○ 경부고속철 대구?울산 간 궤도 부설기타공사 감리단장 비위 관련 / 국정원 / EB, 민정2

113. 이○○ 대구북부경찰서 정보보안과장 비위 관련 / 국정원 / 미상

114. 양○○ 정읍중앙지구대장 비위 관련 / 국정원 / 미상

115. 강○○ 서울중앙지검 공판과 수사관 비위 관련 / 국정원 / 내부보고

116. 영월경찰서(서장 김○○) 직원 비위 관련 / 국정원 / 미상

117. 신○○ 구리시청 평생학습관장 비위 관련 / 국정원 / 미상

118. 남양주시청(시장 이○○) 비위 관련 / 국정원 / 미상

119. 강○○ 한국도로공사 기술본부장 관련 / 자체 / 미상

120. 기초생활수급자 생계비 지급 관련 민원 내용 확인 / 민원 / 미상

121. 농협 여직원 유니폼 납품 관련 / 민원 /내부보고

122. 철도공사 동계 피복 불법 해외 생산 관련 / 민원 / EB, 민정2

123. 한국관광공사 직원의 부적절한 행위 관련 / 민원 / 미상

124. 이○○ 농특위원장 부적절한 행위 관련 / 민원 / 미상

125. 현대종합상사에 대한 김○○ 통상교섭본부장 개입 의혹 관련 / 자체 / 민정2

126. 안산도시개발 민영화 반대(김○○) 관련 / 민원 / 미상

127. 감사원 이○○ 서기관 현금 수수 관련 / 자체 첩보 / 민정2

128. 국립대 병원 이사 해임 관련 / 하명 / 미상

129. 김○○ 육군8사단장 비위 관련 / 국정원 / 미상

130. 윤○○ 통일교육원 자원관리과장 비위 관련 / 국정원 / 미상

131. 임○○ 진천경찰서장 비위 관련 / 국정원 / 미상

132. 이○○ 수협중앙회장 비위 관련 / 국정원 / EB, 민정2

133. 신○○ 구리시청 평생학습관장 불우이웃돕기 성금 횡령 / 국정원 / 미상

134. 서울교육청 교육감 관련 동향 (종로 엠스쿨 관련) / 하명 / 미상

135. 이○○ 구리시의회 사무과장 비위 관련 / 국정원 / 미상

136. 김○○ 제주국제자유도시개발센터 이사장 비위 관련 / 국정원 / EB

137. 이○○ 지식경제부 제2차관 동향 / 하명 / 민정2

138. 조○○ 서울지방국세청 조사4국장 비리 첩보 / 하명 / 민정2

139. 이○○ 전남소방본부장 비리 혐의 관련 / 자체 / EB, 민정2

140. 농촌공사 유○○이사 금품 수수 적발 경위 / 자체 / 미상

141. 포스코 청암재단의 진보 단체 지원 관련 / 자체 / 민정2

142. 원○○ 감사원 특별조사본부장 스크린 / 하명 / EB

143. 성남시 수정구, 청계산 자연석 무단 방출 관련 의혹 확인 / 자체 / 미상

144. 이석제 법제처장 동향 / 자체 / 민정2

145. 금감원, 조직적인 농협비리 은폐 의혹 / 자체 / 미상

146. 성매매(출장마사지) 관련 첩보·조치 건 / 자체 / 미상

147. 썬앤문그룹 문병욱 회장, 농협 사기 대출 의혹 / 자체 / EB, 민정2

148. 금성출판사 한국사 편향성 논란 조사 / 하명 / 미상

149. 포스코 회장, 부회장 동향 / 하명 / 미상

150. 언론사, 우리들병원 취재 동향 / 자체 / 미상

151. 민간 투자 사업 재정 지원 예산 낭비 첩보(인천공항철도, 천안논산고속도로, 우면산터널 등) / 자체 / 내부보고

152. 한국마사회, 장외 발매소 임대 관련 비리 / 자체 / EB, 민정2

153. 지경부 내 인맥 관련 / 하명 / 미상

154. 한국마사회, 장외 발매소 개설 관련 점검 결과 / 자체 / 민정2

155. 농식품부 호남 인맥 긴급 정리 조치 필요(Ⅰ, Ⅱ) / 하명 / 보고불용

156. 농식품부 김○○ 국장 성희롱 건 / 하명 / 민정2

157. 윤○○ 기업은행장에 대한 최근 동향 / 하명 / EB

158. 이○○ 국토부 토지정책관 동향 / 자체 / 미상

159. ㈜야탑시장 관련 / 민원 / 미상

160. 류○○ 도로공사 사장 동향 / 하명 / EB

161. YTN 사태 관련 보고 / 하명 / 민정2

162. 이○○ 농진청장 처신 주의 조치 필요 / 하명 / 미상

163. 모○○(치안비서관) 농지법 위반 및 탈세 등 불법행위 적발 / 자체 / 미상

164. 경찰청 인사과 불법 자료 배포 적발 / 자체 / 미상

165. 경상대병원 김○○ 감사 비리 내사 / 자체 / 미상

166. 고위 공무원 회의 수당 부정 수령 / 자체 / 미상

167. 쌀직불금 수령자 명단 / 미상 / 미상

168. 경찰청장 주최 총리실 파견 경찰관 만찬 동향 / 자체 / 미상

169. 한국항공(KAL) 상무 김○○ 동향 / 자체 / EB

170. 이○○ 총리실 기후변화대책기획단 부단장 술주정 관련 / 하명 / EB, 민정2

171. ㈜KT 간부진 금품 수수 의혹 / 자체 / EB, 민정2

172. 농식품부 간부급 공무원 골프 동향 / 자체 / EB

173. STX그룹 동향 보고 / 하명 / EB, 민정2

175. 군인공제회 조○○ 이사장 동향 / 하명 / 민정2

176. 김○○ 재활용조합회장 VIP 특보 사칭 관련 / 하명 / EB, 민정

177. 농협에 대한 인사 감사 포기 각서 관련 / 하명 / EB

178. 문화일보 기사 관련 발설자 색출 지시 / 하명(총리) / 미상

179. 군 의문사 진상규명위원회 관련 보고 / 자체 / EB

180. 윤○에 대한 동향 파악 / 하명 / 미상

181. 한상률 국세청장 관련 비리 첩보 / 하명 / EB

182. 이○○ 신한금융지주 사장 동향 / 하명 / 미상

183. 서울시청 감사관(정○○) 비위 첩보 확인 사항 / 자체 / EB

184. 권역별 전문질환센터 사업자 선정 건 / 하명 / 미상

185. 보건산업기술과 및 R/D 사업 관련 / 하명 / 미상

186. 경찰종합학교장 박○○ 치안감 동향 보고 / 하명(민) / 미상

187. 충북청장 이○○ 치안감 동향 보고 / 하명(민) / 미상

188. 농림수산식품부 쌀직불금 운영 실태 및 공직 기강 점검 결과 / 하명 / 총리, EB, 민정2

189. 민주당, 골드만삭스자산운용㈜ 관련 비위 내사 / 자체 / EB

190. 김○○ 전 청와대 비서실장 금품 수수 관련 / 자체 / EB

191. 농협중앙회 특별 감사 관련 노조 동향 / 하명 / 미상

192. 강○○ 광주은행 감사 동향 보고 지시 / 하명(EB) / EB

193. 김○○ 전 체육회장 관련 / 자체 / 미상

194. 대전민노총 선거 관련 / 자체 / 미상

195. 김○○ 대전시교육감 비위 관련 / 자체 / (빈칸)

196. ○○군수 금품 수수 의혹 / 자체 / 미상

197. 광주시 장○○ 종합건설본부장 비위 관련 / 하명(민) / 내부보고

198. 고위직 쌀직불금 부당 수령 여부 재조사 / 하명(민) / EB, 민정2

199. 운보 김기창 화백 주택 경락 관련 / 하명(EB) / EB

200. 컴퓨터 프로그램보호위원회 관련 현황 / 하명(EB) / 내부보고

201. 특정 병원과 특정 약국 유착 관계 / 민원(EB) / EB

202. 한국수력원자력 비리 관련 / 자체 / EB

203. 노무현 전 대통령 사돈 배병렬, 농협 대출 관련 압력 행사 / 자체 / EB

204. 농협중앙회 이○○ 전무, 골프 회동 관련 비난 여론 / 자체 / EB, 민정2

번호 없음. 삼성세무서 이○○ 주사 금품수수 의혹 / 자체 / (빈칸)

205. 한국도로공사 류○○ 사장, 주식 보유 언론 보도 관련 보고 / 자체 / EB

206. 농림부 제1차관 재혼 전 문란 행위 조사 / 하명(EB) / 내부보고

207. 농림부 호남 인맥 긴급 정리 조치 필요(Ⅲ) / 하명(EB) / 보고불용

208. 정○○ 기상청장 비위 관련 첩보 건 / 하명(EB) / 보고불요 *기상청

장 교체

209. 강남구 권○○ 의원 비위 관련 / 자체 / EB, 민정2

210. 항운노조 최○○ 위원장 면담 / 자체 / EB

211. 방통위원장 친분 관계 사칭 비위 경찰 관련 / 자체 / 내부보고

212. 전문건설공제조합 전 이사장 김○○ 특혜 제공, 금품 수수 / 자체 / EB, 민정2

213. 칠곡군수 배○○ 관련 비리 / 하명(박차) / EB, 민정2, 박

214. 민유성 산업은행 총재 관련 조사 / 하명(EB) / EB

215. ㈜L.best 구○○ 대표 관련 / 자체 / EB

216. 노동부 평택지청 이○○ 과장 비위 관련 / 하명(민) / (빈칸)

217. 윤○○ 안산세무서장 비위 관련 / 하명(민) / (빈칸)

218. 광주세무서 공무원 화순빛마트 탈세 동조 / 자체 / EB, 민정2

번호 없음. 현기환 의원 관련 / 하명(EB) / (빈칸)

219. 우○○ ○○재단 사무총장 관련 / 하명(박차) / EB, 박

220. 세일신용정보㈜ 전○○ 사장 부동산 사기 행각 / 자체 / EB, 민정2

221. 총리실 1급 승진 예정자(이○○) 인사 동향 / 자체 / EB

222. 서울경찰청 경감 이상 직원 지역별 분포도 / 자체 / 내부보고

223. 방송통신위 신○○ 국장 관련 / 하명(EB) / EB

224. 유○○ 청주지법 판사 관련 / 국정원 / EB, 민정2

225. 전○○ 광주 동구의회 의원 관련 / 국정원 / EB, 민정2

226. 박○○ 광주 광산구의회 의원 관련 / 국정원 / EB, 민정2

227. 정○○ 한국자산신탁 사업5팀장 관련 / 국정원 / EB, 민정2

228. 강원랜드의 폐기물 처리 업체 선정 관련 등 / 국정원 / (빈칸)

229. 한국철도시설공단 오송역 건설 보상 관련 / 국정원 / EB, 민정2

230. 성민육영재단에 대한 특혜 관련 / 국정원 / EB, 민정2

231. 국세청에 대한 내부 고발 예정서 / 민원 / 내부보고

232. VIP 해외 순방(08.11.14~25) 중 해외 대사관(영사관) 관련 동향 / 자체 / 내부보고

233. 강○○ 등 4인의 금융 사기 행각 / 자체 / 내부보고

234. MBC 엄기영 사장과 노조의 이면 합의 및 분식 회계 의혹 / 자체 / EB, 민정2

235. 박○○ 광주광역시장 비위 의혹 / 자체 / EB, 민정2

236. 포스코 이사진 인사 동향 / 자체 / EB, 민정2

237. 농어촌공사 인사 관련 상납 적발 / 자체 / EB

238. 감천항 서방파제 안벽 접안료 불법 사용 조사 / 하명(EB) / EB

239. 삼성그룹 관련1 / 자체 / EB

240. 삼성그룹 관련2 / 자체 / EB

241. 부산광역시 사상구청 이○○ 과장 비리 관련 / 민원 / 내부보고

242. 광주시교육청 시간외수당 허위 지급 관련 / 자체 / EB, 민정2

243. 코리아이플랫폼㈜ 관련 탄원 / 하명(EB) / EB

244. 한국폴리텍IV대학 이○○ 학장 인사 관련 / 하명(조국) / EB

245. 철도공사 이○○ 여객사업본부장 관련 / 하명(EB) / EB

246. 김문수 경기도지사 및 유연채 정무부지사 동향 / 자체 / EB

247. 이용훈 대법원장 동향 / 자체 / EB

248. ㈜세중나모여행사 천신일 회장 동향 / 자체 / EB

249. 코레일 간부 현황 / 자체 / EB

250. 비영리 민간단체 보조금 관련 보수 단체 지원 방안 / 자체 / EB

251. 국민연금공단 노조 관련 동향 및 조치 / 자체 / EB

252. 한국에너지연구원 교육 부실 사례 / 자체 / 내부보고

번호 없음. 송파구청 전화교환기 교체 건 / 자체 / (빈칸)

253. 학력평가 장학사들 관광성 외유 관련 보고 / 자체 / EB, 민정2

254. YTN 사태 관련 조치 및 결과 보고 / 자체 / EB

255. 광주지방국세청장(김○○) 관련 금품 수수 제보 처리 / 자체 / EB, 민정2

256. 국토해양부 백○○ 사무관 비위 관련 탄원 / 민원 / 내부보고

257. 한국전력공사 강○○ 상임감사 관련 / 하명(EB) / EB

258. 수원시 환경국장(류○○) 금품수수 적발 / 자체 / EB, 민정2

259. 철도공사 부사장 심○○ 사장 직무대행 주의 촉구 / 하명(EB) / EB

260. 고속철 궤도 이탈 관련 수사 중단 압력 행사 건 / 하명(EB) / EB

261. 한수원 정○○ 감사 관련 보고 / 자체 / EB

262. 중앙일보 구독료 인하 관련 언론계 동향 / 자체 / EB, 민정2

263. 지식경제부 나○○ 서기관 비위 관련 / 자체 / EB, 민정2

264. 대전시 유성구청 사회복지국장(고○○) 비위 적발 / 자체 / EB, 민정2

265. 정보사령부 부적격 보직 인사 관련 동향 / 자체 / 내부보고

266. 직업능력개발원장(권○○) 공공연맹 노조와 교섭 관련 / 하명(EB) / EB

267. 동국제강 형제간 다툼으로 비자금 조성 폭로 계획 / 자체 / EB

268. NGO 단체들 간 갈등 표면화 조짐 / 자체 / EB

269. 한겨레신문의 SK그룹과 현대자동차 광고 감소 관련 / 자체 / EB

270. 포스코와 삼영지관㈜ 홍○○ 대표이사 특혜 낙찰 의혹 / 자체 / EB

271. 김○○ 전 대한토지신탁 사장 비위 첩보 / 자체 / EB, 민정2

272. '꽃보다 남자' 출연 여배우 장자연 자살 배경 관련 / 자체 / EB, 민정2

273. 최○○ 서울시 경쟁력강화본부장 부적절 처신 관련 / 하명(권) / EB, 권

274. 환경 NGO 간 갈등 조짐 배경 관련 조사 / 하명(인) / 내부보고

275. 한국전력공사 신○○ 에너지자원 특명대사 관련 조사(긴급) / 하명(박차) / EB, 민정2

276. 부천시 건설교통국장(한○○) 금품 수수 현장 적발 / 자체 / EB, 민정2

277. 기상청 예보 선진화 및 황사 대비 방안 점검 / 자체 / EB

278. 경찰청 보안국 지○○ 경정 관견 조사 결과 / 자체 / 내부보고

279. 김○○ 국민체육진흥공단 이사장 관련 조사 / 하명(박차) / EB

280. 총리실 고위 공무원 이○○ 범죄 수사 상황 / 자체 / EB, 민정2

281. 안보 위해 세력 보안 수사 활동 강화 방안 / 자체 / EB

282. 농촌공사, 금강지구 농업기반조성사업 관련 / 자체 / EB, 민정2

283. YTN 사태 경과 및 향후 전망 보고 / 자체 / 내부보고

284. 기능경기대회 운영 실태 점검 결과 / 자체 / EB, 민정2

285. 요리직종 기능경기대회 관련 비위 첩보 / 자체 / EB, 민정2

286. 좌파 환경 단체 보조금 중단 공문 유출 관련 / 국정원 / 총리, 권,

EB, 민정2

287. 장○○ 수협중앙회 신용사업 대표이사 관련 / 하명(EB) / EB

288. 수원남부경찰서 수사 왜곡 토착 비리 / 자체 / EB, 민정2

289. 신한지주 라응찬 회장 동향 / 자체 / EB, 민정2, 박차

290. MBC 노조 및 MBC PD연합회 동향 / 자체 / EB, 민정2

291. 한국철도공사 스크린도어 설치 입찰 관련 비리 첩보 / 자체 / EB, 민정2

292. 경찰청 특수수사과 확대 개편 관련 보고 / 자체 / EB

293. 기재부 사회예산심의관(김○○) 비위 적발 / 자체 / EB, 민정2(구두)

294. 안동시장, 인사 관련 금품 수수 적발 / 자체 / EB

295. 경찰 간부(총경) 이○○ 성매매 관련 / 자체 / EB

296. 롯데그룹 신격호 회장 관련 동향 / 자체 / EB

297. 국방홍보원장 계약 해지 관련 동향 / 자체 / EB, 민정2

298. 현대차그룹 회장 전용기 도입 관련 동향 / 자체 / EB

299. 수자원공사 정○○ 부사장 연임 로비 / 자체 / EB, 민정2

300. MBC 공정노조 동향 / 자체 / EB

301. 좌파 언론 단체의 프레스센터 무상 입주 관행 근절 / 국정원 / (빈칸)

302. 북한 소재 방송 프로 전면 개편, 그릇된 대북 인식 확산 방지 / 국정원 / (빈칸)

303. 춘천 소재 軍共 투자 아파트 관련 부실 의혹 대두 등 / 국정원 / (빈칸)

304. 국가임상시험사업단 내 좌파 세력 조기 퇴출 긴요 / 국정원 / (빈칸)

305. 좌파 단체의 의료 민영화 논란 재점화 기도에 선제 대처 / 국정원 /

(빈칸)

306. 국립청소년수련원 김○○ 이사장 관련 조사 / 하명(EB) / EB
307. 가스공사 통영생산기지 하역암 발주 관련 / 하명(박차) / 박차
308. 태권도 올림픽 종목 존치 관련 동향 / 자체 / 내부보고
309. 서울시교육청 평생교육국장(김○○) 비위 관련 보고 / 자체 / EB
310. 청와대 행정관 성매매 의혹 사건 발단 관련 / 자체 / EB
311. 국가보건의료 정보화사업 관련 내사 / 하명(박차) / 내부보고
312. 여성정책연구원장 관련 조사 / 하명(EB) / EB
313. 문체부 원○○ 국장 내부 비밀 유출 관련 조사 / 하명(민정2) / EB
314. 이상휘 춘추관장 동향 / 자체 / EB
315. 청와대 행정관(민○○) 관련 / 자체 / EB
316. 행안부 차관보(백○○) 관련 내사 착수 / 자체 / EB
317. 라응찬 신한금융지주회장 대출 관련 부당 압력 의혹 / 자체 / EB, 민정2
318. 인권위원회 정원 감축 관련 / 자체 / 내부보고
319. 공기업, 공공 연구원 비정상적 노사 관계 사례 / 하명(EB) / 내부보고
320. 보사연, 노동연 등 참여연대 민생 관련 포럼 참석 경위 파악 하명(EB) / 미상
321. 조세심판원 관련 조사 / 하명(박차) / (빈칸)
322. (사)한국경영컨설팅협회에 대한 중기청의 부적절 업무 처리 조사 / 하명(조차) / EB
323. 경주 산불 발생 및 진화 현황 보고 / 자체 / 내부보고

324. 농림부 박○○ 국장 인사 발령 관련 / 자체 / EB, 민정2

325. MBC 리베이트 수수 등 비리 첩보 / 자체 / 내부보고

326. 아산시 김○○ 전 하수과장 차명 계좌 수사 건 / 민원 / 내부보고

327. 전 정권의 비자금 세탁 움직임 관련 첩보 / 자체 / EB, 민정2

328. MBC 라디오 MC 김미화 교체 관련 동향 / 자체 / EB, 민정2

329. 부산진세무서 직원(이○○) 비위 적발 / 자체 / EB, 민정2

330. 서울지방경찰청 김○○ 반장 관련 / 민원 / 내부보고

331. 화순경찰서장 정○○ 관련 / 민원 / 내부보고

332. 한국농어촌공사 임직원 뇌물 수수 관련 / 민원 / EB

333. KTF 임원 인사에 대한 문제점 / 자체 / 민정2

334. 환경관리공단 양○○ 이사장 관련 / 하명(민정2) / EB, 박차, 민정2

335. 한전 KPS 관련 사항 / 자체 / 내부보고

336. 문화체육관광부 산하 한국예술종합학교 공직 기강 점검 / 하명(EB) / EB

337. 4대강 관련 정보 유출 조사 / 하명(민정2) / EB, 민정2

338. 한국환경자원공사 HID 난입 관련 동향 / 하명(EB) / EB

339. 한국중부발전 군산발전소 부지 매각 승인 로비 의혹 / 자체 / (빈칸)

340. 나노소자특화팹센터 대표 고○○ 관련 동향 조사 / 하명(EB) / EB

341. 레미콘 회사의 환경 훼손에 대한 지자체의 소극적 대처 / 민원 / 내부보고

342. 한국환경자원공사 비위 관련 민원 / 민원 / 내부보고

343. 서울식약청 오○○ 사무관 비위 첩보에 대한 조사 / 민원 / EB, 민정2

344. 청와대 이○○ 행정관 관련 / 자체 / EB

345. 문화콘텐츠진흥원 상임이사 인사 관련 / 자체 / EB

346. 김해시청 경전철사업단장 김○○ 비위 첩보 / 자체 / EB

347. 마산시장 황○○ 특정 업체 특혜 비위 첩보 / 자체 / EB

348. 범민련 남측 본부 국가보안법 위반 사건 보고 / 자체 / EB

349. 국세청의 탈세 조사 지연 처리에 대한 진정 / 민원 / 내부보고

350. 법무부 교정본부장의 폭력적 언행 진정 / 민원 / 내부보고

351. 장자연 사건 관련 조선일보의 對 정부 대응 동향 / 자체 / EB

352. 민주당 문방위원들 시민 단체와 연계 동향 / 자체 / EB

353. 한국거래소 노조위원장의 이사 2명 폭행 사건 관련 / 하명(EB) / EB

354. 원화건설 박○○ 대표 정치권 로비 의혹 / 자체 / EB, 박차, 민정2

355. 이○○ 장관, GS칼텍스 허동수 회장에 대한 특혜 의혹 / 자체 / EB, 박차, 민정2

356. 광주시 산지 전용 허가 및 훼손 산지 조림 부적정 / 자체 / 내부보고

357. 수도권매립지관리공사 예산 낭비 실태 / 자체 / EB

358. 노동부 고용센터 매입 관련 검찰 내사 / 자체 / EB

359. 한나라당 중앙위원회 지도위원(김○○) 관련 / 자체 / EB, 내부

360. 사단법인 한국방송작가협회 이사장 김○○ 관련 / 자체 / EB

361. 대전동부경찰서장 박○○ 동향 / 자체 / 내부보고

362. 삼성 이건희 회장의 증여세 탈루 의혹/ 자체 / EB

363. 자전거 국토대행진 행사 관련 비위 의혹 / 하명(박차) / 박차

364. 수자원공사노조, 차별 임금 반환 청구 소송 제기 / 하명(EB) / 내부

보고

365. 한국철도공사 재무관리실장 비위 조사 / 하명(EB) / EB(조국)

366. 한국산업은행 직원 성 향응 접대 적발 / 자체 / (빈칸)

367. 우리은행 CDO/CDS 조치 현황 미계획 / 자체 / (빈칸)

368. 축산 농가 가축 음용수 수지 개선 사업 관련 진정 / 민원 / (빈칸)

369. 한국환경정책평가연구원장 박○○ 면담 결과 / 하명(EB) / EB, 박차

370. 4대강 사업 관련 일부 업체의 사기성 투자 유치 차단 필요 / 국정원 / 박차, EB

371. 녹색 성장 붐을 이용한 사기 발생 소지 조기 차단 / 국정원 / (빈칸)

372. 인사 추천(기무사 대령 이동설, 57사단장 박○○, 서울지노위 이○○ 등) / 하명(EB) / EB

373. 안○○ 인천시장의 연세대에 대한 송도 특혜 의혹 / 자체 / EB, 박차, 민정

374. 전 민정수석 이○○ 관련 동향 / 자체 / EB, 박차, 민정2

375. 농촌정보문화센터 신○○ 소장 비위 첩보 / 자체 / EB, 민정2, 내부

376. 한국학중앙연구원장 김○○ 비위 조사 / 하명(EB) / EB

377. 대덕연구개발특구지원본부 강○○ 이사장 비위 조사 / 하명(EB) / (빈칸)

378. 방송통신심위원회 손○○ 부위원장 관련 / 하명(EB) / EB

379. 문화체육관광부 우○○ 체육정책과장 관련 / 하명(EB) / EB

380. 한국영화교육원 강○○ 원장 관련 / 하명(EB) / EB

381. 윤○○ 중공교 기획부장 동향 조사 / 하명(EB) / EB

382. *** / 민원 / (빈칸)

383. 노 전 대통령 영결식 등 관련 동향 보고 자체 / 박차

384. 한국산재의료원 정○○ 이사장 관련 동향 / 하명(EB) / EB

385. VIP 등 친분 사기 및 뇌물 수수 비리 혐의 첩보 / 자체 / EB, 박차, 민정2

386. 대구도시철도 3호선 6공구 입찰 담합 의혹 / 자체 / EB, 민정2

387. 노 전 대통령 장례 이후 MBC 노조 동향 / 자체 / EB

388. 청와대 이○○ 행정관 국토부 인사 개입 관련 / 자체 / EB, 박차

389. 감사원 제1사무처장 유○○ 관련 조사 / 하명(EB) / EB, 박차

390. 민주당 송영길 최고의원 면담 결과 / 자체 / EB, 박차, 민정2

391. 삼랑진-마산 간 전차 선로 신호기 신설 공사 관련 / 자체 / EB, 민정2, 내부보고

392. (사)한국산업기술진흥협회 임직원 비리 조사 / 자체 / EB, 민정2, 박차

393. 서울시 상수도본부 직원 비리 혐의 / 자체 / EB, 민정2

394. 서울지방국세청 직원 비위 첩보 / 자체 / EB

395. 민주당 신학용 의원 관련 / 자체 / EB, 박차

396. JDC 김○○ 감사 관련 비위 조사 / 하명(민정2) / 박차, 민정2

397. 한국윤활유공업협회 이○○ 부회장 비위 조사 / 하명(EB) / (빈칸)

398. 우수제조기술연구센터협회 국○○ 전문 비위 조사 / 하명(EB) / (빈칸)

399. 한국조명기술연구소 양○○ 소장 비위 조사 / 하명(EB) / (빈칸)

400. 한국수입업협회 오○○ 부회장 비위 조사 / 하명(EB) / EB

401. 한국광산업진흥회 임원(류○○ 전무, 전○○ 부회장) 비위 조사 / 하명(EB) / EB

402. 한국인정원 양○○ 원장 비위 조사 / 하명(EB) / EB

403. 한국산업기술보호협회 강○○ 감사 비위 조사 / 하명(EB) / EB

404. 한국엔지니어링진흥협회 황○○ 부회장 비위 조사 / 하명(EB) / (빈칸)

405. 국토부 경찰 아이오 권○○ 관련 / 하명(EB) / EB

406. 서울메트로 간부 금품 수수 관련 / 자체 / EB, 민정2

407. 관세청 평택세관 관련 '송○○' 신상 파악 / 하명(EB) / EB

408. 조달청 구매사업국장 천○ 관련 / 하명(EB) / EB

409. 기재부 박○○ 서기관 비위 관련 / 자체 / EB, 민정2

410. 해군 신무기도입 관련 비리 첩보 / 자체 / EB, 민정2, 박차

411. 미주 지역 중앙일보 박○○ 사장 자살 관련 / 자체 / EB, 민정2, 박차

412. 솔로몬저축은행 임석 사장 관련 조사 / 하명(EB) / EB

413. 국립수산물품질검사원 검역관 채용 비리 조사 / 하명(EB) / EB

414. 현대건설 최○○ 상무 구속 관련 동향 / 자체 / / EB, 민정2

415. 국시원장 사표 수리 동향 / 자체 / EB /

416. 서울지방식약청 김○○ 식품안전관리과장 비위 조사 / 민원 / (빈칸)

417. 상이군경회 고철 폐변압기 사업 건 / 하명(EB) / 내부보고

번호 없음. 그랜드코리아레저 권○○, 정○○ 비위 조사 / 하명(EB) / (빈칸)

418. 농어촌공사 홍○○ 사장 비위 첩보 / 자체 / EB, 박차

419. 이○○ 행정관, 동홍천-양양 간 고속도로 14공구 턴키 입찰 관련 / 자체 / EB

420. 농림수산식품부 서해어업지도사무소 비위 첩보 / 민원 / (빈칸)

421. CT&T社 이○○ 대표의 청와대, 국회 대상 로비 의혹 / 자체 / / EB, 박차

422. 한국산업안전공단 노○○ 이사장 관련 비위 조사 / 하명(EB) / EB

423. 김○○ 대전시 교육감 동향 보고 / 자체 / EB, ALSWJD2

424. 한국산업단지공단 회계담당자 공금 횡령 / 자체 / 민정2

425. 김○○ 안산시 의회사무국장 비위 관련 / 자체 / EB, 민정2, 박차

426. 민주당 이○○ 의원, 우당기념사업회 운영기금 횡령 의혹 / 자체 / EB, 민정2, 박차

427. 청담동 상업 지역선 건축 허가 문제 제기 / 민원 / 내부보고

428. 경기도시공사 포상금 관련 비위 조사 / 자체 / EB, 민정2

429. 지자체 정액제 출장비 지급 실태 문제점 / 자체 / EB, 민정2

430. 허○○ 국세청 차장 관련 동향 / 자체 / EB

431. 행복도시-오송역 간 도로공사 관련 보상 민원 / 민원 / 내부보고

432. 배○○ BH 감사팀장 사학 분쟁 관련 로비 의혹 / 자체 / EB, 박차

433. 사행산업통합감독위 신○○ 사무처장 관련 조사 / 하명(박차) / EB, 박차

434. 건축도시공간연구소 온○○ 소장 관련 조사 / 하명(EB) / EB

435. 가짜 휘발유 판매 조직 범죄 및 한국석유관리원 이사장 비리 의혹 / 자체 / EB, 민정2

436. 중기청 징계 업무 관련 감사의 필요성 / 자체 / 박차, EB

437. 서울지방노동위원회 이○○ 위원장 관련 / 하명(조국) / EB

439. 한국타이어 비자금 조성, 청와대 김○○ 대외전략비서관 연관설 / 자체 / EB, 박차
440. SBS 출입 국정원 이○○ 서기관 관련 / 자체 / EB, 민정2
441. 백원우 인적 사항 관련 / 하명(EB) / EB
442. 경찰청 정보1분실장(유○○) 동향 / 자체 / 내부보고
443. 계룡대 근무지원단의 구매 계약 관련 동향 / 자체 / 내부보고
444. 장○○ 전 서일대 관선 이사장 비리 관련 / 자체 / EB, 민정2
445. 우정사업본부 고○○ 우편사업단장 관련 동향 / 자체 / EB
446. 홍○○ 중소기업청장 관련 동향 / 자체 / EB
447. 삼성고른기회장학재단 관련 / 자체 / EB
448. 아름다운가게 총괄 이사 박원순 변호사 동향 / 자체 / EB, 민정2, 박차
449. ㈜한국철도기술공사 관련 비리 첩보 / 자체 / EB, 민정2, 박차
450. 군인공제회 관련 비리 첩보 / 자체 / EB, 민정2, 박차
451. 천성관 검찰총장 후보 인사 청문 관련 개인 정보 유출 조사 / 자체 / EB
452. KBS의 개혁 의지 없는 방송 행태 동향 보고 / 자체 / EB
453. KBS, YTN, MBC 임원진 교체 방향 보고 / 하명(EB) / EB
454. 백원우, 이석현 의원 관련 조사 / 하명(EB) / EB
455. 통일부 비밀 문건 유출 첩보 관련 대응 보고 / 자체 / EB
456. 보선 스님 관련 성향 파악 / 하명(박차) / 박차, EB
457. 노동부 정○○ 사무관 인사 청탁 관련 / 자체 / EB

458. 로만손 김○○ 대표 정계 로비 의혹 / 자체 / EB, 민정2, 박차
459. ㈜한국문화진흥 전○○ 사장 연임 로비 동향 / 자체 / EB, 민정2
460. 강원 동해경찰서장 인사 비리, 음주 추태 및 부적절 처신 / 자체 / EB, 민정2
461. 목포지방해양항만청 김○○ 청장 관련 / 민원 / 내부보고
462. 김○○ 농업진흥청장 관련 / 하명(EB) / EB
463. 정○○ 도로교통공단 이사장 관련 / 하명(EB) / EB
464. 대전둔산경찰서 경찰관 공문서 위조(민원인: 임○○) / 민원 / 내부보고
465. 경남 지역 기관장 접대 골프 관련 조사 / 하명(민정2) / EB, 민정2
466. 성매매 업소 단속의 실효성 확보 방안 / 자체 / 내부보고
467. 4대강 살리기 재원 조달 방안 관련 국토부, 기재부 동향 / 자체 / EB, 민정2, 박차
468. 부산시, 롯데타운 용도 변경, 관광 특구 지정 등 특혜 의혹 / 자체 / EB, 민정2, 박차
469. 국민권익위 차○○ 과장 금품 수수 의혹 / 민원 / 내부보고
470. 일모아시스템 입력 부진 관련 조사 / 하명(박차) / 박차
471. 김준규 검찰총장 후보자 청문회 관련 동향 / 자체 / EB
472. 유치원 의무교육 관련 8.10자 문화일보 보도 경위 조사 / 하명(BH홍보) / (빈칸)
473. 서울대 의대 이○○ 교수 비위 관련 조사 / 자체 / EB, 민정2, 박차
474. 소방방재청 정책국장 등과 ㈜산청 김○○ 회장 유착 의혹 / 자체 / 민정2, 박차

475. 국토해양부 사기 양양 대책 마련 필요 / 자체 / 내부보고

476. 인천남부경찰서장 김○○ 등 관련 민원(민원인 이○○) / 민원 / 내부보고

477. 중기청 비위 공무원 처리 부적절 내용 / 자체 / 내부보고

478. 교과부 출신 대학 총장·부총장 예산 지원 현황 조사 / 하명(EB) / (빈칸)

부록 2

불법 사찰 사건과 증거인멸 사건 1차 수사와 재수사 일지

2008년

2월 25일 = 이명박 정부 출범

5월~7월 = 촛불 집회

7월 21일 = 국무총리실 공직윤리지원관실 신설

9월~10월 = 공직윤리지원관실, 김종익 KB한마음 대표 사찰

2009년

10월 9일 = 이영호 막말 소동

10월 16~30일 = 민정수석실과 공직윤리지원관실 간의 파워 게임

2010년 1차 수사

6월 21일 = 민주당 신건 의원, 국회 정무위원회에서 공직윤리지원관실의 민간인 불법 내사 의혹 제기

6월 24일 = 국무총리실, 이인규 대기 발령

6월 28일 = MBC 〈PD수첩〉 방영

7월 4일 = 성내천 비밀 회동

7월 5일 = 국무총리실, 검찰에 이인규 등에 대한 수사 의뢰
검찰, 서울중앙지방검찰청에 특별수사팀을 구성하여 수사 착수
장진수, 이레이징 증거인멸

7월 6일 = 이영호, 진경락을 통해 장진수에게 변호사 비용 2995만 원 전달

7월 7일 = 장진수, 디가우징 증거인멸

7월 9일 = 검찰, 공직윤리지원관실을 압수수색

7월 11일 = 이영호 청와대 고용노사비서관 사표 제출

7월 21일 = 검찰, 이인규 등 3명 구속영장 청구

8월 7일 = 검찰, 진경락이 입원한 보라매 병원의 병실을 압수수색

8월 11일 = 검찰, 불법 사찰 사건 관련하여 이인규와 김충곤 구속 기소, 원충연과 김화기 불구속 기소(강요, 직권남용 권리행사 방해, 업무방해, 방실 수색 등의 혐의). 중간 수사 결과 발표, '청와대 연관성 찾지 못했다'

8월 27일 = 검찰, 진경락과 장진수 구속영장 청구

9월 8일 = 검찰, 증거인멸 사건 관련하여 진경락 구속 기소, 장진수와 권중기 불구속 기소(증거인멸 혐의)

9월 16일 = 이영호, 이동걸을 통해 장진수에게 변호사 비용 4000만 원

전달

11월 15일 = 서울중앙지방법원, 불법 사찰 사건 1심 선고. 이인규 징역 1년 6월, 김충곤 1년 2월, 원충연 징역 10월, 김화기 징역 6월에 집행유예 2년 등 4명 유죄

11월 22일 = 서울중앙지방법원, 증거인멸 사건 1심 선고. 진경락 징역 1년, 장진수 징역 8월에 집행유예 2년, 권중기 징역 10월에 집행유예 2년 등 3명 유죄

2011년

1월 11일~5월 27일 = 진경락과 장진수에 대한 중앙징계위원회 회의

4월 12일 = 서울고등법원, 불법 사찰 사건 항소심 선고. 이인규 징역 10월, 김충곤 징역 10월, 원충연 징역 8월, 김화기 징역 6월에 집행유예 2년 등 4명 유죄

서울고등법원, 증거인멸 사건 항소심 선고. 진경락 징역 10월에 집행유예 2년, 장진수, 권중기 징역 8월에 집행유예 2년 등 3명 유죄

4월 15일 = 류충렬, 장진수에게 관봉 5000만 원 전달

5월 11일 = 이영호, 진경락을 통해 장진수에게 2000만 원 전달 시도

7월~11월 = 이상휘, 진경락과 장진수 등에게 돈 봉투 전달

8월 8일 = 이영호, 이우헌을 통해 장진수에게 입막음 조로 2000만 원 전달 시도

2012년 재수사

3월 2일 = 장진수, '청와대 증거인멸 지시 및 입막음' 폭로. 최종석이 증거인멸 지시, 이영호는 입막음용 현금 제공

3월 16일 = 검찰, 서울중앙지방검찰청 재수사 결정, 특별수사팀 구성

3월 21일 = 이영호, '호통' 기자회견

3월 23일 = 검찰, 이영호와 이인규 자택 압수수색

3월 28일 = 검찰, 진경락과 장진수 자택 압수수색

4월 1일 = 대검찰청 채동욱 차장검사, '사즉생의 각오 수사' 발표

4월 4일 = 검찰, 이영호와 최종석 구속(증거인멸 혐의)

4월 13일 = 검찰, 진경락을 체포하고 외장 하드디스크 압수

4월 20일 = 검찰, 이영호와 최종석 구속 기소(증거인멸 교사와 공용물 손상 교사 혐의)

5월 2일 = 검찰, 진경락 구속 기소(강요, 업무방해, 방실 수색 혐의)

5월 18일 = 대검찰청 중앙수사본부, 파이시티 인허가 비리와 관련하여 박영준 구속 기소

6월 13일 = 검찰, 불법 사찰 사건 재수사 결과 발표. 박영준(직권남용 및 권리행사 방해, 특정범죄가중처벌법상 알선 수재 혐의)과 이인규 추가 기소

7월 26일 = 국회 민간인 불법 사찰 진상 규명을 위한 국정조사 특별위원회 출범

10월 17일 = 서울중앙지방법원, 민간인 불법 사찰 사건 1심 선고. 박영준 징역 2년 추징금 1억 9478만 원, 이영호 징역 2년 6월,

이인규, 징역 1년, 진경락 징역 1년, 최종석 징역 10월 선고

2013년

5월 24일 = 서울고등법원, 민간인 불법 사찰 사건 항소심 선고. 박영준 징역 2년 추징금 1억 9478만 원, 이영호 징역 2년 6월, 이인규 징역 1년에 집행유예 2년, 진경락 징역 1년에 집행유예 2년, 최종석 징역 10월에 집행유예 2년

9월 12일 = 대법원, 원심 확정

11월 28일 = 대법원, 1차 수사 증거 인멸 사건으로 기소된 장진수에게 징역 8월에 집행유예 2년 선고한 원심을 확정. 장진수 공무원 신분 상실

12월 9일 = 국회 민간인 불법 사찰 진상 규명을 위한 국정조사 특별위원회 활동 종료

사진과 문서 출처 및 제공
38, 51, 83, 157, 172, 202, 235 한국일보
66, 121, 214, 224 최강욱
241, 245 장진수

민간인 사찰과 그의 주인

발행일 초판 1쇄 2013년 11월 27일
초판 2쇄 2013년 12월 23일

지은이 한국일보 법조팀 · 김영화 · 강철원 · 남상욱 · 김청환 · 김혜영 · 정재호 · 이성택
펴낸이 임후성 **펴낸곳** 북콤마
편집·디자인 임후성 · blank page · 장원석
등록 제406-2012-000090호
주소 (413-756) 경기도 파주시 문발동 파주출판단지 534-2 201호
전화 031-955-1650 팩스 0505-300-2750
이메일 bookcomma@naver.com 트위터 @bookcomma
ISBN 979-11-950383-3-6 03300